# 一代学人安清翘

## ——基于乐律、历算的系统研究

贾争慧 著

本书受到国家社会科学基金项目『安清翘科学思想源流与脉络研究』（项目批准号：14BZX031）的资助

科学出版社
北京

## 内 容 简 介

本书以唯物史观为指导，在科技史文献考据的基础上，结合现代科技理论和知识，对安清翘在数学、天文学和乐律学等方面取得的学术成就进行发掘、解读和分析。在中外科技史纵向和清代科学界横向的大坐标下，以历史和逻辑相统一的方法，对安清翘的科技思想进行归纳、总结和阐释。

本书可供科技史、科技哲学等相关专业的师生阅读和参考。

**图书在版编目（CIP）数据**

一代学人安清翘：基于乐律、历算的系统研究 / 贾争慧著. —北京：科学出版社，2018.6

ISBN 978-7-03-057862-4

Ⅰ. ①一… Ⅱ. ①贾… Ⅲ. ①安清翘（1759–1830）–传记 ②安清翘（1759–1830）–科学思想–研究 Ⅳ. ① K826.11

中国版本图书馆 CIP 数据核字（2018）第 125972 号

责任编辑：任晓刚 / 责任校对：李 影

责任印制：张克忠 / 封面设计：楠竹文化

科学出版社 出版

北京东黄城根北街 16 号

邮政编码：100717

http://www.sciencep.com

三河市荣展印务有限公司 印刷

科学出版社发行 各地新华书店经销

*

2018 年 6 月第 一 版 开本：720×1000 1/16

2018 年 6 月第一次印刷 印张：16

字数：280 000

**定价：82.00 元**

（如有印装质量问题，我社负责调换）

# 目　录

# 绪　论

1582 年，著名的意大利传教士利玛窦（Matteo Ricci，1552~1610 年）来到中国，开启了西学东渐的第一次浪潮，启迪了一批先进的中国人，唤起了徐光启（字子先，号玄扈，教名保禄，1562~1633 年）、李之藻（字振之，号凉庵居士，1565~1630 年）等人“会通中西，以求超胜”的宏大抱负；也成就了康熙（1654~1722 年）、梅文鼎（字定九，号勿庵，1633~1721 年）等人“西学中源说”的中西关系观；当然也出现了以杨光先（字长公，1597~1669 年）为代表的“宁使中夏无好历法，不可使中夏有西洋人”的盲目排外思潮。这是继东汉末年佛教传入中国之后，异质文明对华夏文明的又一次大冲击，其影响之深远，一直到今天还未完结。但自雍正初年（1723 年）禁教之后，直到 1840 年西方列强以坚船利炮打开中国的大门，开启了规模、深度和影响都远超第一次、第二次西学东渐浪潮。两次西学东渐之间，有一个多世纪的空档期，中西方处于相对隔绝之中。此时，中国学者只能闭门消化第一次西学东渐翻译和传入的西方学理和知识，并与中国传统文化的发掘、整理结合起来，形成所谓的乾嘉考据学派。尽管兴起了以“经世致用”为口号的实学启蒙思潮，但从根本上看，还只是一种封闭、内敛犹如蜘蛛吐丝般的实学风气。

恰如清末民初学者刘师培（字申叔，号左盦，1884~1919 年）在其《清儒得失论》一书中的评价：

> 清代之学，迥与明殊。明儒之学用以应事，清儒之学用以保身；明儒直而愚，清儒智而谲；明儒尊而乔，清儒弃而湿。盖士之朴者唯知诵习帖括，以期弋获；才智之士，惮于文网，迫于饥寒，全身畏害之不暇，而用事之念汩于无形。……要而论之，清儒之学，与明儒殊。明儒之学以致用为宗，而武断之风盛；清儒之学以求是为宗，而卑者或沦为稗贩。其言词章、经世、理学者，则往往多污行。惟笃守汉学者，好学慕古，甘以不才自全，而其下或治校勘、金石以事公卿。然慧者则辅以书翰词章，黠者则侈言经世，其进而益上，则躬居理学之名。……要之，纯汉学者，率多高隐；金石、校勘之流，虽已趋奔竞，然立身行己，犹不至荡检逾闲；及工于词章者，则外饰倨傲之行，中怀鄙佞之实，酒食会同，惟利是逐。①

旨哉斯言。在第一次、第二次西学东渐间隙期的乾嘉道时期，却有一位笃守汉学的山西学者，显得那样特立独行，他就是安清翘。史称安清翘好学慕古，廉洁高隐，以求是为宗。基于第一次西学东渐的成果，安清翘对中国传统思想和学术进行了综合和创新，并在科学思想和科学研究上成绩斐然，卓然有以自见，实践了“通天地人者曰儒”（西汉扬雄语）、“究天人之际，通古今之变，成一家之言”（西汉司马迁语）的儒者人格理想。

## 一、研究的缘起

安清翘以“惟是”的态度对之前中国科学，如数学、天文学和乐律学等许多方面，进行了综合，并多有创新。譬如，他独立于英国大科学家牛顿（Isaac Newton，1642~1727 年）之外钻研出岁差的成因，对中国

① 刘师培：《清儒得失论》，《民报》1907 年 6 月 8 日。

古代长达两千年的日月五星左、右旋这一宇宙模式之争进行会通，对明代朱载堉（字伯勤，1536~1611 年）“十二平均律”这一堪称中国古代第五大发明所进行的从等差到等比变换的探源，对史书历志编纂的合理化建议，以及关于五倍角、五分之一角的三角函数的割圆解……同时，安清翘还是科学思想的革新者。他对空谈性理的程朱理学进行批判，主张“惟是”的认识论，提出“矩”（“理数合一”）这一超越中国传统“道”和“理”独特的科学观，并试图以之为自然界（天地万物）和人类社会（性理道德）立法。从天地万物不逾“矩”的信念出发，安清翘认为科学的使命是“挈矩”，这是对先秦大思想家荀况（约前 325~前 238 年）“制天命而用之”思想的继承和发扬，在中外科学思想史上独树一帜。“矩”这一概念具有强烈的实证和数学化特征，统领着和融贯于安清翘对数学、天文和乐律等具体科学研究之中。此外，安清翘对甚嚣于有清一代的“西学中源说”予以了驳正，认为中学和西学各有优缺点，“西学不必出于中源”“数无中西，惟其是尔”，即只有对中西之学取长补短，才能实现当年徐光启、李之藻等人“会通以求超胜”的宏伟抱负。可以说，安清翘的科学成就与科学思想是互为基础、彼此促进的。

然而，对于这样一位在清代乃至中国科技史上思想深邃、方法独创并成就斐然的科学家与思想家，迄今几无系统、专门的研究，这就是本书的缘起。

## 二、前人的成果

安清翘是晋文化的产物，仕则为官清正、造福一方，隐则讲学授徒、闭门钻研，实刘师培“惟笃守汉学者，好学慕古，甘以不才自全”“纯汉学者，率多高隐”之流，是清代山西继傅山（初名鼎臣，字青竹，改字青主，太原府阳曲人，1607~1684 年）之后堪与张敦仁（字仲篙，号古愚，泽州府阳城人，1754~1834 年）并驾齐驱的科学家和思想家。同时，安清翘在中国科技史上也占有重要的位置。然而，除了我国科学史前辈李俨先生将之列为清代的算学家之列外，多年来安清翘的名字几乎未见于中国科技史的著述之中。可以说，安清翘是一位被中国科技史研究者长期遗忘和忽略的伟大人物。

遍检文献，关于安清翘，国内外仅有李俨、杨小明、李树雪、黄勇、韩琦、魏屹东等极少数学者进行过个案式研究：

李俨在《中算史论丛·明清算家之割圆术》①中谈及安清翘的“五分取一法”，即 sin5a（sin3a 同）的弧矢割圆求法，并将安清翘列入清代算学家之列。杨小明、李树雪在《安清翘关于岁差的认识》（《中国科技史杂志》2005 年第 3 期）中提出，19 世纪初中国学者安清翘对流行于我国明清时期直到鸦片战争之后的古希腊托勒密（Claudius Ptolemaeus，约 90~168 年）岁差理论予以了反驳，并由此独立于近代西方理论之外建立起地心体系下关于岁差原因的正确解释，即黄道轴周日沿自东而西即逆时针的左旋方向自转（正转）一周的同时，也绕北极自东而西圆锥形地公转（斜转）一周，因为这种自转稍迟于其公转，作为相对运动的结果，反而是黄极环绕北极（赤极）的缓慢东移，这就是岁差的成因。就视运动来说，安清翘关于岁差的解释与现代的岁差理论其实是一种相对运动的关系，即北极绕黄极转和黄极绕北极转在效果上是等价的。由此，奠定了安清翘在中国天文学史上足以与虞喜②、何承天③、张子信④、祖冲之⑤、刘焯⑥、一

① 李俨：《中算史论丛·明清算家之割圆术》，上海：商务印书馆，1935 年。

② 虞喜（字仲宁，281~356 年），会稽余姚人（今浙江余姚市人），东晋大学者，虞喜在天文学上的主要贡献是通过比照星图，发现了岁差。“通而计之，未盈百载，所差二度”，由此得出“五十年退一度”的结论，使我国历法得以较早区分恒星年与太阳年。132 年后，祖冲之参考虞喜的岁差值，制订出举世闻名的《大明历》。

③ 何承天（370~447 年），东海郯人（今山东兰陵县人），南朝宋天文学家。何承天曾奏改《元嘉历》，订正冬至时刻和冬至时日位置，通行于南朝宋、齐、梁三代，在我国天文学史上占有重要地位。

④ 张子信，生卒年不详，清河（今河北清河人），历经北魏、北齐两代，以“学艺博通，尤精历数”（《隋书·天文志》）名于世。曾孤悬海岛 30 余年，通过长期精心的观测，发现太阳视运动的不均匀性，为后世历法的编制，如隋刘焯《皇极历》、唐一行《大衍历》、元郭守敬《授时历》，提供了依据。

⑤ 祖冲之（字文远，429~500 年），范阳郡遒（今河北涞水）人，南朝宋著名数学家、天文学家，编制《大明历》，首次将岁差引入历法之中。

⑥ 刘焯（字士元，544~610 年），信都昌亭（今河北冀县）人。隋代著名天文学家，编制《皇极历》，首次在历法中考虑太阳视运动的不均匀性，创立二次等间距内插法来计算日月的位置。

行[①]、郭守敬[②]相提并论。

杨小明、黄勇在《日月五星左、右旋之争：安清翘的左旋会通》[③]认为，在1723~1840年这一中国与西方科技交流几近隔绝的时期，在扬弃揭暄（字子宣，号韦纶，1613~1695年）、游艺（字子六，号岱峰，1614~1684年）槽丸、盆水试验设譬，特别是梅文鼎左旋说的基础上，安清翘对中国历史上的日月五星左、右旋之争进行了左旋会通。安清翘抛弃了“天有重数”及日月五星附丽于天或各有定轨之说，坚持“大气即天”“天为一体”甚至天无重数及恒星即天与惯性自动，从而重述了左旋说本初的精义，并对“西学中源说”进行了系统的批评；安清翘坚持天只一极一动，由此提出了一种独特的天旋模式：黄极绕北极斜转的同时还带动本身正转。既为带动，则正转自然微迟于带之而动的斜转。这不仅解释了岁差的成因（主张恒星与天一体，反对西方岁差为恒星东移之说），而且说明了日月星辰每天东升西没的时候还有沿黄道东移的现象；安清翘认为日月五星在大气之天中，就像物之在水中，水自一体，固不分层，但物有高下、大小与轻重之异，故其随水而流也当快慢不同，此日月五星随黄道浑天左旋迟速之象。安清翘的左旋会通，在前提的简单性、逻辑的一致性，特别是力学机制上，都要胜过之前，包括梅文鼎的左旋说，而其在论理、设譬与实测上的某些缺陷，则是地心体系下无法逾越的障碍，而非安清翘个人之所能为。

韩琦在《明清之际“礼失求野”论之源与流》[④]中提到，即使到了18~19世纪之交，像安清翘这样的历算研究者，也对徐光启采用西法略有微词：“明季当数学废弛之际，西洋乘其虚而入，尔时守古法者拘于

① 一行（683~727年），本名张遂，邢州巨鹿（今河北巨鹿）人。唐代著名天文学家，主持编制《大衍历》，在大规模天文测量的基础上，又将太阳视运动的不均匀性引入历法之中，并创立二次不等间距内插法来计算日月的位置。

② 郭守敬（字若思，1231~1316年），顺德府邢台县（今河北邢台）人，元代著名天文学家、数学家。郭守敬制造精密仪器，进行天文观测，创弧矢割圆术和招差法（即三次内插法，是刘焯二次等间距内插法和一行二次不等间距内插法的继承和发扬），所创《授时历》是中国古代最好、行用时间最久的历法。

③ 杨小明，黄勇：《日月五星左、右旋之争：安清翘的左旋会通》，《华侨大学学报》（哲学社会科学版）2006年第1期。

④ 韩琦：《明清之际“礼失求野”论之源与流》，《自然科学史研究》2007年第3期。

成见，不能变通以兼收西法之长，而讲西法者又为西人所惑，每执新说以诋諆古人，水火交争，聚讼不休，良可叹也！其时知数者首属徐文定，然文定亦几为西人所惑矣。所谓‘镕西方之巧算，入大统之型模’者，亦徒有其说耳。”韩琦指出，安清翘是清代后期少数敢于反对“西学中源”说的代表之一。安清翘有感于“西法始入中土，中土人多疑之。及其法盛行，则又悉从其说。梅勿庵兼综中西，遂有西法传自中土之论。”于是提出“西法不必传自中土”，对梅文鼎《历学疑问补》论证中学西传的四个证据逐条加以批驳。最后，安清翘主张：“天无中西之异，言天者不必存中西之见。遵西法而轻诋古人者，妄也；守中法而不知兼收西法之长者，拘也；守中法而并攘西法为己有，其亦可以不必矣！”安清翘能够对当时流行的看法提出批评，有违正统之论，就当时的政治环境而言，实属大胆之举，可惜这类看法在当时非常少见。

需要指出，关于安清翘对“西学中源说”的批评，杨小明、黄勇在韩琦之前就已提出，安清翘的左旋会通，较之梅文鼎的左旋说，更富有浓郁的中国传统思想色彩。对天有重数及日月五星附丽于天或各有定轨的抛弃，对右旋说的“天左旋，日月五星右旋”乃“不知天无逆宗动而右旋之理”的辨析，更兼对梅文鼎所推崇的西方岁差乃恒星东移之说的拒斥，以及对中国传统元气说的大量援引，无不映射出安清翘向中国传统的某种回归。杨小明、黄勇分析后发现，正是在此基础上，安清翘提出了对“西学中源说”的批评①。

黄勇在《论安清翘与朱载堉律学计算法的实质》②中认为，安清翘在音律计算方面有重要的成就，他明确了等比数列的通项公式，建立了正确的公比概念。而明代律学家朱载堉的十二平均律算法，实质上是中国传统的勾股算术方法，并没有清晰的公比概念，也没有建立等比数列的通项公式。因此，安清翘与朱载堉的音律计算法有本质区别。对此，本书作者认为，黄勇的见解颇值商榷。实际上，朱载堉已应用了正确的

① 杨小明，黄勇：《日月五星左、右旋之争：安清翘的左旋会通》，《华侨大学学报》（哲学社会科学版）2006年第1期。

② 黄勇：《论安清翘与朱载堉律学计算法的实质》，《太原科技大学学报》（社会科学版）2009年第1期。

公比概念，中国传统的勾股算术方法也可以得到公比的概念，这在江永（字慎修，1681~1762 年）《律吕阐微》及其图示中将朱载堉伟大发明的实质阐述的极为明确。而且，安清翘所明确的等比数列的通项公式，其来源也非黄勇所说。所以，要理解安清翘的贡献与朱载堉的关系，江永具有极其重要的作用。

黄勇、魏屹东在《安清翘〈乐律心得〉的律学方法与思想》[①]指出，安清翘在中国律学史上第一次明确使用等比数列的通项公式，对音律进行了生律计算，这在本质上有别于朱载堉的生律方法，反映了中国古代律学近代化的趋势。同时，安清翘对上生下生、隔八相生、黄钟之长等传统问题阐发了独到见解。该文发掘了安清翘对“十二平均律”的贡献，但其可值商榷之处与上文大致雷同。

温泽先、郭贵春主编的《山西科技史》[②]上部，第一次对安清翘的生平事迹和科学贡献进行了一般性的评介。

以上研究，对于安清翘科学成就的来龙去脉未有交代，对其科学思想也未有发掘，遑论其科学思想与其科学成就之间的内在关系。可见，对安清翘科学思想与科学成就的系统研究才刚刚开始。

## 三、本书的创新

在前人、前期研究的基础上，本书拟就以下六个方面有所突破：

（1）对安清翘整个的科学成就做一系统具体的梳理和研究。

（2）对安清翘科学思想的内容和特征首次予以厘清和探讨。

（3）对安清翘科学成就与其科学思想之间的关系进行分析。

（4）明确安清翘在清代乃至中国科技史、思想史上的地位。

（5）力图对清代科技史进行补充，厘清若干具体疑难问题。

（6）提供某一地域文化与科技发展有启发意义的典型案例。

由此，本书以唯物史观为指导，以科技史学的文献考据（包括地方

① 黄勇，魏屹东：《安清翘〈乐律心得〉的律学方法与思想》，《山西大学学报》（哲学社会科学版）2009 年第 2 期。

② 温泽先，郭贵春主编：《山西科技史》上部，太原：山西科学技术出版社，2002 年。

史志资料）为基础，结合现代科技理论和知识，遵循科学思想及其在科学研究中的融贯→数学成就→天文学成就→乐律学成就→思想和成就的历史定位，对安清翘的科学成就——主要是数学、天文学和乐律学等进行发掘、解读和分析，对安清翘的科学思想予以归纳、总结和阐释，并将之置于中外科技史的纵向和清代科学界的横向的大坐标下，以历史和逻辑相统一的方法，将之提炼、贯穿和整合，史论结合，言之有据，持之有故。

# 第一章 安清翘的科学思想

安清翘（1751~1829年，图1-1），字翼圣，号宽夫，山西垣曲麻姑山（今华峰乡马村）人（图 1-2）。父安受祺系乾隆年间进士，官浙江金华知县。兄安清翰亦乾隆年间进士，官安徽潜山知县。安清翘四岁丧父，由长兄安清翰授读，并常向仲兄安清翙请教天文、数学、地理等知识，学问日进，“嗜谈天家言，旁及诸子百家，而折衷于宋五子书”，连中秀才和举人，并于乾隆五十五年（1790年）考中进士。由此，安家有“一门三进士”之誉。次年官陕西三水（今旬邑）知县。为官清廉，治以简括，禁吏扰民，兴修水利，其《治河议》是清代治河实践的一篇重要文献，“欲黄河无害，宜顺水之性，使河随江入海”，论证了引河入江的可行性，并指出引河入江的具体路线。在三水为官 20 载，不恋官场，清廉守正。辞官返籍，父老洒泪，夹道相送，哭拜于地，实践了儒家“为官一任，造福一方”的人生理想。今人王建华以此为题，作国画《清官离任图》，悬挂于人民大会堂。嘉庆十五年（1810年），安清翘辞官返籍，途经长安（今西安市），被钦慕他已久的陕西巡抚董教增（字益甫，1750~1822 年）特意留下纂修《长安志》，历时 3 年，《长安志》成，安清翘才得以返归故里。在家乡，安清翘闭门授徒，潜心纂述 15 年，直到终老。

图 1-1　安清翘画像

图 1-2　安清翘故里马村，远处的背景即麻姑山（杨小明摄，2015 年 8 月）

安清翘“于学无所不通，尤深于算”①，著述颇丰，主要有《数学五书》②、《数学指南》③、《几何原本补正》、《周易比例》④、《矩堂语录》⑤和《宽夫先生文集》⑥。《数学五书》19 卷，包括《矩线原本》4 卷、《一线表用》6 卷、《推步惟是》4 卷、《学算存略》3 卷和《乐律心得》2 卷，以数学统领全书，阐述天文学和音律学问题，多发“古人之未发”。安清翘的《数学五书》，被日本学者誉为堪与明清名家顾炎武（字宁人，1613~1682 年）《音乐五书》（图 1-3）相媲美的杰作，可见其学术价值之高。

图 1-3 江苏昆山千灯顾炎武故居收藏的《音乐五书》（杨小明摄，2017 年 7 月）

同时安清翘也是科学思想的创新者，浸淫于清代中叶特别是乾嘉考据学派的实学风气之中，在改造、发挥朱熹（字符晦，号晦庵，1130~1200 年）“数乃是分界限处”及总结、融会易学象数和义理两大解释传统等基础上，在历史上第一次提出“矩”的本体论和方法论范

---

①（清）王轩等：《山西通志·文学录》下册，清光绪十八年（1892 年）刊本。
②（清）安清翘：《数学五书》，清嘉庆年间刻本。
③（清）安清翘：《数学指南》，1921 年石印本。
④（清）安清翘：《周易比例》，1921 年石印本。
⑤（清）安清翘：《矩堂语录》，1921 年石印本。
⑥（清）安清翘：《宽夫先生文集》，1921 年石印本。

式，并试图以之为自然界（天地万物）和人类社会（性理道德）立法，继承和发挥了荀子“制天命而用之”的积极有为的世界观，从而实现了从“格物”到“絜矩”，尤其是从“理实交融”到“理数合一”的自觉跨越，在中外科学思想史上独树一帜。无怪乎，后人对他的学问评价为“实事求是”“言实不言虚”，一扫“后世空谈之弊”。

## 第一节　“矩”：一种独特的世界观

安清翘“矩”的思想是严谨一贯的。“矩”兼有“理实交融”的实学和“理数合一”的数学化两重特征，使之能够超越当时实学定性化的泛泛而谈，上升为科学定量化的精密探索，“学问所以贵求放心也”①，从而可能在继承中国传统机发论的基础上对世界进行“见微知著，用小制大”的理解和把握，实现从“格物”到“絜矩”的科学精神的质的飞跃。

### 一、“矩”科学思想的源流

安清翘“矩”科学思想自有源流，细究其来，主要有二：

#### （一）朱熹的“数乃是分界限处”

朱熹指出：

> 有是理便有是气，有是气便有是数。盖数乃是分界限处。②

“理”“气”“数”为何物？关于“理”，朱熹大致有四种解释：（1）万物发展变化的潜在可能性。

> 徐问：“天地未判时，下面许多都已有否？”曰：“只是都有

① （清）安清翘：《矩堂语录》，1921年石印本。

② （清）李光地等编：《渊鉴斋御纂朱子全书》卷四十九，清康熙五十三年（1714年）刻本。

此理。天地生物千万年，古今只不离许多物。”[①]

若在理上看，则虽未有物，而已有物之理。然亦但有其理而已，未尝有是物也。[②]

（2）万物之所以发展变化或之所以成立的内在原因，是受因果律的支配。

至于天下之物，则必各有所以然之故，与其所当然之则，所谓理也。[③]

有这动之理，便能动而生阳；有这静之理，便能静而生阴。既动，则理又在动之中；既静，则理又在静之中。曰：“动静是气也。有此理为气之主，气便能如此否？”曰：“是也。”[④]

（3）赋予万物以属性并构成万物之间的联系和组织。首先，赋予万物以属性。

天地之间，有理有气。理也者，形而上之道也，生物之本也；气也者，形而下之器也，生物之具也。是以人、物之生，必禀此理然后有性，必禀此气然后有形。[⑤]

其次，构成万物之间的联系和组织。

如阴阳五行，错综不失条绪便是理。若气不结聚时，理亦无所附着。[⑥]

（4）合理性。

天地万物，莫不有理。[⑦]

---

① （宋）黎靖德编，王星贤点校：《朱子语类》卷一，北京：中华书局，1994 年。
② （清）张伯行编订：《朱子文集》卷四十六，上海：商务印书馆，1937 年。
③ （宋）黎靖德编，王星贤点校：《朱子语类》卷六十五，北京：中华书局，1994 年。
④ （宋）黎靖德编，王星贤点校：《朱子语类》卷九十四，北京：中华书局，1994 年。
⑤ （清）张伯行编订：《朱子文集》卷五十八，上海：商务印书馆，1937 年。
⑥ （宋）黎靖德编，王星贤点校：《朱子语类》卷一〇三，北京：中华书局，1994 年。
⑦ （宋）黎靖德编，王星贤点校：《朱子语类》卷十五，北京：中华书局，1994 年。

> 惟其理有许多，故物有许多。做出那事，便是这里有那理。凡天地生出那物，便是那里有那理。问："理是人、物同得于天者，如物之无情者亦有理否？"曰："固是有理。如舟只可行之于水，车只可行之于陆。"①

"气"，是朱熹哲学体系中仅次于"理"的第二个范畴。它是形而下者，是有情、有状、有迹的；它具有凝聚、造作等特性。其实，"气"在中国古人心里，不仅是联系人类与自然、社会与天道的基础，而且也是维系生命、自然、社会和天道的基本物质。可以说，无论是儒学体系中的"伦理"，还是道家思想中的"道德"，还是阴阳家眼中的"阴阳"，都必须也只有通过"气"来实现。因此，"气"的思想，是颇具中国特色的传统文化之一。在朱子理学中，"气"被看成是"理"（天理）的外化或者物化，天地一理，但如何体现这个"理"呢？答案是，通过天地之"气"来实现。至于数，朱熹也是相当重视的，仅《朱子语类》卷六十五就有许多专门的论述：

> 问："理与数，其本也只是一。"曰："气便是数。有是理，便有是气；有是气，便有是数。物物皆然。如水数六，雪片也六出，这又不是去做将出来，他是自恁地。"
>
> 数只有二，只有易是。老氏言三，亦是二共生三，三其子也。三生万物，则自此无穷矣。后人破之者非。扬子云是三数，邵康节是四数，皆不及易也。
>
> 有气有形便有数。物有衰旺，推其始终，便可知也。有人指一树问邵先生，先生云："推未得。"少顷一叶堕，便由此推起。盖其旺衰已见，方可推其始终。推，亦只是即今年月日时以起数也。

由是可知，"气"既然是事物本质外在的表现形式，那么"气便是数"则指事物外在形式的规定性。"有是理"一语，颇有后世西方哲人黑格尔（Georg Wilhelm Friedrich Hegel，1770~1831年）"存在的一定

① （宋）黎靖德编，王星贤点校：《朱子语类》卷四，北京：中华书局，1994年。

是合理的，合理的一定是存在的”命题的思想萌芽。“有是气，便有是数”，说明“理”“气”“数”是有次序关系，即“此本无先后之可言，然必欲推其所以来，则须说先有是理。”[①]在朱熹看来，有了“气”之后，“理”便可借“气”来显现自身，而“数”则是“气”的规定性，因此，“数”也是“理”的形式规定。

不难发现，朱熹理学蕴涵着许多古希腊亚里士多德（Aristotle，前384~前322年）“四因说”的思想。亚里士多德认为，对于事物的生灭变化，不同意义上有不同的原因。这些原因可分为四种：第一种是关于“构成一个事物而本身继续存在的东西”，这种原因亚里士多德称之为质料因。第二种是关于事物的形式或原型，即陈述本质的定义，以及它的“种”，也称为“原因”，例如八度音程的原因是2：1的关系，或者一般地说，是数这种原因被称为形式因。第三种原因是关于“事物的变化或停止的来源”，这种原因亚里士多德称之为动力因。第四种是关于“目的意义上的原因”，此为目的因。[②]那么，“理”“气”“数”“格物致知”又如何对应“四因”？根据以上分析，我们认为，“理”对应“动力因”，因为“理”中包含“万物发展变化的潜在可能性”和“万物之所以发展变化或之所以成立的内在原因”；“气”对应“质料因”，因为气是“维系生命、自然、社会、天道的基本物质”；“数”对应“形式因”，这取决于“数则是气的规定性”；最后，“格物致知”可对应“目的因”。“格物致知”是中国古代儒家思想中一个重要的概念，源于《礼记·大学》中八目（格物、致知、诚意、正心、修身、齐家、治国、平天下）所论述的“欲诚其意者，先致其知；致知在格物。物格而后知至，知至而后意诚”一段。但《大学》一书中只有此段提及“格物致知”，却未在其后做出任何解释，也未有任何先秦古籍使用过“格物”与“致知”这两个词汇而可供参照意涵，遂使“格物致知”的真正精义成为儒学思想史上的难解之谜。第五版《现代汉语词典》将“格物致知”解释为：“推究事物的原理法则而总结为理性知

---

① （宋）黎靖德编，王星贤点校：《朱子语类》卷六十五，北京：中华书局，1994年。

② 北京大学哲学系外国哲学史教研室编译：《西方哲学原著选读》，北京：商务印书馆，1981年，第133页。

识。”以《现代汉语词典》的解释来看，很明显“格物致知”是一种带有人的主观能动性的“目的因”，这与亚里士多德（图 1-4）实体的“目的因”是有区别的。

图 1-4　亚里士多德

综上所述，朱熹是说“数”的关系和规律。他认为“数”不仅作为其固有属性，是“气”——现象界里万事万物的集合所必须严格遵循的，而且是从现象中去寻找世界内在和终极本质的根本方法，此所谓“分界限处”。英国著名的中国科技史专家李约瑟（Joseph Needham，1900~1995 年）曾就此评论道：

> 这里有某种东西的萌芽，它本来可以使中国科学革命化的——即它错过了关于自然假说的数学化。[①]

在此基础上，安清翘引入并阐发了“矩”乃“理”和“气”之分界限处的思想，其在《矩堂语录》中说：

> 朱子云：“数者，理之分界限处。”此语最精直，是“矩”字注解。
>
> 矩只是个界限，如尺上之星，所谓分数是也。物有本末，事有终始，推之上下、前后、左右、厚薄、轻重、长短之类，各有自然当然之分，莫非矩也。

① （英）李约瑟：《中国科学技术史》第二卷，北京、上海：科学出版社、上海古籍出版社，1990 年，第 516 页。

由此安清翘认为，“讲理须讲分数方着实地”。他在《数学五书叙》也称：

> 儒者之学务穷于理，然言理必兼言数。非理则数近于艺，非数则理近于虚。

此即“理数合一”。中国传统哲学认为的“理数合一”，是指在数与理的关系中，数出于理、数可穷理、理与数是合一不分的。“理数”，指理具有数的规定性，亦即天地万物生成变化的次序、法则，这个“理”实即条理、物理，亦即表述事物变化逻辑性、规律性的“数”，“数”指事物的次序、度量。这个表述“理”的“数”，即宇宙万物的本源，数是“天地之所以肇者”“人物之所以生者”“万事之所以得失者”[①]。

用安清翘《矩堂语录》的话说：“合理与数，有矩之名。”“言理必兼言数”，理与数一体不二、相辅相成。一方面，“非理则数近于艺”；另一方面，“非数则理近于虚”。正是“理数合一”，安清翘赋予了“格物”以“絜矩”的定量化新义，亦见《矩堂语录》载：

> 格物者，格物之矩也。
>
> 格，量度也，量度事物之理，以求至善之所在也。
>
> 穷理之要，不外比例而已。古注格物之格为量度。量度者，比例之谓也。

朱熹曾对“格物”一词作过专门阐释：

> 所谓致知在格物者，言欲致吾之知，在即物而穷其理也。盖人心之灵莫不有知，而天下之物莫不有理，惟于理有未穷，故其知有不尽也。是以《大学》始教，必使学者即凡天下之物，莫不因其已知之理而益穷之，以求至乎其极。至于用力之久，而一旦豁然贯通焉，则众物之表里、精粗无不到，而吾心之全体大用无不明矣。此

① 徐仪明：《哲学系透视象数易学的底蕴——张其成〈象数易学〉一书读后》，《湖南科技学院学报》2006年第1期，第18页。

谓物格，此谓知之至也。[①]

这样，安清翘实现了从程朱理学的“格物”到“絜矩”，尤其是从乾嘉学派的“理实交融”，到“理数合一”的自觉跨越。关于“矩”乃“理数合一”，安清翘还多有阐发：

> 明明德，是矩上分数界限明。舍矩而言明明德，未有不入于空虚元眇者。讲明德，不就矩上分数讲，必流于空虚。[②]
>
> 孟子曰：“万物皆备于我。”备于心之矩也。又曰：“惟圣人，然后可以践形。”不踰矩，即所谓践形也。诗书六艺之文，有理存焉，有数存焉。在物之矩与在心之矩，非有二也，圣人所为游于艺也。程朱性理诸书始专言理，然言理而数在其中。程子曰：“天地万物之理，无独必有对。”[③]

“明明德”，就是指通过修行，使“明德”显明于心，并同时使性得以呈现于心。安清翘这里所指的“明明德”是明“理”。同时，“明明德”是个渐进的过程，明“理”即是一步步理解“矩”：“非有二也”“言理而数在其中”“无独必有对”……讲的正是“理数合一”。

### （二）象数与义理两大易学解释传统的综合

象数与义理，是构成《周易》的两大要素，也是研究《周易》的两大学派。《四库全书总目》将易学分为两派六宗。两派，指象数派、义理派；六宗，指占卜宗、禨祥宗、造化宗、老庄宗、儒理宗、史事宗。六宗实际上可归属两派：占卜、禨祥、造化三宗归属于象数派；老庄、儒理、史事三宗归属于义理派。学界一般把以抽象、概括的意义解释《周易》的易学流派归为义理学派，而以具体物象解释《周易》的易学流派归为象数学派。正如朱伯崑所言：

> 《易传》有两套语言：一是关于占筮的语言，一是关于哲学的

① （宋）朱熹：《四书章句集注》，北京：中华书局，1983 年，第 6~7 页。
② （清）安清翘：《矩堂语录》，1921 年石印本。
③ （清）安清翘：《数学五书叙》，清嘉庆元年（1796 年）刻本。

语言。从易学史上看，对《易传》的解释也存在两种倾向。一种是偏向从筮法的角度解释其中的哲学问题……后来被称为象数学派。另一种是偏重从哲理角度解释其中的筮法问题。[①]

朱熹也指出：

八卦之画，本为占筮。方伏羲画卦时，止有奇偶之画，何尝有许多说话！文王重卦作繇辞，周公作爻辞，亦只是为占筮设。到孔子，方始说从义理去。[②]

安清翘对易学颇为精通，曾专著《周易比例》一书。安清翘还专门对北宋著名易学家邵雍（字尧夫，谥号康节，1011~1077 年）的易学思想进行过评说：

邵子德行人品最高，学者所当师法其学，则术数之学也，非儒之学也。后世术数小道多托之。邵子不幸，然亦邵子有以取之。道成而上，艺而下，六艺之中数学居末，后世儒者于六艺之末茫然不解，而所言皆道成而上者，不谓之空谈而何？[③]

据《宋史·邵雍传》载：

（邵雍）乃事之才，受河图、洛书、宓羲八卦、六十四卦图像，之才之传，远有端绪，而雍探赜索隐，妙司神契，洞彻蕴奥，汪洋浩博，多其所自得者。

邵雍精通数学，以数为框架和基础，建立起庞大的易学思想体系，即所谓“自得者”。这也是安清翘对邵雍推崇备至的原因，同时他也对后世儒者只知言邵子之道而对于六艺之末——“数”茫然不解予以批判，斥之为“空谈”。由此安清翘认为，只有将象数与义理两大解释传统融贯起来，才能真正理解《周易》。正是在“非理则数近于艺，

---

① 朱伯崑：《易学哲学史》第一卷，北京：华夏出版社，1995 年，第 55 页。

② （宋）黎靖德编，王星贤点校：《朱子语类》卷六十六，北京：中华书局，1994 年。

③ （清）安清翘：《矩堂语录》，1921 年石印本。

非数则理近于虚”的“理数合一”思想和方法的指引下，安清翘才有《周易比例》一书。

尽管“矩”的名词、概念甚至思想在中国传统文化中早就存在，但历史上也只有安清翘一人将之发掘、提炼出来，并加以发掘和阐扬，从而成为一种独特的世界观。安清翘对“矩”是如此的偏爱，以至于将之所居之所呼为“矩堂”，于是方有其《矩堂语录》。

## 二、“矩”：世界的秩序与尺度

所谓秩序就是次序，“秩”侧重于有条理、不混乱，“序”则侧重于有先有后、不起颠倒；“尺度”，最初是指规定的限度，后来引申为准则、法度。那么，世界的秩序与尺度是什么？两千多年前，孔子（名丘，字仲尼，前 551~前 479 年）在《礼记·礼运》中提出了“天下大同”的理想，子曰：

> 大道之行也，天下为公。选贤与能，讲信修睦，故人不独亲其亲，不独子其子，使老有所终，壮有所用，幼有所长，矜寡孤独废疾者皆有所养。男有分，女有归。货恶其弃于地也，不必藏于己；力恶其不出于身也，不必为己。是故谋闭而不兴，盗窃乱贼而不作，故外户而不闭，是谓大同。

朱熹则云：

> 事事物物皆有个极，是道理极至。……总天地万物之理，便是太极。太极本无此名，只是个表德。[①]
>
> 太极，形而上之道也；阴阳，形而下之器也。是以自其著者而观之，则动静不同时，阴阳不同位，而太极无不在焉；自其微者而观之，则冲穆无朕，而动静、阴阳之理已悉具于其中矣。[②]

---

① （宋）黎靖德编，王星贤点校：《朱子语类》卷九十四，北京：中华书局，1994 年。
② （宋）黎靖德编，王星贤点校：《朱子语类》卷九十四，北京：中华书局，1994 年。

儒家的世界尺度则是“中”。其实，“中”的真正含义是“恰如其分”“恰到好处”。《中庸》第一章就说：

> 喜怒哀乐之未发，谓之中；发而皆中节，谓之和。中也者，天下之大本也。和也者，天下之达道也。致中和，天地位焉，万物育焉。

然而，道家却是以“道”作为世界的秩序与尺度。老子（姓李，名耳，字聃，约前 571~前 471 年）《道德经》云：

> 有物混成，先天地生，寂兮寥兮，独立而不改，周行而不殆，可以为天下母。吾不知其名，字之曰道，强为之名曰大。大曰逝，逝曰远，远曰反。

由此可知，自然界沧海桑田的变化、人的生老病死、国家的兴衰存亡，起作用的都是“道”。所谓“人法地，地法天，天法道，道法自然”。又如，《道德经》曰：“天地不仁，以万物为刍狗”“圣人不仁，以百姓为刍狗”。这是主张要以“道”的标准来作为世界的尺度。老子认为，天地一旦有仁义之心，就会按照它的规律运行，圣人也会以仁义道德的标准去要求别人，这是很不应该的。牛羊吃草，人吃它们的肉，表面上看很残忍，但反映了一种自然的本性、自然的生物链。若要打破这个生物链，打破这个平衡，就会造成秩序的混乱。

然而，对于世界的秩序和尺度，安清翘则给出一种不同于以上中国传统文化的解释——“矩”。而且，他几乎在自己的所有著作中都提到“矩”这一概念。“矩”本意指矩尺，一种画直角或方形的工具，后来引申为法度、规矩、方形等含义。如《孟子·离娄上》曰：“不以规矩，不成方员。”《论语·为政》曰：“七十而从心所欲不逾矩。”《广雅》曰：“榘，方也。”归纳起来，安清翘对“矩”大致有四种解释：

（1）数学之直线。这是安清翘赋予“矩”在数学上的含义。

> 权衡规矩（此矩字是曲尺）、准绳皆矩所为，数学所谓直线

是也。[①]

西法以点、线、面、体为数学纲领，点者线之界，线者面之界，面者体之界。面体即方圆也，线即矩也，点即九九也。[②]

（2）同朱熹之“理”。这一点，安清翘阐释得最多，如：

合之为一、分之为万者，矩也。所谓“理一分殊”是也。[③]

矩，常也，法也。常者，道也，以理言也。法者，器也，以数言也。[④]

（3）认知之规范。这是安清翘认为的，以“矩”引申的认知规范。

学问之要致知力行，无矩何以知？何以行？博学之，学此矩也；审问之，问此矩也；慎思之，思此矩也；明辨之，辨此矩也；笃行之，行此矩也。[⑤]

（4）认知之方法。这是在认知规范前提下，具体的认知方法。

道犹路也，矩如路分东西南北有一定之方位，又如路之远近有一定之程限。[⑥]

讲明德，不就矩上分数，讲必流于空虚。[⑦]

如此，安清翘以“矩”取代并超越了中国传统的“道”、“性”和“理”诸说，成为一种具有本体论和方法论意义的范畴。诚如其《矩堂语录》自言：

范围天地之化而不过，曲成万物而不遗，天之矩也。

矩即天理也、性也、至善也，讲天理、讲性、讲至善，不如“矩”

---

① （清）安清翘：《矩堂语录》，1921年石印本。
② （清）安清翘：《数学五书·矩线原本》卷一，清嘉庆年间刻本。
③ （清）安清翘：《矩堂语录》，1921年石印本。
④ （清）安清翘：《数学五书叙》，清嘉庆年间刻本。
⑤ （清）安清翘：《矩堂语录》，1921年石印本。
⑥ （清）安清翘：《矩堂语录》，1921年石印本。
⑦ （清）安清翘：《矩堂语录》，1921年石印本。

字切实，无玄眇空虚之弊。

在安清翘看来，在孔子那里本就有“矩”之说法，只有高举“矩”之学说，才能避免空谈而切于实用，真正回归和复兴儒家学说之本义。安清翘“理数合一”“讲理须讲分数”的“矩”的思想，本质上是试图以“矩”来统一理解和把握包括自然和社会，是人类思维为自然界（天地万物）和人类社会（性理道德）立法的又一次可贵的尝试，与古希腊毕达哥拉斯（Pythagoras，约前572~约前497年，图1-5）学派“万物皆数”观点颇相类似，但又有大的超越。在毕达哥拉斯学派看来，“不是质决定了量（大小、长短、轻重、疏密等），而是量决定了质，不同质的物质不过反映了不同的数量关系。所以，用任何一种具体的物质说明宇宙都有其局限性和片面性，而宇宙间一切现象无不可以用数来计量。”①

图 1-5 毕达哥拉斯

安清翘的“分数”似乎又和古希腊普罗泰戈拉（Protagoras，约前490~约前 420 年）的“人是万物的尺度，是存在的事物存在的尺度，也是不存在的事物不存在的尺度”②哲学观有类似之处。不同之处，就是安清翘将“矩”作为世界的秩序和评价万物的尺度。

---

① 阎国忠：《古希腊罗马美学》，北京：北京大学出版社，1983 年，第 23 页。
② 北京大学哲学系：《古希腊罗马哲学》，北京：商务印书馆，1984 年，第 198 页。

在具体的科学研究中，安清翘确实也是将“矩”作为宇宙的秩序一以贯之的。清代乾嘉时期，儒生们都在为考取“功名”而苦啃“四书”“五经”时，安氏则以“矩”作为研究天文学、数学和音律学的工具，以实际行动论证了“矩”——数学作为宇宙秩序的观点。

## 三、“絜矩”：对自然规律的把握

既然万物皆矩，“今曰出于矩，则是矩所以范围天地、曲成万物者也。”[①]这样，人类的认知就不外乎是对“矩”的理解和把握。安清翘在《数学五书叙》中说：

> 《中庸》言天命之谓性，天者矩之大原，性者心之矩也。

即是说，此性乃是天之定然的道德命令，命到吾人身上便谓之性。天是“矩”的源泉和发端，性就是人心之“矩”。如此，成就了其认识的同一性：“学问须有权柄，‘矩’字是圣贤学问大权柄。”[②]絜，《广雅》释为“束”，后来引申为丈量物体的周围长度，也泛指度量，如《庄子·人间世》云：

> 匠石之齐，至于曲辕，见栎社树，其大蔽数千牛，絜之百围；其高临山，十仞而后有枝；其可以为舟者，旁十数。观者如市，匠伯不顾，遂行不辍。

“絜矩”一词，则语出《礼记·大学》：

> 所谓平天下在治其国者，上老老而民兴孝，上长长而民兴弟，上恤孤而民不倍，是以君子有絜矩之道也。
>
> 所恶于上，毋以使下；所恶于下，毋以事上；所恶于前，毋以先后；所恶于后，毋以从前；所恶于右，毋以交于左；所恶于左，毋以交于右。此之谓絜矩之道。

---

① （清）安清翘：《矩堂语录序》，1921年石印本。

② （清）安清翘：《矩堂语录》，1921年石印本。

絜矩之道，乃儒家伦理的核心之一，一指君子的一言一行要有示范作用，即严以律己、宽以待人，人人各得所愿，社会便能和谐。如此英译为 to examine oneself and think of the others so that each will get what he wants 是精确、恰当的。二指孔子所说“己所不欲，勿施于人”，或《中庸》所言：“施诸己而不愿，亦勿施于人。”正如梁启超（字卓如，号任公，1873~1929 年）所言：

> 儒家政治对象在“天下”。然其于天下不言治而言平，又曰“天下国家可均”。平也，均也，皆正之结果也。何以正之？道在絜矩。矩者以我为标准，絜者以我量彼。故絜矩者，即所谓能近取譬也，即同类意识之表现也。第一，所谓絜矩者，纯以平等对待的关系而始成立，故政治绝无片面的权利义务；第二，所谓絜矩者，须人人共此絜矩，各絜此矩，故政治乃天下人之政治，非一人之政治。①

安清翘将儒家传统的“矩”进行发挥，并且与儒家的“仁”联系起来。他在《矩堂语录》中说：

> 《中庸》首章要处在节字，节字者矩上之分数也。不踰矩斯中节矣，不中节斯离道矣。不踰矩仁在其中矣，非礼勿视、非礼勿听、非礼勿言、非礼勿动是为仁条目，即是不踰矩条目。②

同时，安清翘以尧、舜为例，来说明絜矩之道。

> 尧、舜执中，只是不踰矩，尽絜矩之道。舜好问察迩，言执其两端，用其中于民，非絜矩之道。而何注云：“非我之权度，精切不差，何以与此？所谓权度者，絜矩也。非酌量揣摩之谓。”能近取譬，譬处是絜矩。③

由“不踰矩，尽絜矩之道”和“舜好问察迩，言执其两端，用其中于民，非絜矩之道”一语可知，在安清翘看来，何晏（字平叔，约

① （清）梁启超：《先秦政治思想史》，北京：东方出版社，1996 年，第 84~85 页。
② （清）安清翘：《矩堂语录》，1921 年石印本。
③ （清）安清翘：《矩堂语录》，1921 年石印本。

193~249 年）的注解是不恰当的。何晏认为絜矩就是权度。“权”，《论语·尧曰》集解：“权，称也。”即重量与称重。“度”，本义指计量长短的标准，即尺码。安清翘则认为，“能近取譬，譬处是絜矩。”“能近取譬”，语出《论语·雍也》：“夫仁者，己欲立而立人，己欲达而达人。能近取譬，可谓仁之方也已。”意为能就自身打比方，比喻能推己及人，替别人着想。这样，我们就能理解，“舜好问察迩，言执其两端，用其中于民”是“非絜矩之道”。因为“用其中于民”显然没有做到“推己及人”，只是一种调和，完全没有理解絜矩之义（图 1-6、图 1-7）。

图 1-6 “絜矩”：山西平遥明清县衙东侧观风楼横匾（全貌）

图 1-7 “絜矩”：山西平遥明清县衙东侧观风楼横匾（局部）

正如安清翘所言：“矩之用在絜矩，以己之心度人之心，度处便是絜矩。”[1]在谈到絜矩与“权”的关系时，安清翘又阐释道：“能絜

① （清）安清翘：《矩堂语录》，1921 年石印本。

矩，然后可兴权。权不从矩出，流为权谋、权术、权诈。”[①]安清翘并未拘泥于伦理道德层面的狭义解释，而将“絜矩”引申为以“矩”去理解和把握世界包括自然界的方法论准则，以求人与人、人与社会及人与自然的平等和谐。在安清翘看来，作为方法论工具的“絜矩”，至少应有两层含义：

（1）认识自然之尺。对于认识自然规律而言，“絜矩”就是对“矩”的学习和理解，并用“矩”作为研究学问的工具。安清翘自己说：

> 清翘性迟钝，承父兄遗训，究心道学，约六经之旨，窃取程朱之意而为理数合一之说。又念经书中历象乐律为数学之大者，因偏众诸家之书、融会贯通而为之说，曰：算数之要天元一是也，测量之要句股是也，天象之要高卑东西南北是也，乐律之要连比例是也。然止蔽以一言，亦曰矩而已矣。[②]

安清翘不仅是这样说的，更是这样实践的。安清翘将“理数合一”的“矩”的科学思想融汇到其“算数之要”“测量之要”“天象之要”“乐律之要”之中，反映出其“絜矩”之旨，就是通过对数学的学习和研究来掌握“算数”“测量”“天文”“乐律”等规律。

那么，对于“矩”的学习和理解，安清翘又有什么见解呢？且看其《矩堂语录》载：

> 多闻阙疑，多见阙殆。君子于其所不知，盖阙如也。以之讲道，则无索隐之弊；以之穷经，则无穿凿传会之失。然非浅见寡闻者所得借口也。下学而上达，自有恒始，恒则熟，熟则上达。思之，思之，必能通之。思之而不可通，则当阙疑。然非不好学深思者所得借口也。

“多闻阙疑，多见阙殆”，就是安清翘教我们如何对“矩”进行学习的方法。“多闻阙疑，多见阙殆”，语出《论语·为政》：“多闻阙

① （清）安清翘：《矩堂语录》，1921 年石印本。
② （清）安清翘：《数学五书叙》，清嘉庆年间刻本。

疑，慎言其余，则寡尤。多见阙殆，慎行其余，则寡悔。”意为：多听，疑问先放一放，其余无疑者也要言之谨慎，如此就能减少过失；多看，不做危险之事，其余无疑者也要行之慎重，如此就能减少悔恨。阙疑者，把疑问先放一放；阙殆者，不做危险之事。

具体来说，“闻”应有两层含义：一是听说、知道之意。《孟子·滕文公上》曰：“闻君行仁政。”唐韩愈（字退之，世称昌黎先生，768~824 年）在《师说》中也说：“其闻道也”。二是通“问”，询问之意。《易·旅象》曰：“丧牛之凶，终莫之闻也。”“见”也有两层意思：一是《说文解字》云：“见，视也。”二是观察，知道，了解。《韩非子·主道》云：“道在不可见。”由此可知，“多闻”“多见”，是对“矩”的学习和理会。无论是“闻”，还是“见”中，“阙疑”“阙殆”是关键。

安清翘进一步引申说，对“矩”的理论和知识的学习并不是全盘接受，而是要批判的吸收。如果有问题，就把疑难留着，不做主观推论。同时，安清翘又指出，学习“矩”有个过程，即从“下学”到“上达”。坚持学习的时间变长，就会从熟悉到精通，直至上达。如果在学习过程中遇到问题，就要多思考，多思考自然就体会理解了。如果思考了还是不理解，那么就要做到“阙疑”和“阙殆”。

（2）利用自然之钥。对于利用自然规律，安清翘认为，“絜矩”之道在于忠恕。他说：

> 矩是一贯，絜矩之道只是忠恕。①

“忠恕”是儒家的一种道德规范。忠，谓尽心为人；恕，谓推己及人。《论语·里仁》云：“夫子之道，忠恕而已矣。”朱熹集注：“尽己之谓忠，推己之谓恕。”对此，安清翘载《矩堂语录》中进一步说：

> 扬子云谓大器如规矩、准绳，先自治而后治人之谓大器。自治者不踰矩也，治人者絜矩之道也。

① （清）安清翘：《矩堂语录》，1921 年石印本。

> 不踰矩，乃能絜矩。有天德，然后可以语王道。
>
> 问成己之道，曰不踰矩；问成物之道，曰絜矩。不踰矩至诚之，所以尽其性也；絜矩至诚，所以尽人物之性也。

安清翘所言的扬子云，即西汉著名学者扬雄（字子云，前 53~18 年）。显然，他们对于絜矩的观点稍有不同。扬雄将治人者谓之絜矩之道，安清翘则将成己定义为不越规矩，将成物定义为絜矩。由“絜矩至诚，所以尽人物之性也”可知，絜矩的层次要远高于不踰矩。不踰矩只是对自我的把握，而絜矩还包括对自然规律的把握。所以，“矩”是做学问的基础和起点，“‘矩’字是圣贤学问大权柄”，而“絜矩”才是做学问的目的。那么，具体如何才能做到“絜矩”呢？安清翘《矩堂语录》云：

> 君子不器，所以成其为大器，大器者矩是也。万器皆成于矩，矩不可以器名，所以谓之大器。下学是志于不踰矩，从心所欲便是上达，上达只是下学到熟而化处。

“君子不器”，是说君子应当居于“器”的反面。“大道不器”，这反面就是“道”。《易传·系辞上》曰：“见乃谓之象，形乃谓之器。”“形而上者谓之道，形而下者谓之器。”有形之物叫作“器”，有形物之上者叫作“道”。意为君子无论是做学问，还是从政，都应该博学且慎思，这样才能不会像器物一样，只能作有限之目的来使用。《论语·雍也》云：“君子博学于文，约之以礼，亦可以弗畔矣夫。”意指君子必须要能做到广泛地阅读典籍，吸收知识，以礼来约束自己的行为，如此便不至于偏离人生的正道。安清翘认为絜矩才能使君子不器，成就大器。絜矩的途径，首先要志于不踰矩的下学，然后再“熟而化处”，最终方能做到上达，即“絜矩”。在《矩堂语录》中，安清翘又进一步以圣人孔子为例，说明从“矩”到“絜矩”的“上达”之路。他说：

> 夫子十五志于学，即志于矩也，所谓下学也。至七十而从心所欲不踰矩，所谓上达也。

按安清翘的解释，孔子开始学习时，志于“矩”。联系这句话的上文，“矩，常也，法也。常者，道也，以理言也。法者，器也，以数言也。”[①]由此可知，这里的“矩”应该有两重含义：一是指“道”，即万物变化发展的规律。二是特指数学，“法者，器也。”也就是一项技艺（数学），亦即下学。孔子至七十岁时“从心所欲”的“从”字，作顺从讲，即顺从心之所欲而不踰越法度。顺心而为，自然合法，也就是动念不离乎于道。

孔子所处的春秋时期，教育包括“礼”“乐”“射”“御”“书”“数”六艺。“数”也就是简单的读、写、算的教育。[②]对于一般百姓而言，“书”和“数”是最具实用价值的两种“艺”。要想掌握“数”，必须要具备一定的读、写能力，也就是说“书”艺是“数”艺的基础和前提。安清翘“絜矩”的理念，可谓是对荀子“制天命而用之”思想的继承和发挥。[③]荀子《天论》云：

> 天行有常，不为尧存，不为桀亡。应之以治则吉，应之以乱则凶。彊本而节用，则天不能贫；养备而动时，则天不能病；修道而不贰，则天不能祸。故水旱不能使之饥，寒暑不能使之疾，祆怪不能使之凶。……大天而思之，孰与物畜而制之？从天而颂之，孰与制天命而用之？望时而待之，孰与应时而使之？因物而多之，孰与骋能而化之？思物而物之，孰与理物而勿失之也？愿于物之所以生，孰与有物之所以成？故错人而思天，则失万物之情。

从天地万物不逾“矩”的信念出发，安清翘认为“絜矩”是做学问的目的，从而“以矩而正家，以矩而齐国，以矩而治天下，以絜矩而平。矩即天理也，性也，至善也。”[④]所以，安清翘以“絜矩”的思想和方法，赋予“制天命而用之”以方法论的全新诠释。

---

① （清）安清翘：《数学五书叙》，清嘉庆元年（1796 年）刻本。

② 袁振国：《当代教育学》，北京：教育科学出版社，1999 年，第 6 页。

③ 赵家祥：《试论中国古代的“天人关系”思想及其理论价值和现实意义》，《江汉论坛》1994 年第 11 期，第 66 页。

④ （清）安清翘：《矩堂语录》，1921 年石印本。

## 第二节　“数”：自然科学的基础

安清翘在其《数学五书叙》中开宗明义地宣称：

> 《论语》一书无一言及于数，亦无一言及于理。夫谓圣人不言数可也，谓圣人不言理可乎？曰夫子言之矣，但不专言理，不专言数耳。一言而理数备焉，则所谓矩者是也。

这里，安清翘表达了一种数学是各学科基础的思想。如果没有数学，只顾说理，那么，理就空虚无所依托。正如安清翘在《矩堂语录》和《数学五书叙》中反复强调的，“言理必兼言数。非理则数近于艺，非数则理涉于虚。理之与数，为一耶？为二耶？”显然“数”与“理”当然为一，否则不会“一言而理数备焉”。

### 一、数学致用，众用所基

清代名臣、礼部尚书李宗昉（字静远，号芝龄，1779~1846 年）在为《矩堂语录》作序时就说：

> 商高之言曰，数之法出于圆方，又曰圆出于方，方出于矩。夫方圆者，天地之道也。……大学言絜矩，论语言不踰矩，圣人所以治天下者，尽于是矣。垣曲安子宽夫语录，讲“矩”字极切实。

商高，相传公元前 11 世纪人，与周公处于同一时代。据《周髀算经》中周公与商高的问答所载，商高懂得数学、天文、历法、天文测量等。其中，有一段周公向商高请教“数安从出”的对话：

> 昔者周公问于商高曰：“窃闻乎大夫善数也。请问古者包牺立周天历度——夫天不可阶而升，地不可得尺寸而度，请问数安从

出？”商高曰：“数之法出于圆方，圆出于方，方出于矩，矩出于九九八十一。故折矩，以为句广三、股修四、径隅五。既方其外，半之一矩，环而共盘，得成三四五，两矩共长二十有五，是谓积矩。故禹之所以治天下者，此数之所生也。”周公曰：“大哉言数！”

周公因天无阶梯可攀升、地不能以尺寸量度，而对伏羲即包牺氏构造周天历度之壮举困惑不已。商高则原原本本解释了数的来源，最终落在了具有长宽性质（“九九八十一”）的“矩”上。并且从矩出发，更给出勾股定理及其证明：折矩，即矩形以对角相折，成一直角三角形，最简单者即“勾广三、股修四、径隅五”（勾三股四弦五）。然后，在直角三角形外各自做一正方形（“既方其外”），通过“半之一矩，环而共盘，得成三四五，两矩共长二十有五，是谓积矩”，可以面积的出入相补得到勾股定理的证明，即句方（$3^2$=9）与股方（$4^2$=16）之和等于径方（$5^2$=25）。①商高最后指出，对矩的应用，是勾股定理及整个数学的来源，是当年大禹治天下的利器。商高的一席话，让周公脑洞大开，并发出感动千古的赞叹：“大哉言数！”类似地，战国时期另一古籍《路史后记十二注》也载：

禹治洪水，决流江河。望山川之形，定高下之势，除滔天之灾，使注东海，无漫溺之患，此勾股之所系生也。

意思是，大禹为了治理洪水，使不决流江河，便根据地势高低，决定水流走向，因势利导，使洪水注入东海，从此华夏不再有大水漫溺之灾，这是勾股定理成功的应用。

我们从大禹这位被儒家尊为圣贤的伟人来看，大禹大概是了解“矩”的深刻内涵的。否则，他也不会利用“勾股之术”来治理大水。且再从《周髀算经》看另一位圣贤周公对“矩”的看法。周公曰：“请问用矩之道。”商高曰：“平矩以正绳，偃矩以望高，覆矩以测深，卧矩以知远，环矩以为圆，合矩以为方。”不难看出，被儒家尊为圣贤的

① 曲安京：《商高、赵爽与刘徽关于勾股定理的证明》，《数学传播》1996 年第 3 期，第 20~27 页。

大禹和周公都对“数”十分重视，并由衷地赞叹：“大哉言数！”然而，自汉以降，儒、释、道三家逐渐合流，儒家思想或多或少受到释、道二家的影响。所以，《矩堂语录》载：

> 汉以后儒者皆言道，多恬澹清净之说，其源出于老子；宋以后儒者皆言性，多觉悟虚灵之说，其流入于释氏。于夫子之学，所谓“矩”者，视为浅近平常而忽之矣。
>
> 程子谓自汉以下无人识“权”字，愚谓自汉以下无人识“矩”字。

安清翘认为，儒家学说的本义就是“矩”的学说。然而，后儒们则视“矩”为“浅近平常”而“忽之”。据朱熹《〈论语·子罕第九〉集注》载：

> 子曰：“可与共学，未可与适道；可与适道，未可与立；可与立，未可与权。”权，称锤也，所以称物而知轻重者也。可与权，谓能权轻重，使合义也。杨氏曰：“知为己，则可与共学矣。学足以明善，然后可与适道。信道笃，然后可与立。知时措之宜，然后可与权。”洪氏曰：“易九卦，终于巽以行权。权者，圣人之大用。未能立而言权，犹人未能立而欲行，鲜不仆矣。”程子曰：“汉儒以反经合道为权，故有权变权术之论，皆非也。权只是经也。自汉以下，无人识权字。”

可见，程子已识得“权”字之重要，但并未将“权”的方法引入“数”，而又折回至儒家经学。安清翘则对“权”字进行发挥，最终将“权”的方法归于“矩”，即“数”。自宋以来，儒学渐衰，失其本义，而安清翘复拾之，即回复到“理数合一”的本义上来，用“矩”来实行“絜矩”之道。他说：

> 古者，九数为小学之事，自童时习之矣。盖凡六艺之文者，皆所以涵养性情、扩充知识，非徒文艺之末也。而习数学者，其心必细，其气必静，于《洪范》所谓思，曰睿睿，作圣者其始基也。后世六艺既废，而数学尤为儒家所不讲，一则忽为浅近而以

为不足学，一则惮其深远而以为不能学，此数学所以废，而专门名家遂为绝学，非复小学之事矣。余以为儒者之学务在穷经，然未有不习数学而能通经者，所以然者以心不细、气不静故也。穷经所以致用，然未有不习数学而能适于用者，所以然者以心不细、所不静故也。①

从安清翘这段关于学习“数”的功用来看，“数”是治学的根基。因为学习“数”可以使人“其心必细，其气必静”，这对于治学来说又何尝不是一种“内功”呢！安清翘强调，即使汉代之后儒学受到道、释两家的影响，也应该且必须复归至汉代之前儒者学习数学的风尚。安清翘对数学在读经、解经中作用的认识，与之前乾嘉考据学派之巨擘戴震（字东原，号杲溪，1724~1777 年）以数学等自然科学为“轿夫”去抬经学之“轿”的比喻如出一辙。

六书、九数等事，如轿夫然，所以舁轿中人也。以六书、九数等事尽我，是犹误认轿夫为轿中人也！②

同时，安清翘“盖凡六艺之文者，皆所以涵养性情、扩充知识，非徒文艺之末也。而习数学者，其心必细，其气必静”的认识是深刻的。明末徐光启在其《几何原本杂议》中就指出：

此书有四不必：不必疑，不必揣，不必试，不必改。有四不可得：欲脱之不可得，欲驳之不可得，欲减之不可得，欲前后更置之不可得。有三至三能：似至晦，实至明，故能以其明明他物之至晦；似至繁，实至简，故能以其简简他物之至繁；似至难，实至易，故能以其易易他物之至难。易生于简，简生于明，综其妙在明而已。此书为益，能令学理者祛其浮气，练其精心；学事者资其定法，发其巧思。故举世无一人不当学。

梁启超也感慨良多，说道：

---

① （清）安清翘：《数学五书·矩线原本叙》，清嘉庆年间刻本。

② （清）戴震：《戴东原集·段玉裁序》，上海：商务印书馆，1929 年。

我们常说，治科学能使人虚心，能使人静气，能使人忍耐努力，能使人忠实不欺，寅旭（即王锡阐——笔者注）便是绝好模范。历算学所以能给好影响于清学全部者，亦即在此。①

然后，安清翘又举道家代表人物庄周（字子休，约前 369~前 286 年）精通数学的例子，来说明“数”在道家也是同样受到重视的，旨在引起儒者的警醒。他说：

庄子曰：“其数一二三是也。”又曰：“一尺之棰，日取其半，万世而不竭。”可见，庄子非不知数学者。②

在安清翘看来，庄子的数学成就已有了无穷趋近于零的极限思想。其实，何止这些。我们细看《庄子·天下》，其中“飞鸟之景，未尝动也；镞矢之疾，而有不行不止之时。”意指飞鸟的影子不曾移动；箭镞发射的疾速，却有不前进也不停止的时刻。这似乎又和古希腊学者芝诺（Zenon，约前 490~前 425 年）四个著名悖论中的两个，即“二分法”和“飞矢不动”有相同的境界。“二分法”是指运动着的事物在到达目的地之前，先要完成全程的 1/2；在达到 1/2 处之前，又要完成它的 1/2……如此分割，乃至无穷，永远达不到目的地；“飞矢不动”是指飞矢在一段时间可被分成无数时刻，在每一个时刻，箭矢都占据着一个位置，因此是静止不动的，就是说，它停驻在这段路程的各个不同位置上，而不是从一个位置飞至另一个位置。③不难发现，虽然庄子没能像芝诺那样，将这两个发现上升到悖论的层次，但庄子“非不知数”是确信无疑的！“一尺之棰”说与“数”的联系显而易见；“飞鸟之景，未尝动也”说，虽未言数，但时间也是个“数”。这也是安清翘认为庄子“非不知数学者”的原因。

综上所述，安清翘在《矩堂语录》中多次提及“数”是治学的根基，是养性的平台，只有通过对“数”即“矩”的学习，才能做到孔子

① （清）梁启超：《中国近三百年学术史》，北京：中国书店，1985 年，第 139 页。

② （清）安清翘：《矩堂语录》，1921 年石印本。

③ 赵敦华：《西方哲学简史》，北京：北京大学出版社，2001 年，第 19 页。

所言的“不踰矩”，然后通过儒学思想的最初核心“推己及人”，来实现对人（道德）、物（自然）的“絜矩”之道，从而复归到治学的本义。正如安清翘《矩线原本叙》所载：

> 朱子《小学》一书为作圣之基，六艺在所略，然晚年辑义、礼、经、传通解，欲取《说文解字》序说与《九章算经》为《书数篇》，列入学礼。盖以备古人小学之遗，特其书未就耳。今体朱子之意，综括数学枢要，为《矩线原本》两篇首言九九比例，乃人视为浅近不足学者，次言句股测量，又人视为深远不能学者，不知深远即在浅近中，古者小学与大学原非两事也。

安清翘对“数”的思想，可谓与清末著名学者梁启超有不谋而合之巧。梁启超认为数学是一切自然科学的基础学科，欲学好自然科学必须要努力学好数学。梁启超曾以数学为例，告诫青年学生要努力钻研自然科学，希望能一改当时的学术风气。他言道：

> 算学为一切自然科学之基础。欲治科学，非于算有相当素养不能为功，昭昭然也。然环观今之青年，在学校中对于此科之兴味何衰落一至此甚也？学之数年，恐其所得素养比诸门外汉如我者所胜无几也，反不如百余年前专读线装书之老经生，犹知此学为重也。呜呼！此非一门学术兴废之小问题，实全部学风兴衰之大问题也。厌繁重而怠探索功课为机械的授受，不复刻入以求心得，惟喜摭拾时趋的游谈以自欺欺世。如此，则凡百学术皆不能唤起真挚之兴味。岂惟算学，结果非将学问向上之路全付榛芜焉不止也。呜呼！今之青年，有闻乾嘉道间诸先辈之学风而知奋者耶。①

我们想说，安清翘就是梁启超所赞誉的“乾嘉道间诸先辈之学风”之一典型者。

① （清）梁启超：《中国近三百年学术史》，北京：中国书店，1985 年，第 351 页。

## 二、理数合一，数形统一

安清翘的科学研究，主要体现在数学、天文学和音律学上。数学上，安清翘继承和发展了我国数形统一的思想，其“五分取一法”即sin5a（sin3a 同）的弧矢割圆求法在清代中算学家中也具有相当的地位[①]；天文学和音律学上，其显著特点是以数学为工具来阐明深奥的理论问题，成就斐然。譬如，他独立于牛顿之外正确解释了岁差现象。[②]又如，继明代朱载堉和清代江永之后，他正确理解并阐发了十二平均律的原理及其意义。

在数理合一思想的指导下，在科学研究体会的基础上，安清翘形成了数形统一的思想。数形统一，是中国传统数学一个重要的思想组成部分，与西方以欧几里得（Euclid，约前 330~前 275 年）为代表的几何学那种纯粹空间研究的风格有明显的差异。数形统一思想在我国的产生并不是偶然的，与我国作为农业古国有密切的关系。田亩丈量、粮食储藏、城墙建筑、水渠开挖等，都会遇到大量的关于面积、体积等几何问题。我国传统数学擅长于应用计算。很自然地，就用代数方法去解几何问题。[③]安清翘继承和发展了我国传统的数形统一思想，并将之统一在“矩”之中。他说：

> 矩者，界限之名。凡物一分为两，两合为一，其间不能容物谓之。界限如绳之直、如衡之平、如表之正，皆矩之象。《周髀算经》云：“圆出于方，方出于矩，矩出于九九八十一。”圆出于方者，因方生圆也。方出于矩者，因直生方也。是故矩者，直线也，方圆之根也。九九八十一者，矩之分数也，矩一也，分之则始于一，一

① 李俨：《中算史论丛》，上海：商务印书馆，1935 年，第 441、426~430 页。

② 杨小明，李树雪：《安清翘关于岁差的认识》，《中国科技史杂志》2005 年第 3 期，第238~245 页。

③ 郭金彬，孔国平：《中国传统数学思想史》，北京：科学出版社，2004 年，第 271~272 页。

终于九九。[①]

安清翘正确认识到，早在《周髀算经》中，我国就有数形统一的思想。安清翘进一步指出，“矩”是联系数和形的桥梁。基于此，安清翘大声疾呼：

> 河图、洛书，即九九之数，所谓百姓日用而不知也。舍九九之数，而空言河图、洛书，未有不入于怪诞者！[②]

所谓河图、洛书，是中国古代流传下来的两幅神秘图案，历来被认为是中华文明的源头。相传，上古伏羲氏时，洛阳东北孟津境内的黄河中浮出龙马，背负“河图”，献给伏羲。伏羲依此而演成八卦，后为《周易》来源。又相传，大禹时，洛阳境内洛河中浮出神龟，背驮“洛书”，献给大禹。大禹依此治水成功，遂划天下为九州岛。又依此定九章大法，治理社会，流传下来收入《尚书》中，名《洪范》。《易·系辞上》说：“河出图，洛出书，圣人则之。”就是指这两件事。河图上，排列成数阵的黑点和白点，蕴藏着无穷的奥秘；洛书上，纵、横、斜三条线上的三个数字，其和皆等于十五，十分奇妙，实即最简单的三阶幻方。这里，安清翘阐发了深刻的数形统一思想。数形统一思想，在安清翘的天文学研究中，譬如关于岁差成因的说明中，也多有应用。[③]

音律学上，安清翘“矩”的数学化特征表现得尤为突出：

> 用乘除、开方等术算之，自三率用开平方，至十三率用开十一乘方，依次列于后。[④]

这里，安清翘是用等比数列的性质来推算十二平均律的各律。关于等比数列，安清翘从“矩”出发，以等差数列对应变换的角度来理解。

---

① （清）安清翘：《数学五书·矩线原本》卷一，清嘉庆年间刻本。

② （清）安清翘：《矩堂语录》，1921年石印本。

③ 杨小明，李树雪：《安清翘关于岁差的认识》，《中国科技史杂志》2005年第3期，第238~245页。

④ （清）安清翘：《乐律心得·论十二律相生即算术连比例之理》，清嘉庆年间刻本。

凡矩之分数，自一而二、而三、而四、而五，依次递加，至于无穷，谓之加减连比例。凡矩之位以十为等，自一而十、而百、而千、而万，以至无穷，谓之乘除连比例。[①]

而关于乘除连比例求率问题，安清翘也是从“矩”出发的。

凡矩上两数求连比例之数，任以一数为第二率，自乘，以一数为首率，除之，即得第三率也；若求第四率，则任以一数为第二率，自乘、再乘，以一数为首率，自乘、除之，即得第四率也；求第五率以上，按各乘方位数加之。[②]

十二平均律，是目前世界上通用的把一组音（八度）分成十二个半音音程的律制，各相邻两律之间的振动数之比完全相等。安清翘从“矩”的数学化特征出发，从等差数列对应变换明晰了等比数列各项的求法，从而一举解决了十二平均律的生律问题，“凡连比例，皆以所知之两率求不知之一率。是故黄钟生各律，皆以黄钟与半黄为所知之首末两率也。”[③]这样，安清翘就突破了朱载堉和江永用数形统一来研求十二平均律的藩篱，采用了纯代数的方式，是我国乃至世界上音律学的一个质的大跨越！

由此可见，安清翘不仅将“矩”作为其天文、音律（中国古代合称为“律历”）研究的工具和起点，而且试图以其实际和具体的研究成果来论证万物皆“矩”的世界观。

## 第三节　实证“惟是”的方法论

安清翘以“矩”取代前儒“道”、“性”和“理”诸说之宗旨，在

① （清）安清翘：《数学五书叙》，清嘉庆年间刻本。
② （清）安清翘：《数学五书叙》，清嘉庆年间刻本。
③ （清）安清翘：《乐律心得·论十二律相生即算术连比例之理》，清嘉庆年间刻本。

于避免空谈而切于实用。同时，以“理数合一”赋予“格物”以“絜矩”的定量化新义。因此，作为其“絜矩”实践的科学研究自然会具有鲜明的实证“惟是”的特征。

## 一、“矩”的实证“惟是”特征

在《推步惟是叙》中，安清翘将其学问之实证“惟是”旨归叙述得十分明白。他说：

> 推步之学测量难而论说易，以测量须实算而论说多空谈也。然亦有辩如逐声掠影无得于心谓之空谈，则不若就实象究明实理，据已然之迹而探所以然之故，则论说之难与测量等。西法测量胜古法，而论说亦有得有失。韩子曰：“文无难易，惟其是尔。”余谓：“数无中西，惟其是尔。”乃即两家之书折衷，取是不存中西之见，其中西同误者则一揆诸理，着论七十六篇。虽然天象高远，学问无涯，不敢自是也。尚赖同志君子取而正焉。

这里，“测量须实算”“就实象究明实理”“据已然之迹而探所以然之故”，无疑已具鲜明的实证“惟是”倾向。

> 学问实处便易简，虚处便支离。问空谈。曰：“阴阳、五行、理气、鬼神之类及封建、井田、学校，凡以古为名者皆空谈也。”①

那么，安清翘又是如何摆脱空谈、致力于实学的呢？他在《矩堂语录》中进一步指出：

> 明明德，是矩上分数界限明。舍矩而言明明德，未有不入于空虚元眇者。讲明德不就矩上分数，讲必流于空虚。

所谓“明明德”，是指通过修行，使“明德”（“光明正大的品德”）显明于心。这样，安清翘就将“矩”作为是否“明明德”的标准

① （清）安清翘：《矩堂语录》，1921年石印本。

了。我国传统数学是以实用为目的的，内容大多来自生产和生活实践，反过来又广泛应用于生产和生活的寻常幽微，理论密切联系实际，这从我国数学的开山经典《九章算术》就能看得分明。在儒家的“六艺”之中，也只有“数”最切近百姓的生活日用。因此，安清翘的“矩”具有明显的实用“惟是”与数学化倾向。对此，安清翘还多次指出：

> 矩即天理也、性也、至善也，讲天理、讲性、讲至善，不如“矩”字切实，无玄眇空虚之弊。①
>
> 儒者之学务穷于理，然言理必兼言数。非理则数近于艺，非数则理近于虚。②

## 二、拒斥空谈，力倡“惟是”

在“絜矩”的实践中，安清翘将“矩”的实证特征和“惟是”倾向可以说发挥到了极致。

### （一）讥刺空谈

安清翘对于后世儒家空谈之风进行了极大的讽刺，他在《矩堂语录》中作了一个生动的比喻：

> 乍见孺子将入于井，即将孺子救过，便是不忍人之政。若不能救，而徒恃恻隐之心，何益于孺子乎？儒家空谈爱人无益实事者，大率类此。

安清翘认为，“宋以后，儒者之书，去其大言与空谈，则所存者更少矣。再去其苛刻缴绕之说，则所存者更少矣。”“后世词章之学充塞宇宙荆川，所谓大地做架安顿不下者。就中分别观之，佳者如候虫、时鸟自鸣自己，劣者如千百蚊蚋啾啾乱鸣。”③显然安清翘对大言和辞章

① （清）安清翘：《矩堂语录》，1921 年石印本。
② （清）安清翘：《数学五书序》，清嘉庆年间刻本。
③ （清）安清翘：《矩堂语录》，1921 年石印本。

之学并不认同，认为是“自鸣自己”，即自圆其说、乱鸣一通。而对后儒们所谓的“经济之学”，安清翘也有自己的独特见解：

> 经济之学，说来好听，无济实事。孔子尝为委吏矣，曰：“会计当而已矣。”会计当便是委吏，经济尝为乘田矣。曰：“牛羊茁壮长而已矣。”茁壮长，便是乘田经济。推之，期月而可三年有成，俱是实心实事。兵、农、礼、乐与会计当茁壮长，只是一个道理。后世儒者言经济，不曰过化存神，则曰至德神功、尧舜，犹病者。鄙为寻常不足道，满纸绚然，惊人耳目，而实无一言之适用也。[①]

“会计”是管理财物及其出纳等事，后指监督和管理财务的工作；“乘田”，语出《孟子·万章下》：“孔子尝为乘田矣。曰：‘牛羊茁壮长而已矣。’”赵岐（字邠卿，？~201 年）注：“乘田，苑囿之吏也，主六畜之刍牧者也。”“过化存神”，语出《孟子·尽心上》：“夫君子所过者化，所存者神，上下与天地同流。”意指圣人所到之处，人民无不被感化，而永远受其精神影响。“至德”指最高的道德、盛德。《易·系辞上》曰：“阴阳之义配日月，易简之善配至德。”《论语·泰伯》云：“泰伯其可谓至德也已矣。”《史记·商君列传》载：“论至德者不和于俗，成大功者不谋于众。”刘义庆（字季伯，403~444 年）《世说新语·德行》载：“荀君清识难尚，钟君至德可师。”“神功”则指神一般的功绩，古时多用以颂扬帝王或圣人。由此可知，安清翘对没有实际参与过具体经济工作的“经济之学”的学者空谈“经济”有反感之意。一方面，他以孔子为例，说明只空谈理论，不至于行，皆是无用。而“会计”和“乘田”都与“数”打交道，也就与“矩”联系起来了；另一方面，安清翘又批驳了后世儒者不求“过化存神”，只求“至德神功”，实为自欺欺人，实无一言可用。

### （二）批驳尚古

安清翘对尚古之风进行了严厉的批驳：

---

① （清）安清翘：《矩堂语录》，1921 年石印本。

识时务者在乎俊杰。武侯云："刘繇、王朗各据州郡，论安言计，动引圣人，群疑满腹，众难塞胸。"观此数言，即知武侯之识时务矣。儒者言经济，无不引圣人者，此识时务者所以少也。[①]

诸葛亮（字孔明，号卧龙，生前被封为武乡侯，181~234 年）《后出师表》载："刘繇、王朗各据州郡，论安言计，动引圣人，群疑满腹，众难塞胸。"从这几句话看，就可以知道诸葛亮是识时务的人。儒者讨论经世济民，都是引用圣人的话，这就是儒家识时务者少的原因。安清翘认为复古是由"因之说"，即沿袭、承接的说法造成的。他说：

因者君之纲也，虽道家之言，儒家亦有之。夫子殷于夏礼，周因于夏礼。又曰："因民之所利而利之。"孟子曰："为高必因丘陵，为下必因川泽。"为政不因先之道可谓智乎？率由旧章行所无事，皆因之说也。[②]

在《推步惟是》卷四《杂说》中，安清翘针对布算之学指出：

读书不可不信古，亦不可泥古，布算之学尤甚。古人立法只举大纲，其立法之根后世莫能外，此古不可不信也；其细微曲折不能如后人之密，强求合于古，则必迁就其法以求之，所失者愈多矣。此古不可泥也。

### （三）辨析文字

安清翘对于无用之书的文字类型进行了细致的分类：

灾梨祸枣之文，约有三种：一曰应试之文，制科之文是也；一曰应事之文，韩子所谓"应事作俗下文字，下笔令人惭"是也；一曰消遣之文，稗官小说，一切才人之文是也。此三种文字有如浮沤，旋生旋灭。[③]

---

① （清）安清翘：《矩堂语录》，1921 年石印本。
② （清）安清翘：《矩堂语录》，1921 年石印本。
③ （清）安清翘：《矩堂语录》，1921 年石印本。

安清翘举例对科举制的考试内容进行隐喻式的批驳，虽然没有直接批驳当时的八股文形式，但以北宋李纲（字伯纪，号梁溪居士，1083~1140年）含沙射影式直指制科策，何况比制科策更不堪的八股文。

> 李忠定上高宗封事数千余言，当国危君辱之际，而言事之文冗长，类于制科策，尚得谓之识时务者乎？[①]

梁启超在《变法通议》中也直斥八股取士的弊端，并说：

> 八股取士，为中国锢蔽文明之一大根源，行之千年，使学者坠聪塞明，不识古今，不知五洲，其弊皆由于此。[②]

1895年，即甲午中国战败之年，在《救亡决论》一文中，严复（字几道，1854~1921年）也斥责八股取士是败坏民智、民力的“牢笼”。

> 八股取士使天下消磨岁月于无用之地，坠志节于冥昧之中，长人虚骄，昏人神志，上不足于辅国家，下不足于资事蓄；破坏人才，国随贫弱。

而梁启超的老师康有为（字广厦，人称康南海，1858~1927年）甚至将甲午战败的罪名归之于科举，曰：

> 民智不开之故，皆以八股试士为之……故台、辽之割，不割于朝廷，而割于八股；二万万之款，不赔于朝廷，而赔于八股；胶州、旅大、威海、广州湾之割，不割于朝廷，而割于八股。[③]

然而，安清翘早在乾嘉时期就猛烈批评比八股文要务实得多的制科策，可见他对无用之文的清醒认识。

---

① （清）安清翘：《矩堂语录》，1921年石印本。

② （清）梁启超：《饮冰室合集》，上海：中华书局，1936年。

③ （清）康有为：《康南海自编年谱》，北京：中华书局，1992年，第42页。

### （四）解经之道

正如安清翘所言：

> 解经只训诂，简明的确，精义自明。若过于剖析及横生议论，则经反因解而晦。自汉以来，解经之书几千百年，有因解而明者，有因解而晦者。江慎修云："读书淹博难，精审难，断制难。"愚谓："今日治经，扫除尤难。"①

当年黄宗羲（字太冲，号南雷，1610~1695 年）早已提出解经的"以经解经"原则，黄宗羲提出：

> 天下之最难知者，一人索之而弗获，千万人索之而无弗获矣；天下之最难致者，一时穷之而未尽，千百年穷之而无不尽矣。四子之义，平易近人，非难知难尽也。学其学者，讵止千万人、千百年？而明月之珠，尚沉于大泽，既不能当身理会，求其著落，又不能屏去传注，独取遗经。精思其故，成说在前，此亦一述朱，彼亦一述朱，宜其学者之愈多而愈晦也。②

针对解经必须破除成说和权威，黄宗羲又引朱熹之言谈及《周易》的研究之道说：

> 晦翁（即朱熹——笔者注）曰："谈易者譬之烛笼，添得一条骨子，则障了一路光明；若能尽去其障，使之统体光明，岂不更好？"斯言是也。奈何添入康节（即邵雍——笔者注）之学，使之统体皆障乎？③

戴震继而提出"学有三难：淹博难，识断难，精审难。"④而安清翘

① （清）安清翘：《矩堂语录》，1921 年石印本。

② （清）黄宗羲：《孟子师说·题辞》，沈善洪主编：《黄宗羲全集》第一册，杭州：浙江古籍出版社，1985 年，第 48 页。

③ （清）黄宗羲：《易学象数论·自序》，沈善洪主编：《黄宗羲全集》第九册，杭州：浙江古籍出版社，1992 年，第 2 页。

④ （清）戴震：《戴东原集》卷九，上海：商务印书馆，1929 年。

则说："今日治经，扫除尤难。"这就形成了层层递进的关系。这种关系就是从原始问题做起、从根上做起，反对陈陈相因，主张实证求真。

## 第四节 "矩"与机发论的世界观

安清翘以"矩"作为世界的本原，以"絜矩"来理解和把握世界。"矩"本身就具有"见微可以知著，用小可以制大"的意蕴，安清翘用比以往更加科学的"矩"的思想全面阐发了"机发论"，从而使"机发论"思想得到了更大的发展和升华。①

### 一、机发论思想溯源

机发论思想萌芽于先秦时期，汉代之后在道教中逐渐成形。道家的"无为"思想，被道教徒逐渐发展成"有为"行动，阐明了人与自然关系中一个重要的原理："见微可以知著，用小可以制大。"它重视人的能力，鼓励探索精神。因此，"机发论"是中国古代一种有为的世界观。机发论思想虽然能追溯到先秦时期，但它的形成离不开两位道教代表人物——晋代的葛洪（字稚川，号抱朴子，283~363 年）和南唐的谭峭（字景升，生卒年不详）。葛洪在《抱朴子内篇》中说：

> 若夫仙人以药物养身，以术数延命，使内疾不生，外患不入，虽久视不死，而旧身不改，苟有其道，无以为难也。②
>
> 夫陶冶造化，莫灵于人。故达其浅者，则能役用万物；得其深者，则能长生久视。③

---

① 李志超：《机发论——有为的科学观》，《自然科学史研究》1990 年第 1 期，第 1~8 页。

② 王明撰：《抱朴子内篇校释》卷二《论仙》，北京：中华书局，1985 年。

③ 王明撰：《抱朴子内篇校释》卷三《对俗》，北京：中华书局，1985 年。

苟得其要，则八极之外，如在指掌，百代之远，有若同时。[1]

由此可知，葛洪完全脱离了道家“无为”的思想，而以一种类似“机发论”的思想作为炼丹修仙的指导思想，即以丹药作为“外丹”，修道作为“内丹”，以期达到“羽化成仙，与天命相争”的宏愿。因此，葛洪在科技上取得了巨大的成就。葛洪在炼制水银的过程中，发现了化学反应的可逆性，即丹砂（硫化汞）和水银、四氧化三铅和铅等物质之间的可逆反应。此外，葛洪还提出不少治疗疾病的简单药物和方剂，其中有些已被证实是特效药。如松节油治疗关节炎，铜青（碳酸铜）治疗皮肤病，雄黄、艾叶可以消毒，密陀僧可以防腐。……而南唐道士谭峭虽在炼丹上成就不如葛洪，但却将“机发论”的思想更加理论化。他说：

转万斛之舟者，由一寻之木；发千钧之弩者，由一寸之机。一目可以观大天，一人可以君兆民。太虚茫茫而有涯，太上浩浩而有象。得天地之纲，知阴阳之房，见精神之藏，则数可以夺，命可以活，天地可以反覆！[2]

《化书》中，还认为人类社会的早期阶段，没有尊卑、聚敛和争夺；以后有了分化，产生尊贵的统治者和卑贱的被统治者。书中反复强调人民的反抗是统治者逼出来的，是统治者“化民为悖逆，驱民为盗贼”，从而主张“均食”“尚俭”，幻想建立一个共同劳动、共同享受的“太和”社会。

耐人寻味的是，尊老庄为师祖的道教徒们却一反老庄的无为思想，走向了另一个极端。这反过来证明，老庄的“无为”仅是一种外在现实的手段，无为的实质目标是“无不为”。因而，道教的机发论者并不感到有什么矛盾。[3]

① 王明撰：《抱朴子内篇校释》卷三《对俗》，北京：中华书局，1985年。

② （五代）谭峭撰，丁祯彦、李似珍点校：《化书》卷二《术化·转舟》，北京：中华书局，1996年。

③ 李志超：《机发论——有为的科学观》，《自然科学史研究》1990年第1期，第1~8页。

## 二、“矩”的机发论特征

《中庸》最早系统地阐释了“诚”，《中庸》中说：“诚者，天之道也；诚之者，人之道也。诚者不勉而中，不思而得，从容中道，圣人也。诚之者，择善而固执之者也。”《中庸》所说的“诚”，是一座贯通天人物我、沟通本体世界和现实世界的桥梁，经由“诚”的指引，可以成己成物、融贯内外，获得一种圆融透彻、无所滞碍的心灵境界。[①]而这，启发了安清翘的机发论思想，并与其“矩”的世界观有机融汇起来。

### （一）安清翘的机发论思想

安清翘的机发论思想，主要反映在其《矩堂语录》中。开篇伊始，安清翘即说：

> 几者，动之微，吉凶之先见者也。吉凶者，善恶也；动之微者，意也。

这里，安清翘发挥了《易·系辞》“几者，动之微、吉之先见者也”的观点。在《矩堂语录》中，安清翘多次说：

> 杀人只用寸铁，“诚”字是也。杀人须向咽喉上着刀，“意”字是也。
>
> 《大学》“诚意章”，要紧是“意”字，注中“几”字正解“意”字。
>
> 在卦象谓之“复”，在数学谓之“点”，在事物谓之“机”，在人心谓之“意”。穷理之要不外比例而已，古注格物之“格”为量度，量度者比例之谓也。

“复”是卦象中的一种。唐代李鼎祚《周易集解》引隋代何妥（字栖风，生卒年不详）的解释：

① 朱人求：《真德秀对朱子诚学的继承和发展》，《哲学动态》2009年第11期，第42页。

复者，归本之名。群阴剥阳，至于几尽，一阳来下，故称反复。阳气复反，而得交通，故云“复亨”也。出入无疾，朋来无咎。

“点”，是整个欧几里得几何学的基础，欧氏几何学是研究点、线、面、体的科学。明代徐光启就已经将欧氏几何介绍到中国，安清翘对欧氏几何是极为了解的，并专作《几何原本补正》一书，因此，他才会说出矩“在数学谓之点”之语。“机”，《易·系辞》云：

夫《易》，圣人之所以极深而研几也。唯深也，故能通天下之志；唯几也，故能成天下之务；唯神也，故不疾而速，不行而至。

“意”，清段玉裁（字若膺，号懋堂，1735~1815 年）《说文解字注》云：

志也。志即识。心所识也。意之训为测度，为记。

安清翘以上所说的“复”“点”“机”“意”，都具有“见微知著，以小制大”的内涵，且带着本原或始基的意义。安清翘对“机”的认识，是与他关于“矩”的全息性解读分不开的。安清翘认为，万物各有其矩，一物之矩又是万物之矩。这与释家所谓“一月普现一切水，一切水月一月摄”的说法颇相类似。小矩蕴含大矩的全息性，如此，才能“见微知著，用小制大”。

## （二）“矩”与机发论世界观

关于“矩”的机发论特征，安清翘在《矩堂语录》中云：

矩上用功，则尊德性，不入于元虚道问，学不至于支离。圣贤千言万语，只发挥一“矩”字，虽不明言，却处处是这个。如六十四卦彖辞、三百八十四爻辞并无“易”字，却只发挥得一“易”字。

说理只说到恰好处，便是所谓矩也。若过于细刻，则有害于理矣。

这就很有“奥卡姆（William of Ockham，约 1285~1349 年）的剃刀”的意味，“切勿浪费较多东西去做用较少的东西同样可以做好的事情。”安清翘所谓的“矩”，正是一把“奥卡姆的剃刀”，锋芒所向，直指普遍实质，亦即无论出自逻辑理由，还是出自经验原因，都没有必要在个别事物之外设立普遍的实体或实质。安清翘既在探究自然规律时提及贵在简略，又在处理人事时以“简括”为原则，如他在陕西三水（今旬邑）任知县 20 载也是如此，深得百姓拥戴。

从以上引文可知，“矩”不仅具有机发论的特征，而且是和“穷理”“格物”的科学探索活动直接联系的。既然“矩”带着机发的本原或始基的意义，那么，“矩”是如何“生生万物”的呢？且看安清翘《矩线原本》卷一所载：

> 凡矩有生生之元，一者生生之元也。元者始也，如物之有根（古法谓之元，西法谓之根）。一者数之始，由一而二而三，以至无穷，皆一之所生也，是故一为众数之根。元之所生，又复为元，而生生无穷矣；如一生二，二复为根，由二而四而六而八，以至无穷，皆二之所生也；如一生三，三复为根，由三而六而九而十二，以至无穷，皆三之所生也；又如二生四，四复为根，由四而八而十二而十六，以至无穷，皆四之所生也；又如三生六，六复为根，由六而十二而十八而二十四，以至无穷，皆六之所生也。此如物之有根，其根复生根，所生之根，又复生根，而生乃无已也。

这里，安清翘将“一”理解为矩的“生生之元”“如物之有根”，从而以“矩”取代了道家的“道”，同时不失“道”之“道生一，一生二，二生三，三生万物”的万物本原或始基之功用。

继续向上追溯，《易经》中的“无极生太极，太极生两仪，两仪生四象，四象生八卦，八卦生六十四爻，六十四爻生宇宙万象”，似乎也和安清翘所言相似。然而细细品味，“道”“无极”与安清翘的“矩”之间却有着极大的不同。道家认为世界的本源是“道”，《易经》则认为是“无极”，然而“道”“无极”到底是什么？其作者根本就没有说清楚，《老子》开篇一章就指出：“道，可道，非常道。”北宋周敦颐（字茂叔，1017~1073 年）《太极图说》讲道：

无极而太极。太极动而生阳，动极而静，静而生阴，静极复动。一动一静，互为其根。分阴分阳，两仪立焉。阳变阴合，而生水、火、木、金、土。五气顺布，四时行焉。五行，一阴阳也；阴阳，一太极也；太极，本无极也。五行之生也，各一其性。无极之真，二五之精，妙合而凝，乾道成男，坤道成女。二气交感，化生万物，万物生生而变化无穷焉。

不难看出，“道”和“无极”真是不可知，玄而又玄，很难有人能说得清、道得明，各人的角度不同，理解也会有所不同。安清翘在谈及“矩”与传统的“阵法”“五变”“阳根阴”之说时，明显表现出对这些学说的不屑。他说：

其曰方圆平直，一道矩尽之也；理数之蕴，一语括之矣。又曰：矩为方，削其角则圆，即圆生于方，内弦外切之术也。矩为平直，其尾则平，即几何中平面之确解。不意空洞能见及此，至阵法、五变、阳根阴之说，则牵合之辞，不必论矣。①

安清翘所说的“阵法”，是指中国古代作战的“布阵”，布阵得法就能充分发挥军队的战斗力，一加一大于二，以一敌多，克敌制胜。这可能是受他之前三晋杰出思想家、科学家清初傅山的影响。关于“阵法”，傅山提出兵法和医理神韵相通的思想，他说：

医犹兵也。古兵法阵图，无不当究，亦无不当变。运用之妙，在乎一心。妙于兵者，即妙于医矣。总之，非不学问人所可妄谈。②

“五变”，指与五脏相应的色、时、音、味、日等五种变化。我国医学元典《黄帝内经·灵枢》卷七“顺气一日分为四时第四十四”借岐伯之口说得明白：

肝为牡藏，其色青，其时春，其音角，其味酸，其日甲乙；心

① （清）安清翘：《矩堂语录》，1921年石印本。

② （清）丁宝铨编，傅山著，缪荃孙、罗振玉校对：《霜红龛集》卷十四，太原丁氏清宣统三年（1911年）刊本。

> 为牡藏，其色赤，其时夏，其日丙丁，其音徵，其味苦；脾为牝藏，其色黄，其时长夏，其日戊己，其音宫，其味甘；肺为牝藏，其色白，其音商，其时秋，其日庚辛，其味辛；肾为牝藏，其色黑，其时冬，其日壬癸，其音羽，其味咸。是为五变。

至于“阳根阴”，周敦颐《太极图说》中有“阴根阳，阳根阴”之说，即阴与阳是互为己根、互为依存的关系。

“阵法”“五变”“阳根阴”这些说法，反映了中国古代朴素的辩证思想。然而，后世的学人们却对这些学说注解到汗牛充栋的地步。本来一些简单的理论，却使之玄而又玄。安清翘用“矩”与这些当时的“学说”进行对比，认为这些注解“牵合之辞，不必论矣”，表明自己对这些学说完全的不屑。

可见，安清翘以“矩”为本的机发论，不仅与科学探索活动直接联系，而且带有本原或始基的意义，从而在中国历史上足以取代“道”“性”“理”诸说，成为一种新的积极有为的世界观。

## 第五节　“西学中源”之批判

“西学中源说”，是明清之际特别是清初主要由梅文鼎阐发而由康熙钦定的有清一代盛行的主流思想和学说。因此，有必要梳理一下其源与流。

### 一、“西学中源说”之源与流

明末熊明遇（字良孺，号坛石，1580~1650 年）在其《格致草》一书的自序中说：

> 上古之时，六符不失其官。重黎氏叙天地，而别其分主。其后三

苗复九黎之乱德，重黎子孙窜乎西域，故今天官之学，裔土有耑门。

这是“西学中源说”的最早版本。熊明遇认为，西方天文学的源头是中国的夏商时代，这一“结论”是从《国语·楚语》中的一段文字附会而来的。之后清代初期的方以智（字密之，号曼公，1611~1671年）、王锡阐（字寅旭，号晓庵，1628~1682 年）就对“西学中源”进行过明确的评说。方以智在《游子六〈天经或问〉序》中评论道：

> 万历之时，中土化洽，太西儒来。脬豆合图，其理顿显。膠常见者，駴以为异，不知其皆圣人之所已言也。特其器数甚精，而于通几之理，命词颇拙，故执虚者闖之。子曰：“天子失官，学在四夷，犹信。”①

这里，方以智“天子失官，学在四夷“之论，与后来黄宗羲“珠失深渊，罔象得之”在思想旨趣上是相通的，也和后来梅文鼎、阮元（字伯元，号芸台，1764~1849 年）“礼失求野”之论如出一辙。大约在1659 年，王锡阐在其《历说》中云：

> 《天问》曰：“圜则九重，孰营度之？”则七政异天之说，古必有之。近代既亡其书，西说遂为创论。余审日月之视差，察五星之顺逆，见其实然。盖知西学原本中学，非臆撰也。②

大约在 1663 年左右，王锡阐在其《历策》中也说：

> 今者西历所矜胜者不过数端，畴人子弟骇于创闻，学士大夫喜其瑰异，互相夸耀，以为古所未有。孰知此数端悉具旧法之中，而非彼所独得乎！……大约古人立一法必有一理，详于法而不著其理，理具法中，好学深思者自能力索而得之也。西人窃取其意，岂能越

① （清）方以智：《浮山文集后编》，中国社会科学院历史研究所清史研究室编：《清史资料》第六辑，北京：中华书局，1985 年。

② （清）王锡阐：《历说》，（清）凌淦：《松陵文录》卷一，清同治十三年（1874 年）刊本。

其范围？[①]

与王锡阐类似，王夫之（字而农，号姜斋，学者称船山先生，1619~1692年）在其《思问录·外篇》中甚至激烈地提出"中学西窃"论：

> 西洋历家既能测知七曜远近之实，而又窃张子左旋之说，以相杂立论。盖西夷之可取者，惟远近测法一术，其他则皆剽袭中国之绪余，而无通理之可守也。[②]

再后来的1679年前后，黄宗羲也提出：

> 句股之学……皆周公、商高之遗术，六艺之一也。自后学者不讲，方伎家遂私之。……珠失深渊，罔象得之，于是西洋改容圆为矩度、测圆为八线、割圆为三角，吾中土人让之为独绝，辟之为违天，皆不知二五之为十者也。……今因言扬，遂当复完前书，尽以相授，言扬引而伸之，亦使西人归我汶阳之田也。[③]

然而，"西学中源说"成一时之风潮，与两个人即梅文鼎和康熙君臣的唱和是分不开的。如康熙说："阿尔日巴拉即天元术。"所谓阿尔日巴拉，即代数学。梅文鼎《历学疑问补》卷一称：

> 太史公言：幽厉之时，畴人子弟分散，或在诸夏，或在夸翟。盖避乱逃咎，不掸远涉殊方，固有挟其书器而长征者矣。（如《鲁论》载：少师阳击磬襄入于海，鼓方叔入于河，播鼗武入于汉，故外域亦有律吕音乐之传。历官假遁，而历术远传，亦如此耳。又如《传》言：夏衰不窋失官，而自窜于戎翟之间。厥后公刘迁邠，太王迁岐，文王迁丰，渐徙内地，而孟子犹称文王为西夷之人。夫不窋为后稷，乃农官也。夏之衰而遂失官，窜于戎翟，然则羲和之苗裔，屡经夏商之丧乱，而流离播迁，当亦有之。太史公独举幽厉，

① （清）王锡阐：《历策》，（清）凌淦：《松陵文录》卷一，清同治十三年（1874年）刊本。

② （清）王夫之：《思问录·外篇》，北京：中华书局，1983年，第35~36页。

③ （清）黄宗羲：《叙陈言扬句股述》，沈善洪主编：《黄宗羲全集》第十册，杭州：浙江古籍出版社，1986年，第41~44页。

盖言其甚者耳。）然远国之能言历术者多在西域，则亦有故。《尧典》言："乃命羲和，钦若昊天，历象日月星辰，敬授人时。"此天子百官在都城者，盖其伯也。又命其仲叔分宅四方，以测二分二至之日景，即测里差之法也。羲仲宅嵎夷，曰旸谷，即今登莱海隅之地；羲叔宅南交，则交趾国也。此东、南二处皆滨大海，故以为限。又和叔宅朔方，曰幽都，今口外朔方之地也，地极冷，冬至于此测日短之景，不可更北，故即以此为限。独和仲宅西，曰昧谷，但言西而不限以地名，其地既无大海之阻，又自东而西气候略同内地，无极北严凝之畏。当是时，唐虞之声教四讫，和仲既奉帝命测验，可以西则更西，远人慕德景从，或有得其一言之指授、一事之留传，亦即有以开其知觉之路。①

这就是标准的"西学中源说"版本，后来被梅文鼎之孙梅瑴成（字玉汝，号循斋，1681~1763 年）写入 1739 年修成的《明史·历志》正本之中：

西洋人之来中土者，皆自称欧罗巴人，其历法与回回同，而加精密。尝考前代，远国之人言历法者多在西域，而东南北无闻。（唐之《九执历》，元之《万年历》，及洪武间所译《回回历》，皆西域也。）盖尧命羲和仲叔分宅四方，羲仲、羲叔、和叔则以嵎夷、南交、朔方为限，独和仲但曰"宅西"，而不限以地，岂非当时声教之西被者远哉！至于周末，畴人子弟分散。西域、天方诸国，接壤西陲，非若东南有大海之阻，又无极北严寒之畏，则抱书器而西征，势固便也。欧罗巴在回回西，其风俗相类，而好奇喜新竞胜之习过之。故其历法与回回同源，而世世增修，遂非回回所及，亦其好胜之俗为之也。羲和既失其守，古籍之可见者，仅有《周髀》。而西人浑盖通宪之器，寒热五带之说，地圆之理，正方之法，皆不能出《周髀》范围，亦可知其源流之所自矣。夫旁搜博采，以续千百年之坠绪，亦礼失求野之意也，故备论之。

① （清）梅文鼎：《梅氏丛书辑要》卷四十九，清乾隆年间承学堂刊本。

后来，即使是乾嘉考据学派巨擘戴震也对“西学中源说”赞许有加。他言道：

中土测天用勾股，今西人易名三角、八线。其三角即勾股，八线即缀术。然而三角之法穷，必以勾股御之，用知勾股者，法之尽备，名之至当也。[①]

关于“西学中源说”的文化价值，梁启超曾深刻地指出：

因治西算而印证以古籍，知吾国亦有固有之算学，因极力提倡以求学问之独立，黄梨洲首倡此论，定九与彼不谋而合。[②]

黄梨洲年辈略先于王、梅，然既以历学闻，有著述数种。梨洲亦信服利、徐新法之一人，然谓此法乃我国所固有，尝曰周公、商高之术，中原失传，而被篡于西人。试按其言以求之，汶阳之田可归也。其言虽不脱自大之习，然唤起国人之自觉心亦不少。王、梅所企之“会通以求超胜”，其动机半亦由此。[③]

然而，杨振宁却并不赞成梁启超的论调，他说：

以后整个清朝有些大学者如戴震、阮元等都继续发挥“西学中源”说。由于他们的影响，使中国的学者在清朝三百年间没有真正吸取西方人的科技。……我认为，清朝的“西学中源”说产生了非常恶劣的影响。……我想实事求是地说，西方跟中国的文化传统不一样。那么，这个文化传统不一样里头产生出来的一个重要的结果就是——近代科学没有在中国文化中萌芽，而且这个萌芽是经过了很长的时期，是一个很复杂的过程。这个事情要正面看它，不要蒙骗自己，“西学中源”说就是蒙骗自己，而这一蒙骗就是两百多年！[④]

对于“西学中源说”，尽管历来有所争议，但还是有其重要价值

① （清）戴震：《戴东原集》卷九，上海：商务印书馆，1929 年。
② （清）梁启超：《中国近三百年学术史》，上海：中华书局，1936 年，第 340 页。
③ （清）梁启超：《中国近三百年学术史》，上海：中华书局，1936 年，第 341 页。
④ 山西大学高策教授根据 1992 年对杨振宁采访录音整理。

的。首先，因维护传统而激励了国人对传统的研究，并由此激发了会通超胜的“自觉心”。其次，为西学融入中国传统开辟了一条道路。既然西学源出中国古代重要典籍《周髀》，那么，把西学改造成中学经典不仅有了充分的合法性，而且还是国人的责任。譬如，清初关于废除四余[①]和觜参二宿次序[②]的争论，最后也以回归中国传统而终结。这说明，在历算领域最晚从乾隆初期开始就已全面回潮了。借助西法这一标杆，在实现向传统回归的征途上，中国学者在历算方面还是有了突破和创新。[③]

安清翘正生活在这一大的历史时期。他对传统的维护，甚至更加执着和彻底，但出乎意料地，这却使他成为反对“西学中源说”的少数人。这正是历史的玄妙和有趣之处！

## 二、“西法不必传自东土”

在清代“西学中源”成为官方正统的政治和文化氛围中，却有极少数人敢于提出反对意见。清代初期是黄宗羲之子黄百家（原名百学，字主一，号不失，1643~1709 年），而清代中期则当属安清翘。

与黄宗羲、方以智、王锡阐和王夫之等明朝的遗民因亡国之痛在文化心理上的逆反作用而主“西学中源说”相比，作为新生的一代，虽然也少遭离乱，但黄百家的历史包袱相对就要轻很多，加之他 17 世纪 80 年代后半期在北京的见识——特别是与传教士如南怀仁（Ferdinandus Verbiest，字敦伯，比利时人，1623~1688 年，1659 年来华）、徐日昇（Thomas Pereira，字寅公，葡萄牙人，1645~1708 年，1672 年来华）、安多（Antonius Thomas，字平施，比利时人，1644~1709，1684 年来华）、毕嘉（Giandomenico Gabiani，意大利人，1623~1694 年，1659 年来华）和白晋（Joachim Bouvet，又作白进，字明远，法国人，

① 黄一农：《清前期对“四余”定义及其存废的争执》，《社会天文学史十讲》，上海：复旦大学出版社，2004 年，第 195~238 页。

② 黄一农：《清前期对觜、参先后次序的争执》，《社会天文学史十讲》，上海：复旦大学出版社，2004 年，第 239~250 页。

③ 吴蕴豪：《历算无经与引进西法》，《“西学与清代文化”国际学术研讨会论文集》，内部资料，2006 年。

1656~1730 年，1688 年来华）等人的密切交往，包括虚心求教，使黄百家对中学、西学及其关系有了较为客观的认识。[①]譬如，他对西学、西器的公允评价：

> 郭氏之弧矢割圆，创术奇矣。顾欲得一算，展转推求，历久始得，甚繁难也。平心论之，实不如西术之三角八线，又简便又精密。[②]
>
> ……至元郭守敬治《授时》，承前世历法七十余改、十有二创之余，更出精思，用句股实测、弧矢立算，其所考正凡七事、创法凡五事，历法至此可谓集大成矣。然而纬道未备，不能究五行之细行；而于交食，则犹有失推者，总不若西历之精密也。[③]
>
> 西人制器，无器不精。水使锯纺，钟能自鸣。重学一缕，可引千钧。种种制作，不胜具论。[④]

反映在《明史·历志》的修纂思想上，与其父黄宗羲不同，黄百家对“西学中源说”未著一字，相反，却对西方科学和来华传教士的科学素养称赞有加。他说：

> （万历）二十九年二月，大西洋人利玛窦进贡土物，继龙华民、罗雅谷、庞迪峨、邓玉函、熊三拔、汤若望等先后至，玛窦等俱精天文历法。盖彼国以此为大事，五千年以来，聪明绝群之士，聚而讲之，为专门之学。[⑤]

龙华民（Niccolo Longobardi，1559~1654 年），号精华，意大利传教士，1597 年来华；罗雅谷（Jacques Rho，1593~1638 年），字味韶，意大利传教士，1622 年来华；庞迪峨（Diegode Pantoja，1571~1618

---

① 杨小明：《黄百家科学思想和成就钩沉》，《华侨大学学报》（哲学社会科学版）1997 年第 2 期，第 80~86、99 页。

② （清）黄百家：《黄竹农家耳逆草·上王司空论明史历志书》，康熙四十四年（1705 年）刻本。

③ （清）黄百家：《黄竹农家耳逆草·上王司空论明史历志书》，康熙四十四年（1705 年）刻本。

④ （清）黄百家：《黄竹农家耳逆草·眼镜颂》，康熙四十四年（1705 年）刻本。

⑤ （清）黄百家：《明史·历志》卷一，中国科学院图书馆藏手抄本。

年），西班牙传教士，1599 年来华；邓玉函（Johann Schreck，1576~1630 年），字涵璞，瑞士传教士，1619 年来华；熊三拔（Sabbatino de Ursis，1575~1620 年），字有纲，意大利传教士，1606 年来华；汤若望（Johann Adam Schall von Bell，1591~1666 年），字道未，德国传教士，1619 年来华。以上传教士，是第一次西学东渐中来华的重要人物，黄百家之父黄宗羲曾与其中诸人如罗雅谷、汤若望等来往密切。据黄百家记载：

> 盖先遗献（指其父黄宗羲——笔者注）于明末时，曾与泰西罗味韶雅谷、汤道未若望定交，得其各种抄刻本历书极备。①

黄宗羲从罗雅谷、汤若望等西洋传教士那里获得的详细完备的西洋历书对黄宗羲、黄百家影响很大。黄百家回忆其父黄宗羲当年在群山深处刻苦钻研中西历法的情景时说：

> 昔尝于空山静夜，苦用十年之功，通悟中西三历（指《授时历》、《西历》和《回回历》——笔者注）之理，故百家得闻绪余耳。②

黄宗羲本人晚年还非常感念汤若望对他历学的启蒙之恩，在一首《赠百岁翁陈赓卿》诗中写道：

> 西人汤若望，历算称开辟，为吾发其凡，由此识阡陌。③

以上黄百家这段关于众多传教士评价的文字，在汤斌（字孔伯，号荆岘，1627~1687 年）、王鸿绪（字季友，号俨斋，1645~1723 年）和梅瑴成《明史・历志》稿本中均被删除。黄百家“盖彼国以此为大事，五千年以来，聪明绝群之士，聚而讲之，为专门之学”的议论，事实上是对“西学中源说”的直接挑战！在黄百家眼中，西方天文历法源头既古，又以此为大事，“五千年”绵延不辍，“为专门之学”，自然是与中学独立并行、体系自成的。同样，黄百家在评述郭正中时说：

① （清）黄百家：《黄竹农家耳逆草・上王司空论明史历志书》，康熙四十四年（1705 年）刻本。
② （清）黄百家：《黄竹农家耳逆草・上王司空论明史历志书》，康熙四十四年（1705 年）刻本。
③ 沈善洪主编：《黄宗羲全集》第十一册，杭州：浙江古籍出版社，1986 年，第 293 页。

> 崇祯二年，议用西洋法，命礼部侍郎徐光启董其事。时则又有布衣魏文魁之历，代州知州郭正中之历，俱诏立局测验，连大统、回回、西洋共五局，内廷亦立仪器，临测参校累年，西法独密。①

这里，黄百家也专门指出“西法独密”，与其父黄宗羲对郭正中的评价截然相反，背后也是对中西学关系的不同态度。②一个世纪后，安清翘在黄百家之后对“西学中源说”进行了系统的批评。在《推步惟是》卷四《西法不必传自中土》中，安清翘指出：

> 西法始入中土，中土人多疑之。及其法盛行，则又悉从其说。梅勿庵兼综中西，遂有西法传自中土之论。

然后，安清翘又列举了梅文鼎“西学中源说”所谓的四大“证据”：

（1）《尧典》命羲和仲叔分宅四方，东南北皆有限地，以东南滨大海、北方极冷之地，独和仲只曰宅西而不限以地。和仲奉命测验可以西，则更西远人或得其一言之指授、一事之流传。周室衰微，畴人③子弟分散，抱算器而远征，也以西向为便。

（2）西法同于《周髀》。其寒暖五带之说与《周髀》④中太阳在天上周年螺线旋转形成的七衡六间图吻合，其地圆之理与所云北极之下半

① （清）黄百家：《明史·历志》卷一，中国科学院图书馆藏手抄本。

② 杨小明：《从〈明史〉历志看西学对清初中国科学的影响——以黄宗羲、黄百家父子的比较为例的研究》，《华侨大学学报》（哲学社会科学版）2005年第2期，第85~91页。

③ 筹算，是中国古代特有的计数和计算方法，即用算筹——竹、木或骨、玉、牙、金属等小棍来表示纵横两套从1到9的数字——为计算工具来进行十进位制计数和计算，故演算之人特别是天文历算家就被称为“畴人”。《说文解字》云：“筭长六寸，所以计历数者，从竹、弄，言常弄乃不误也。”“算数也，从竹、具，读若筭。”

④ 《周髀算经》是盖天说的集大成之作。盖天说认为，天和地就像两个平行的大锅盖，地面的锅盖——“地”是不动的，天上的锅盖——“天”每天自东向西旋转一圈，所以，日月星辰永远不会落到“山”下去，而是始终在天上随天作周日的旋转运动，这样，太阳除了随天作周日运动之外，还在天盖上作螺旋线似的周年南北循环运动。从天俯视，太阳周年就有七条道路，中间形成六个间隔，称为“七衡六间”。最内的一道叫“内衡”，即夏至日太阳沿内衡走的一圈；最外一圈叫“外衡”，是冬至日太阳的路径；其他节气里，太阳沿中间的五道运行。春秋二分，太阳走内外衡的中间线——“中衡”。后世从小到百姓佩戴的玉璧，大到皇帝祭天的天坛，无不是中国古人对太阳这种周年运动的形象模拟。《周髀算经》从“千里影差一寸”“光行十六万七千里而绝”这两大假设出发，以“立杆测影”的数据为据，构造出我国历史上第一个公理化的宇宙体系，从中自然可以推论出类似今天的寒温五带说。

岁为昼、半岁为夜、赤道之下五谷一岁再熟者同。

（3）利玛窦所传的《浑盖通宪》，即中国的古盖天遗法。

（4）三角、八线之法皆古人所有，而西人能用之，非其所创。

由此，安清翘归纳道：“据此数者，以为西法传自中土之证似有合矣。而愚独不敢以为然。”

于是，安清翘逐条予以反驳：

> 《尧典》“宅西”旧有二说，一说谓西为地名，与嵎夷、南交、朔方一例。其说近是；一说谓西无定地说，本牵强难信。今遂据无定地之说，以为中法流传西土之征。其果可凭乎？
>
> 《周髀》一书为测量之祖，其所言里差与西法地圆之理同。然《周髀》实未明言地圆。其所云北极下地高、旁陀四溃而下。虽地圆之大致可见，然其意谓北极高而四面下，乃以高下言地形，即地法覆盘之意，非如西法直言地无平面、人皆环立也。然则西法同于《周髀》者，乃其理同耳。理之至者，不以东海、西海而异。今因其理之同，而谓西法出于《周髀》，其果然否耶？
>
> 至《浑盖通宪》乃以平测浑之器。精于视法者，方能知之。利氏直露浑盖之名，亦以中土之名名之耳，非其始即有此名也。梅氏谓浑天如塑像、盖天如绘像，是以盖天等于平面也。又云：“《浑盖通宪》乃盖天之遗制，轻便利于行远，所以远国得存而流传至今。”然盖天之说乃浑圆之半，中高而四下，非平面绘像之比。且视法之理，古未有言之者，今以盖天等于平面，而以《浑盖通宪》同于盖天，又安可信以为诚然耶？
>
> 至西法之三角、八线与中法之句股、弧矢本无不同，但古法用圆内弦、矢，而西法又于圆外加割、切二线，且立表以便用，在古法本无不足，而西法更加简捷。兼而明之可也，必谓三角、八线为古之所有，又何为其然耶？

安清翘的辩驳，有实有虚，十分精彩，在当时不仅振聋发聩，而且极具说服力。其中，第一条反驳得直白、平实，但很到位。第二条反驳很有科学性，认为《周髀》并未明言地圆，只是“地圆之大致可见”，而且其主旨也不是在说地圆，“其意谓北极高而四面下，乃以高下言地形，即地法覆盘之意”。不过，安清翘仍然认为《周髀》盖天模型与西方地圆说“乃其理同”。在《矩线原本》卷三《测量篇下》中，安清翘也说：“古法所谓‘七衡六间’，西法所谓‘寒暖五带’也。”这当是时代的局限。第三条反驳意见也很有力道，即“以盖天等于平面”“视法之理，古未有言之者”。事实上，梅文鼎“论证”的出发点就错了。安清翘说得好，盖天说与浑天说并非绘像和塑像——即平面和立体的关系；而且，李之藻向利玛窦学习后所做的《浑盖通宪图说》，也只是借用了中国古代浑、盖的名词而已，体系和内容完全不同①。第四条反驳也能站得住脚，即尽管西方的三角、八线与中国传统的勾股、弧矢有相通之处，但也有差别，即“西法又于圆外加割、切二线，且立表以便用”，所以，硬要说西方的三角、八线为中国古之所有，这很难让人信服。在《推步惟是》卷四《杂说》中，安清翘又对梅文鼎主张三角、八线为中国古来所有之说提出质疑，他说：

> 梅氏谓割圆八线亦古所有。愚谓古人弧矢术只用半弧弦（即八线之正弧弦），亦无不足。所少者，未曾立表，多几次乘除耳。古人不厌烦难，后人渐归简便；古人立法之原，后人尽法之用。此正后人不如古人处，岂可轻议古人哉！

此处，安清翘从科学进化的角度批评了梅文鼎三角、八线为中国古来所有的见解，但也指出不能轻议古人，这与他学问须从根上做起的宗旨是一致的。在逐条反驳完毕后，安清翘又指出“西学中源说”产生的文化心理基础是：

> 盖其故，因西法之密，中土无以加，由是求其原于上古。以为西法之密者，皆吾中土上古之所有也。然西法亦前疏后密，今以为唐虞三代之法流传入于西土，则是所流传者乃其疏者，非其密者也。夫象数之大者，莫如正朔、置闰，今西土正朔、闰月无一与古同者，

① 江晓原：《试论清代“西学中源”说》，《自然科学史研究》1988年第2期，第101~108页。

> 岂其细者流传而大者反不流传耶？且西法本同回回，回回法入中土已久，未有言其为中土所流传者。至西法入，而始谓其原自中土，岂非见西法之密而为此说耶？讲西法者未必肯心服矣！

安清翘这里对“西学中源说”的文化心理作了剖析，认为是因为“西法之密，中土无以加”，而使国人产生了“西学中源”这样的心理安慰，这与杨振宁关于“西学中源”是“蒙骗自己”的自欺欺人之论有暗合之处。其实，对于梅文鼎本人来说，作为历算名家，他不可能不知道盖天说与西方地圆说的不同，特别是《浑盖通宪图说》所介绍的西方天文学与中国古代浑天说、盖天说在体系和内容上的不同，但他无视事实，坚持并宣扬“西学中源说”，主要还是为了迎合康熙的旨趣。[①]安清翘以上最后的辩难，对“西学中源说”来讲可谓一招致命。

（1）退一步讲，即便是“西学中源”，由唐虞三代传入西土之学也是粗疏的。而西法与中法一样，也是前疏后密。对此，安清翘在《西法不必传自中土》之后的第二篇文章，即《西法前疏后密》（《推步惟是》卷四）中，论述西法从托勒密到哥白尼（Nicolaus Copernicus，1473~1543 年）再到开普勒（Johannes Kepler，1571~1630 年）和牛顿之后向精确化、科学化方向的发展，以梅文鼎“西法亦由积候而渐至精密”之道反治其人之身，即安清翘所说：“勿庵此条不磨之论也！”按照安清翘的看法，就算西学是从中国远古传过去的，但后来在长达数千年的时间里是各自独立并发展的，这样，再说“西学中源”又有什么意义呢？

（2）即便是西学中源，那最重要的正朔、置闰为何没有传入西方，相反却是相比不那么重要的中学却传入了西方？“岂其细者流传而大者反不流传耶？”这是对“西学中源说”的致命一击。

（3）西法本同回回法，为此，安清翘紧接着《西法不必传自中土》之后，也专作一篇《西法同回回》[②]，并且开篇就说：“今学者因西法之精，遂有中土流传之说。然实无确据。”回回法传入中国已久，未见有

① 江晓原：《试论清代“西学中源”说》，《自然科学史研究》1988年第2期，第101~108页。
② （清）安清翘：《数学五书·推步惟是》卷四，清嘉庆年间刻本。

言回回法是从中国西传之论。而为什么到西法进来，才开始有“西学中源说”，这不就是因“西法之密”而引发的“红眼病”嘛！所以，安清翘指出，无根无据的“西学中源说”是不能让讲西法者心服的！

除了这篇《西法不必传自中土》专门批驳“西学中源说”之外，安清翘还在许多地方对之进行批评。譬如，安清翘认为将《天问》“圆则九重”作为西法九重天之说出于中法之一证[①]，“未免失之牵合”[②]。又如，《推步惟是》卷一“辨宗动天二”曰：“西法所谓‘大气举之’，与《内经》之言相似而实相反。《内经》之言理之不易者，宗动之说荒渺无凭，非定论也。”再如，安清翘强调梅文鼎根据朱熹“太虚”之说以附会西方“（永）静天”之法，是“反失朱子之意”，其说法“（西法）与朱子立说之意本不相同。朱子之说不易之论，西法乃不得已而强为之辞。”[③]

安清翘之所以敢于指责钦定正统的“西学中源说”的谬误，而且矛头直指“西学中源说”的集大成者、“清代历算第一人”的梅文鼎，不仅是其治学态度使然，更多的是出自维护传统而激发的勇气。这正如人们对哥白尼、伽利略（Galileo Galilei，1564~1642 年）的崇敬：“追求科学需要特殊的勇敢。科学要同知识打交道，通过怀疑才能成功。”[④]

## 三、“数无中西，惟其是尔”

在《西法不必传自中土》一文的结语处，安清翘说：

> 天无中西之异，言天者不必存中西之见。遵西法而轻诋古人者，妄也；守中法而不知兼收西法之长者，拘也；守中法而并攘西法为

---

① 梅文鼎《历学疑问》卷二《论七政高下》：“问：《传》言‘日月星辰系焉’。而今谓七政各有一天。何据？曰：屈子《天问》‘圆则九重，孰营度之’，则古有其语矣。七政运行各一其法，此其说不始西人也。”（《四库全书》，第 794 册，台北：商务印书馆，1983 年景印本）

② （清）安清翘：《数学五书·推步惟是》卷一《辨永静天》，清嘉庆年间刻本。

③ （清）安清翘：《数学五书·推步惟是》卷一《辨永静天》，清嘉庆年间刻本。

④ 这是德国近代著名剧作家 B.Brecht（1898~1956 年）的名著《伽利略》中的一句台词，见该剧第四幕。

己有，其亦可以不必矣！

在批驳“西学中源说”的基础上，安清翘提出“言天者不必存中西之见”的主张。在《象数以中法为主》一文中，安清翘又说道：

> 明季当数学废弛之际，西洋乘其虚而入。尔时守古法者，拘于成见，不能变通，以兼收西法之长；而讲西法者，又为西人所惑，每执新说以诋諆古人，水火交争，聚讼不休，良可叹也。其时知数者首属徐文定，然文定亦几为西人所惑矣。所谓“镕西方之巧算，入大统之型模”者，亦徒有其说耳。①

这样，对待中学，不能妄自尊大，更不能以“西学中源说”来自欺欺人；同样，对待西学，我们也不能妄自菲薄，在看到并汲取其长处的同时，也要注意和避免其短处。（《推步惟是》卷四《数无一定之法》）治学不能存中西之见，一切须以客观事实为准。关于这一点，安清翘多有论述，甚至是反复强调。譬如，在《推步惟是》卷四《中西同异》一文中，安清翘详细地比较了中西天文学之间的同和异②，最后指出：

> 在天者，以合天为主，不必存中西之见；在人者，以授时为要，盖莫善于行夏之时。以中法为主，而参以西法之所长，有志斯学者，何审所择乎？

在安清翘眼中，科学探索必须以事实为准绳，治学不能存中西之见；但汲取西法之所长的目的，最终还是为了“会通以求超胜”。可见，安清翘上面对徐光启盲目尊从西法的批评，也是在于维护和发扬中

① （清）安清翘：《数学五书·推步惟是》卷四，清嘉庆年间刻本。

② 关于中西同异，安清翘论述得很多。譬如《推步惟是》卷二《岁差一》曰：“古人只测中星，中星更移即是岁差，但未尝明言岁差也。自晋虞喜始分天自为天、岁自为岁，于是损岁实、益天周，天为四分之一有余，岁为四分之一不足，二者相较，而岁差之法立焉，所谓天渐差而东、岁渐差而西者也。历代因之测验渐密，其所谓天即指恒星天，其所谓岁即黄道上之分至也。至西法则不然，以黄道专属之日天谓黄道，终古不动，而岁差乃恒星东行。此亦西法与古法相反之一端。”

国传统之学，即“以中法为主，而参以西法之所长”。同样，在《象数以中法为主》中，安清翘多处对徐光启不顾天象事实而一味投向西法怀抱的做法，表示了不满甚至是愤慨，特别是：

> 今观《新法算书》，每云“非旧法所能知也”，肆口极诋，若欲废古法而后已者，岂非为西人所愚耶？！

安清翘主张，如果徐光启能将西法之巧算与大统历等中法融会为一，那就尽善尽美了，而不是停留在口头上的“镕彼方之材质，入大统之型模”。虽然安清翘对西学的理解也不见得完全正确，但他对徐光启以“镕彼方之材质，入大统之型模”为幌子而实际上全盘西化的批评，却是深刻和极具历史价值的。在当时，安清翘是真正向着“镕彼方之材质，入大统之型模”这一“会通中西，以求超胜”的伟大目标昂扬挺进的，并斩获颇丰。同样在《象数以中法为主》一文的结语处，安清翘对梅文鼎和江永的不同做法评述道：

> 近时梅勿庵先生兼明西法，而犹惓惓于古，如论七曜，并有周、有转、有交，及用恒气注数之类，不肯弃古法尽从西法，诚为卓识；而江慎修又从而诋之，是诚何心哉？！梅玉汝谓江氏谄附西人，虽其言过刻，要不为无因矣！

由是可见，安清翘的眼光、襟怀和“惟是”之风。尽管安清翘不同意并力驳梅文鼎的“西学中源说”，但对梅文鼎在中西学关系上的某些做法，如“不肯弃古法尽从西法”大加赞赏，并将之誉为“卓识”；相反，对江永诋毁梅文鼎而全盘西化的做法，安清翘十分不满，并质问道：“是诚何心哉！”甚至认为梅文鼎之孙梅瑴成关于江永“谄附西人”的评价，虽然过于刻薄，但也不是没有道理的。在《推步惟是》卷四《数无一定之法》中，安清翘在列出中法亦有所长而西法亦有所短之后，又对江永提出了批评：

> 江慎修株守西法，每讥呵一行、守敬之疏，不知天行变迁，本无一定之法，而执一时之密，诋古人之疏。后之人又有从而讥呵之

者，是讥呵无已，时也。固不如随时测验，以求合天，古今疏密可以不论耳。

安清翘以科学进化（古疏今密，中西皆然）为方法论武器，在吸收西法之长的基础上，对中法进行维护、完善和发展，实践的就是“会通中西，以求超胜”的宏伟目标。在《推步惟是叙》中，安清翘将其对中西学关系的认识贯穿在其做学问的方法论当中，可谓言简意赅：

推步之学测量难而论说易，以测量须实算而论说多空谈也。然亦有辩如逐声掠影无得于心谓之空谈，则不若就实象究明实理，据已然之迹而探所以然之故，则论说之难与测量等。西法测量胜古法，而论说亦有得有失。韩子曰：“文无难易，惟其是尔。”余谓：“数无中西，惟其是尔。”乃即两家之书折衷，取是不存中西之见，其中西同误者则一揆诸理，著论七十六篇。虽然天象高远，学问无涯，不敢自是也。尚赖同志君子取而正焉。

“数无中西，惟其是尔”“取是不存中西之见”，表明了安清翘对待中西之学客观理性的精神理念，同时又弘扬了求真务实的方法论原则，这是我们今天处理传统文化和外来文明关系时所当殷鉴的准则。最后，在具体的科学如天文学研究中，如何处理中西学的关系，安清翘在《一线表用》中说得明白：

“镕西方之巧算，入中法之型模。”此治历者之定说也。然自徐文定修《新法算书》已有偏重西法之意，虽中法胜西法者亦弃而不用。梅勿庵欲会合中西，而不得其要领。至今两家言天数者，犹龂龂未已也。余以为测量须精，而布算贵简。西洋之测量精矣，至布算则当用中法者，亦有二事：古人割圆之术止用弦矢，西法则兼用割切，失于繁碎，此当用中法者一也；中法度为百分，分为百秒。日为百刻，刻为百分。皆取整数，不用通分。西洋则度法、日法俱用通分，畸零不齐，此当用中法者二也。今于二事俱用中法，而测量则取西法之精者。……虽不敢谓兼综中西之长，而于两家之异同庶几归于一是，且于儒者格物致知之学不无少裨益云。

不难看出，以西洋测量之精，而与中法之简融会，是安清翘历算工作的思想和出发点。尽管现在看来安清翘也非完全正确，但在200年前那个中西交流基本中断的历史时期，他的这一思想和实践无疑难能可贵，甚至是不得已而为之的无奈选择，是没有办法的办法。这既是时代的局限，也是安清翘伟大之所在！

# 第二章　安清翘的数学成就

安清翘生而颖悟，治学态度严谨，“于学无所不通，尤深于算。”①他博览群书，潜心著书立学，多发“古人之未发”。安清翘所处的历史时代，正是中国古典数学向近代数学转型的清代，当时的数学研究相当活跃，又是西学输入中国之际。安清翘深受《数理精蕴》及梅文鼎历算著作的影响，试图进行“中西会通”的大业，“镕西洋之巧算，入中法之型模。”安清翘将西方传入的学理及工具巧妙地融入中国传统数学之中，并且还不时地加入自己的数学创见，致力于中西数学的会通，从而真正实践了其“数无中西，惟其是尔”“取是不存中西之见”的治学理念。

安清翘在数学方面取得了许多令人惊羡的成就，一生著述颇丰，主要有《数学五书》、《数学指南》和《几何原本补正》等②，其中，最为重要的是《数学五书》。《数学五书》共19卷，包括数学方面的《矩线原本》4卷（1818年）、《一线表用》6卷（1817年）、《学算存略》3卷，天文学方面的《推步惟是》4卷（1811年）、音律学方面的《乐律心得》2卷（1817年）。这是一部关于数学、天文学和音律学等方面的

① （清）王轩等：《山西通志·文学录》下册，清光绪十八年（1892年）刊本。

② 李俨：《中算史论丛》，上海：商务印书馆，1935年，第441、426~430页。

重要著作，以数学作为全书的统领，用数学阐述天文学和音律学方面的问题。

本章首次就安清翘主要的数学著作进行梳理、解读和分析，许多经过整理的材料或可以成为人们进一步研究的基础。

## 第一节 《学算存略》的特色与成就

社会实践是数学发展的动力。远在上古时期的夏代为防治洪水和灌溉田地的水利工程与制订适合农时的历法，都需要数学知识和计算技能。而用算筹来计数和四则运算很可能在西周时期就已经出现萌芽。[①]中国很早就有算学教育，周人于小学时期，曾注重算学教育。[②]

安清翘的《学算存略》共三卷，分别为：卷一《笔算衍略》、卷二《天元算略》、卷三《句股算略》。《学算存略》继承了《九章算术》以来中国古代数学的传统，书中问题大多与当时的社会实际生活有关，特别是与天文历法联系的相当紧密。它从简单的四则运算入手，逐步深入，直至高次开方、天元术、勾股等较高深的内容，形成了比较完整的体系。可以说，《学算存略》是《数学五书》中最基础的部分，它是安清翘返乡之后教授学生的教科书，是一部较好的算学教育的启蒙性著作，也是学好数学的必备之书。

### 一、《笔算衍略》解读与研究

笔算，是由李之藻和利玛窦在他们合编的《同文算指》一书中介绍来我国的，主要是依据 16 世纪意大利数学家克拉维斯（Christopher Clavius，1537~1612 年）的《实用算术概论》编译的，并汲取了我国明

① 钱宝琮：《中国数学史》，北京：科学出版社，1981 年，第 2~3 页。

② 李俨：《中国算学史》，上海：上海书店，1984 年，第 270~271 页。

代数学家程大位（字汝思，号宾渠，1533~1606 年）《算法统宗》的一些内容。该书主要介绍笔算定位法、四则运算、分数、比例、级数求和、开平方、开立方、开高次方、线性方程组等。记数与计算均使用一、二、三……等汉字，没有使用现今通用的阿拉伯数字。该书对我国明清时期的数学教育影响较大，正是由于此书，许多学者特别是清代学者对笔算开始重视并加以改进推广，中国数学也由筹算、珠算进化到笔算。这其中，安清翘也是大力普及、推广笔算的数学家。

《笔算衍略》包括列位、四则运算、通分约分、开各次方，还有古今对照、中西对比的比例四隅与钤算，篇幅较长，安清翘对此也是着重加强了这一基础部分的讲解，为后两卷的展开做好充足的铺垫。

### （一）《笔算衍略》的实际应用特征

安清翘继承了《九章算术》的优秀传统，将学算的递次进步每每与生产生活实际，特别是与天文历法结合起来。他作《学算存略》的目的，在于为人们学习天文历算打下基础。下一章，我们要进行解析和评述的《数学指南》一书，其实该书根本不是顾名思义的“数学指南”，而完全是清代官方历法——《时宪历》的推步与计算的解读版本。这是安清翘数学著述的一大特点。

在我国古代，与日常生产生活最为密切的是田地和粮食的买卖及与之相对应的交易货币的计数，所以，安清翘就此应用举例并展示演算。

1. 例 1“田亩”

设如钱粮科，则每田一畝，该银五分九厘八毫六丝七忽九微三纤沙四八尘九埃二渺一漠，依次列之：〇〇五九八六七九三四八九二一。

2. 例 2“田亩”

设如每田一亩征银三分钱之二，今完编银二两四钱四分，该田若干？

3. 例3“米价”

设如有米五石又三分石之二，共价银五两又二十七分两之一，问每石该价若干？

4. 例4“钱数”

设如有物十觔四两十二铢，又九觔十一两十二铢，共若干？铢数并得廿四成一两进位，并原数共十六两成觔进位，并原数十九觔共廿觔。铢率廿四，两率十六，不同，故以点隔之。一〇.〇四.一二，九.一一.一二，总数二〇.〇〇.〇〇。

散一〇.〇四.一二

数九.一一.一二

总数二〇.〇〇.〇〇

5. 例5“纻丝”

设如有纻丝一匹〇五分之二，用过五分匹之三，问仍存若干？答曰：五分匹之四。

原一五之二

减五之三

存〇五之四

6. 例6“河堤”

设如修筑河堤，新修七里〇六十六步一尺，旧堤原有一十二里二百九十三步四尺，问堤长几何？二十里。

新修〇七〇六六一

原存一二二九三四

共长二〇里〇〇〇步〇尺

7. 例7“买铜”

设如有银六十四两，每两买铜八觔十二两，该铜若干？

又如，以《授时历》《时宪历》以及古历等中西历法应用举例，见《学算存略》卷一：

1. 例 1《授时》

设如《授时历》法，每一平朔二十九日五十三刻零五分九十三秒，依次列之：二九、五三、〇五、九三。十日十刻十分十秒，右式日为单数，而以日百析之为分，又百析之为秒。故列位时，必作点以志之，使知日下二位始为单位，由是而分而秒，皆隔两位而变其名矣，仍是以十为等。凡作点，必单位，如日为单位，下又有单刻单分单秒之属。

2. 例 2《授时》

设如《授时历》每月二节气，共三十〇四日四十三刻六十八分七十五秒，经朔二十九日五十三刻〇五分九十三秒，两数不同，是生月闰该若干？此经朔减节气也，经朔小，节气大，相减之较，是谓月闰。

太阴经朔二九.五三.〇五.九三

太阳节气三〇.四三.六八.七五

月闰〇〇九〇六二八二

十刻十分十秒

3. 例 3《时宪》

设如西法以六十分为一度，六十秒为一分。太阳三十日平行二十九度三十四分一十秒，作何排列？二九、三四、一零，十度十分十秒。右以度为单位，下两位为分，又下两位为秒。故作点志之，略同《授时》。然皆以六十而进，非以百也。其自秒以下为微纤忽芒，皆以六十位率，是虽不以十为等，而所设六十之率，巨细同法。

4. 例 4《时宪》

设如历家以甲子六十为旬周，每日十二时，又分初正。西历谓之二十四小时。每各四刻，每刻有十五分。今依西法算得某年冬至为旬周之第五十日二十二时二刻七分，依次列之：五〇、二二、二〇七，十日十时十刻十分。此以日为单数，下二位析日为时，又下一位析时为刻，又下两位析刻为分，皆日下之畸零也。然时之率二十四，刻之率四，分之率十五，各率不同。

5. 例 5《时宪》

设如西历算得某月平朔三十日〇一时一十六分，其实距时七时四十分为减号，问实朔在某甲子的某时刻？实朔是壬辰日酉初二刻〇六分，详见表 2-1。

**表 2-1 时宪**

| | 日 | 时 | 分 |
|---|---|---|---|
| 实距时 | | 七 | 四〇 |
| 平朔 | 三〇 | 〇一 | 一六 |
| 实朔 | 二九 | 一七 | 三六 |

6. 例 6 古历

设如《皇极经世》一元有十二会，一会有三十运，两次通之，则一元有三百六十运，一运有十二世，一世有三十年，两次通之，则一运有三百六十年。若以元通为年，则用四次通得十二万九千六百为一元年数。

设如古历十九年，七闰谓之一章，其月谓之章月。二三五。

7. 例 7 古历

设如古历法一十九年为一章，四章为一蔀，今距元中积一百年，问在第几蔀第几章？一一五。

## （二）从开平方、开立方到开高次方

《笔算衍略》部分，在列位、四则运算、通分约分之后，“开方性质”是安清翘解说的重点。

安清翘先从开平方法说起：开平方之法是先列实，依除法作两直线，以所有方积列于上方，直线之上自左而右至单位止，无单位作〇。然后作点定位，自单位作点起，每隔一位点作点，有一点则商一位。再次定初商，都从原实最上一点截定为初商实，以自乘数约而商之，皆以点处为本位，点上一位为进位。把所得商数即书写于下，直线之上都对初点的进位写，五以上进一位。之后用次减实，以初商数自乘置于下方，直线之下都以本位对初点。这里，值得注意的有：

> 如有二点，则商数有十；有三点，则商数有百。
>
> 如点在首位，即以一位为初商实；点在次位，即合两位为初商实。
>
> 本位者单数也，如一商一，四商二，九商三，其自乘皆本位，不论百与万，以上皆作单数用；进位者，十数也，如一六商四，二五商五，以至八一商九，其自乘皆有进位，不论千与十万以上，皆作十数用。
>
> 凡商得一二三四书于点之上一位。
>
> 凡商得五六七八九书于点之上两位。
>
> 如初商一二三自乘一四九皆本位，即对初商点书之；如初商四五六七八九，其自乘皆有进位，则以下一字对初点。

就以此方法命名为减数，以对减上直线所列方积。如减积不尽，则有次商。若仍减不尽，再作三商、四商，依次类推，方法相同。

> 次商之法。倍初商数为次商，廉法书于右，直线之左，截原实第二点为次商实。以廉法约实为次商数挨书于初商之下，即用次商数为隅法亦书于廉法之下为次商，廉隅共法。（以廉法与次商数相乘为廉积，以次商自乘为隅积，相加为廉隅共积，书于左直线之左，命为次商，减数以减次商实，余为三商实。
>
> 三商之法。合初商次商倍之为廉法，截原实第三点为三商实，

余并同次商，如减积不尽，则有四商。

四商以上并同三商法。

不过，若次商廉法大于次商实数适等，是商得〇位，则书〇于初商之下，再增〇于廉法之下为三商，廉法于次商实上抹去一〇，即截第三点为三商实，三商以上有〇并同，这就是所谓的“审〇位之法”。而“命分之法”即“若已商得单数而仍有余，积当以法命之，虽未商得单数，而余积甚少，不能成单数，亦以法命之。”

至于凡是开方欲知分秒，方法于余实下每增两〇位加一点，则多开一位为分秒之数。对于开方带从（纵）的，也即长方形，以方为阔，加从数为长，其法与开方无异，但须以商得数乘从数为从积，并入方积以减原积，不足者改为商。其次商亦倍，初商加从为廉法，但倍方而不倍从，三商以上类同。

虽然这是以前的初中学生都必须掌握的笔算开平方之法，但在这里我们有必要用现代的表述方法说明一下，因为这在安清翘那里也只是个基础。

（1）从个位起，向左每隔两位（因是平方，有 $10^2=100$）为一节，若从小数点开始向两边每 2 位数分成一份，即每隔两位一节，用空格将各节分开。

（2）求不大于左边第一节数的平方根，为平方根最高上限之数。

（3）从左边第一节数里，减去求得的最高位上的数的平方，在它们差的右边写上第二节数作为第一个余数。

（4）把商的最高位上的数乘 20 去试除第一个余数，所得的是整数作试商（如果这个最大整数大于或等于 10，就用 9 或 8 作试商）。

（5）用最高位的数乘以 20，加上试商再乘以试商。如果所得的积小于或等于余数，这个试商就是平方根的第二位数；如果所得的积大于余数，就把试商逐次减小再试，直到积小于或等于余数为止。

如 1049.76（以下都以这个数为例）可分为 10 49.76，然后从高位区开始算，过程有点像除法竖式，下面就是正文：

从高位区开始，10 开方的整数是 3，这整数 3 便是结果的最高位数字，余数 1（10−3×3）和下一区和在一起便是 149，用 20（专用数字，从第二区开始一直用到完）去乘前面已开方结果 3，便是 60（20×3）。记住，这个数的个位数不是固定的，它可是必须与除得的商相同且须尽量大。继实例部分，第二步用 149 除以 60（60 不是真正的除数，因为它的个位数是所得的商），这样可得出商的约数，如以上除的整数部分是 2，那么须把（60+2）为 62 作为除数，得商 2 与除数 62 的个位数相同，因此商 2 便是结果的第二位数（既为 32），余数为 25（149−62×2），被开方数的整数区用完了便在结果 32 后加“.”，即以后算出来的结果为小数部分，剩下的都与第二部分相同：把余数 25 和下一区放在一起为 2576，试用除数为 20×32=640，则商为 4，（4+640）为 644，2576 除以 644 刚好为 4（4 恰为除数 644 的个位数），没有余数，则 4 为结果的最后一位了，结果为 32.4。如果后面还除不尽的话，就在被开方数的小数部分后加 00……还是每两数为一区，用以上的方法一直继续精确下去。

接着，安清翘指出，开立方法与开平方的步骤相同：

（1）先列位。自单位起，每隔二位点之，以最上一点为初商实作点；与开平方一样视有多少点则商几位，如有二点则商数有十，有三点则商数有百，以此进行定位。

（2）后初商。如一商一，八商二，二七商三之类，以再乘数约而商之；凡商得一者书于点上一位，商得二三四五者书于点上两位，商得六七八九者书于点上三位，这样书商数于下线之上，即以再乘数书于下线之下，初商减积至初点止以对减初商实。

（3）再次商。以初商自乘而三的为平廉法，以初商三的为长廉法。用次商减积至次点止截第二点上余积为次商实，以平廉法约实得次商，即以次商为隅法。乃以次商乘平廉，法为平廉积又以次商自乘，以乘长廉及隅，法为长廉小隅共积，以平廉积与长廉小隅共积，相加为次商，应减数以减次商实，余为三商实。

而三商法是以余实另列之。合初商次商自乘而三之为平廉法，合初商次商三之为长廉法。用三商减积至此点止截第三点商余实为三商实，亦即以三商位隅法，四商以上并同三商。命分法是以合平廉、长廉法再加隅一为分母，不尽的数作为分子。

我们用现代方法演示如何求立方根。立方根的实数分区应该是三位三位一分。完全立方公式是$(a+b)^3=a^3+3a^2b+3ab^2+b^3$。$(10a+b)^3=1000a^3+300a^2b+30ab^2+b^3$，其中 $1000a^3$ 在开立方法则第三步里被减去了。那么，就应该把求得的最高位数的平方的 300 倍与试商的积，求得的最高位数的 30 倍，与试商的平方的积和试商的立方写在竖式的左边，用第三步所得余数减去它们的和。

下面举例验证一下：

$$\left(\begin{array}{c}300=1^2\times300\times1\\30=1\times30\times1^2\\1=1^3\end{array}\right)\qquad\begin{array}{r|l}\multicolumn{2}{r}{\overset{1\quad 1}{\sqrt[3]{1331}}}\\\multicolumn{2}{r}{1}\\\hline 330&331\\30&\\1&331\\\hline\multicolumn{2}{r}{0}\end{array}$$

$$\left(\begin{array}{c}600=1^2\times300\times2\\120=1\times30\times2^2\\8=2^3\end{array}\right)\qquad\begin{array}{r|l}\multicolumn{2}{r}{\overset{1\quad 2}{\sqrt[3]{1728}}}\\\multicolumn{2}{r}{1}\\\hline 600&728\\120&\\8&728\\\hline\multicolumn{2}{r}{0}\end{array}$$

$$\left(\begin{array}{c}1200=2^2\times300\times1\\60=2\times30\times1^2\\1=1^3\end{array}\right)\qquad\begin{array}{r|l}\multicolumn{2}{r}{\overset{2\quad 1}{\sqrt[3]{9261}}}\\\multicolumn{2}{r}{8}\\\hline 1200&1261\\60&\\1&1261\\\hline\multicolumn{2}{r}{0}\end{array}$$

有了开平方和开立方做基础，就可以依次开任意高次方了：

> 开平方既得初商，以初商倍之为法除次商实，约次商乃合初商。次商自乘以减原实，余为三商实。
>
> 开立方既得初商，以初商再乘四之为法除次商实，约次商乃合初商，次商三乘以减原实，余为三商实。
>
> 开四乘方既得初商，以初商三乘五之为法除次商实，约次商乃合初商，次商四乘以减原积实，余为三商实。
>
> 五乘方以初商四乘六之为法六乘方，以初商五乘七之为法，皆除次商实，约次商合初商，次商各按乘方数。

开方须定位，安清翘随即给出了“开方定位表”，如表 2-2 所示。

**表 2-2　开方定位表**

| 根 | 平方 | 立方 | 三乘方 | 四乘方 | 五乘方 | 六乘方 | 七乘方 | 八乘方 | 九乘方 | 十乘方 | 十一乘方 |
|---|---|---|---|---|---|---|---|---|---|---|---|
| 一 | 二 | 三 | 四 | 五 | 六 | 七 | 八 | 九 | 十 | 十一 | 十二 |

从表 2-2 中可知，平方对二，故开平方隔二位作点；立方对三，故开立方隔三位作点；三乘方对四，故开三乘方隔四位作点；四乘方以上，以此类推。

据表 2-2 有一一对应关系，根对一，而平方对二，故开平方求次商，以初商倍之为法；平方对二，而立方对三，故开立方求次商，以初商自乘三之为法；立方对三，而三乘方对四，故开三乘方求次商，以初商再乘四之为法；四乘方以上，以此类推。

有了《开方表》，开各乘方代法就很容易。平方对二，二自乘得四，而四对三乘方，则知开平方二次以代开三乘方；立方对三，三自乘得九，而九对八乘方，则知开立方二次以代开八乘方；平方对二，立方对三，二与三相乘得六，而六对五乘方，则知开平方一次开立方一次一代开五乘方；平方对二，二再乘得八，而八对七乘方，则知开平方三次以代开七乘方；平方对二，立方对三，二自乘又与三相乘得十二，而十二对十一乘方，则知开平方二次开立方一次以代开十一乘方；十一乘方以上，至于无穷，凡乘得之数，都用代法，其道理与通常算法相同，一次除分作几次除之，法同。

不难看出，安清翘从开平方、开立方到开高次方所用的方法，即根据我国北宋贾宪三角（又称杨辉三角）—— 二项式的展开系数来推求的。

同时，安清翘还给出了开带从平方的解法：开平方带从简法，即方形的长和宽，也即和与较。较自乘置积四之与较幂相加为和幂，开方得和，和较相加，半之得长，相减半之得宽，这是有较求和法。若是有和求较法，则和自乘以四倍积与和幂，相减为较幂，开方得较。

开平方带纵法，即 $x^2+ax=b$ 的数值解法。我们参照图 2-1，给出今天形式的证明。

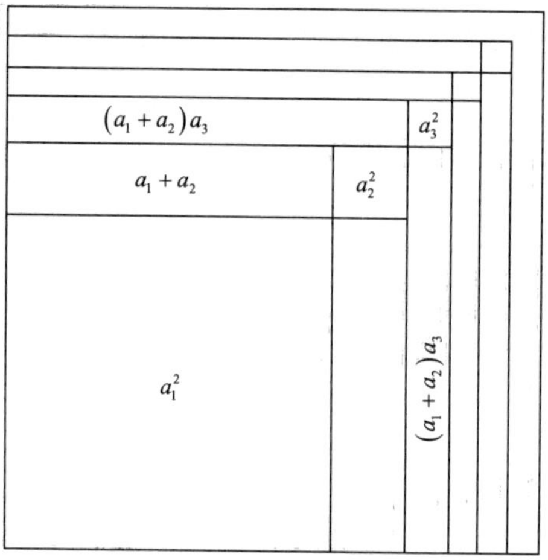


图 2-1 开平方带纵法图

由图 2-1 正方形面积公式可知，$a_1^2+2*(a_1+a_2)*a^2-a_2^2=(a_1+a_2)^2$，即 $(a_1+a_2)^2=a_1^2+2a_1a_2+a_2^2$。设 $(a_1+a_2)^2=c$，将 $a_1$ 设为要开方所得的数 $x$，那么，$x^2=c-a_2^2-2a_2x$。不难发现，$x^2-2a_2x=c-a_2^2$，由开平方带纵简法 $x^2+ax=b$ 的数值解法，$a$，$b$ 必须符合这种关系，即 $a=2a_2$，$b=c-a_2^2$。所以，安清翘关于开平方带纵法的解法完全正确。

## （三）比例四隅与铃算

比例四隅是《九章算术》的枢要。比例四隅，也即异乘同除。原有为法，“今有”①为实，异名用乘，同名用除。在算术中，说置者为一隅，即实数，实数为一隅；说乘之者为一隅，说除之者为一隅，都是法数，乘法为一隅，除法为一隅；说得者为一隅，乃所求之数，得数为一隅。安清翘在此与古今算法作了区别。《九章算术》中，除法在右一，乘法在右二，一与一、二与二为同名。与之区别，在于实数在左一，得数在左二，一与二、二与一为异名，见表 2-3。

① 中国古代算术算法名，亦称异乘同除，相当于现代的四项比例算法，出自《九章算术·粟米章》之“今有”云云，如：“今有粟一斗，欲为粝米，问得几何？术曰：‘以粟求粝米，三之，五而一。’”即粝米/粟米=30/50=3/5→粝米=（3/5）×粟米=6 升。

表 2-3 比例四隅算法

| 算法 | 得数 |
| --- | --- |
| 右一 | 左一 |
| 右二 | 左二 |

右二与左一相乘，以右一除之得左二，以左二除之得右一；右一与左二相乘，以右二除之得左一，以左一除之得右二。凡一长方形任意分为四角，长方及比例四隅。

古历法用如朔策、望策之类的策算，清代又有如岁实钤十二时的钤算。钤算法用加减带乘除，与西方的笔算有相似之处，见表 2-4。

表 2-4 九九总钤算法

| 一 | 二 | 三 | 四 | 五一 | 六一 | 七一 | 八一 | 九一 |
| --- | --- | --- | --- | --- | --- | --- | --- | --- |
| 二 | 四 | 六 | 八一 | 一 | 二一 | 四三 | 六二 | 八二 |
| 三 | 六 | 九 | 二一 | 五二 | 八二 | 一二 | 四三 | 七三 |
| 四 | 八一 | 二一 | 六二 | 二 | 四三 | 八三 | 二四 | 六四 |
| 五 | 一 | 五一 | 二 | 五三 | 三 | 五四 | 四 | 五五 |
| 六 | 二一 | 八二 | 四二 | 三 | 六四 | 二四 | 八五 | 四六 |
| 七 | 四一 | 一二 | 八三 | 五四 | 二四 | 九五 | 六六 | 三七 |
| 八 | 六一 | 四二 | 二三 | 四 | 八五 | 六六 | 四七 | 二八 |
| 九 | 八 | 七 | 六 | 五 | 四 | 三 | 二 | 一 |

按《九九表》，凡九位〇位分为十策，每策书两面，一对九，二对八，三对七，四对六，五对〇。凡五类，类各六策，共三十策。

凡算术，其法数俱用钤法，有几位即用几策为钤。

凡乘法，其实数有几位，即取钤上几行，按位并之为得数。

凡除法，先列实以钤上位数作点，视钤上第几行，其数略小于实数者，按位减之，其行数即为得数实。有不尽者，再作点依法屡减之，皆以行数为得数。

凡开各乘方，既得初商，皆以法数用钤约次商，并同除法。

纵为策数，横为行数。如法数为二、三、四，即用第二策、第三策、第四策……按位相加为钤。如实数为二、三、四，即取钤上第二行、第三行、第四行，按位并之为得数。

## 二、《天元算略》解读与研究

在中国古代数学发展史上，天元术起着重要的作用。所谓天元术，就是设“天元一”为未知数，根据问题的已知条件，列出两个相等的多项式，经相减后，得出一个高次方程式，称为天元开方式，这与现代设 $x$ 为未知数列方程一样。在我国古代数学中，蕴藏着丰富的变量思想，如坐标思想、函数与方程思想、极限思想与微积分思想等，并具有自己的特色。“立天元一”即是其中之一，安清翘对此作了深刻的论述：

> 凡数皆可谓之一，是故立天元一者，数学一贯之术也。何以言之？盖数有天有人，自一生二，二生三，以至无穷者，天为之也。由根生平方，由平方生立方，以至无穷。如自一生二，二生三，以至无穷也，亦天为之也。十之为根，百之为平方，千之为立方，万之为三乘方，自此以上，皆以十为等，亦人为之也。何也？以十为之等者，数之一端耳。设如邵子易数，两仪生四象，四象生八卦，八卦生十六，十六生三十二，三十二生六十四，皆以二为等，则二即根也，四即平方也，八即立方也，十六即三乘方也，三十二即四乘方也，六十四即五乘方也。如扬子云太元三方九州岛二十七部八十一家，皆以三为等，则三即根也，九即平方也，二十七即立方也，八十一即三乘方也。推之以四为等者，四即根也；以五为等者，五即根也。凡通分之术，设一整数任剖为若干分，皆可谓之根，即皆可谓之一也。由斯以论数之等，任人为之，不可为典要，而共为一根，则无不同其由根生平，由平生立，亦无不同。此立天元一术所以能尽数之变也，算术至此至庸至奇谓之一贯之术，讵不信欤？

有趣的是，安清翘将天元术理解发挥成为由等差级数变换而成的等比级数了，或者说，“天元术”就是“连比例之术”。需要指出，安清翘对天元术意义的解释，采用的是梅瑴成的“借根方”的思想。而安清翘就是从等差级数变换的等比级数，来理解和推求乐律学上的十二平均律的；安清翘对等比或连比例如此钟爱，可能与其喜爱开方术以解高次方程的数值解有关。这一点，我们在下文会提到。

中国是世界上文化发达最早的国家之一，在长期的社会实践中积累了丰富的数学知识，出现了像刘徽（约 250~?）、祖冲之、祖暅之（字景烁，祖冲之之子，生卒年不详）、贾宪（生卒年不详）、秦九韶（字道古，1208~1261 年）、李冶（字仁卿，号敬斋，1192~1279 年）、杨辉（字谦光，生卒年不详）、朱世杰（字汉卿，号松庭，1249~1314 年）等卓越的数学家，由他们创作的杰出数学著作如《九章算术注》《缀术》《黄帝九章算经细草》《数书九章》《测圆海镜》《详解九章算法》《四元玉鉴》等对世界数学的发展产生过深远的影响。

“立天元一，古名也。”安清翘特别提到《授时历》和《测圆海镜》。《授时历》的作者郭守敬是直接套用沈括（字存中，1031~1095 年）的会圆术，利用全弧背推导出割圆求矢术的。[①]而李冶的《测圆海镜》所讨论的问题，大都是已知勾股形而求其内切圆、旁切圆等直径一类，是中国古代论述容圆的一部专著，也是天元术的代表作。因此，安清翘又对“立天元一”作了古今对比：

> 今谓之借根方立，即借也。元即根也，名异而实同。古法自明失传，元人所著《授时历》、《草测》、《测圆海镜》诸书，唐荆川、顾箬溪诸公已不得其解。近时梅玉汝始以西法借根方解之，而其理乃明。今细考之，古法分正负，今法分多少；古法用左右相消，今法用两边各加各减，正负即多少也，两边即左右也，亦名异而实同。其微异者，今法加减之后仍余两行，而左右为相等。古法相消之后，只余一行，而正负为相等耳，兹用“立天元一”之名，以示存古之意，而以根方连比例着其理至，以多少分

① 王翼勋：《〈授时历草〉“立天元一求矢术”复原》，《苏州大学学报》（自然科学版）1996 年第 4 期，第 9~15 页。

正负，以相消明加减。亦取其于理易名而便于用者，庶初学易人而又不迷于其原也。

天元术，是中国早在宋元时期就发展成熟的列方程和解方程的方法。而借根方是康熙年间（1661~1722 年）由传教士传入我国，并载入康熙御制的《数理精蕴》一书之中。尽管两者处理的问题相同，但明清之际我国的算学家已无人能晓天元术，故当借根方传入与流行之际，没有人意识到西方借根方与中国传统天元术之间的关系，直到梅瑴成提出“天元一即借根方解”之说后，才引起清代算学家的注意。研究借根方与天元术之间的异同和互动，是有清一代算学史上至为精美的部分，是当时学人会通中西、复兴中法的一大旨趣所在。安清翘就是其中杰出的一位算学家。

安清翘认为西方用以解方程根的“借根”，其实与中国古代的天元术“名异而实同”，是很有见地的，也是其“数无中西，惟其是尔”方法论的自然发挥。值得注意的是，在这里安清翘又明确提出了天元术的核心是连比例之法，即所谓“以根方连比例着其理至”。

### （一）“立天元一”列位与定位

也如《学算存略》卷一《笔算衍略》一样，安清翘还是把“立天元一”列位作为计算的基础。

#### 1. 加减列位

列位子真数始，如数之有单也；真数之上为根，如数之有十也；根之上为平方，如数之有百也；平方之上有为立方，如数之有千也；立方之上为三乘方，如数之有万也；每增一乘即多一位，如数之有十万、百万以至无穷也。

依次列位真数、根、平方、立方、三乘方：

设如有二十四三乘方，四十七立方，七十五平方，五十九根，九十二真数，依法列之：二四、四七、七五、五九、九二。

又如有四十九平方九十六真数，依法列之：四九　〇　九六。

又如有三百六十五平方二千零四十九根，依法列之：三六五二〇四九〇。

又如有三十六立方十二平方，依法列之：三六　一二〇〇。

列位式时，以五位为式来说，位有多寡，都以真数为基数，又叫太极数。真数即是实数，根以上皆为虚数。凡列位，以最下为真数；真数上有一位，共二位，即是根数；有三位，是平方；有四位是立方，有五位是三乘方，即用根、平方、立方、三乘方等字之，须考察其有多少位即知之。凡位上下相承中有空位的，作〇以保存其位，如万千百十之有空位的，必作〇。如列式中有平方，有真数，而无根，所以在根位作〇，以保存其位。凡列位以真数为基础，如列式有平方，有根而无真数，故必须在根下补一〇，才能知道首位为平方，次位为根如列式无根，无真数，故必补两个〇才能成为四位数，即知道首位是立方，次位是平方。

2. 乘除定位

凡真数以下谓之畸零，即在单下的位数中有畸零的定位时，定位之法依命分之术，以根与平方、立方等名为分母，以小一位或二位、三位以下为分子，其真数以下之位即可以根与平方、立方等名确定。以根除真数，以平方除根，以立方除平方，都是真数之下一位。以平方除真数，以立方除根，以三乘方除平方，都是真数之下二位。以立方除真数，以三乘方除根，以四乘方除平方，都是真数之下三位。其余可类推。具体来说，乘除定位时，以表 2-5 的定位表作依据。

**表 2-5　定位表**

| 真数 | 根 | 平方 | 立方 | 三乘方 | 四乘方 | 五乘方 | 六乘方 | 七乘方 | 八乘方 |
|---|---|---|---|---|---|---|---|---|---|
| 〇 | 一 | 二 | 三 | 四 | 五 | 六 | 七 | 八 | 九 |

1）乘法定位

以真数乘根仍得根，盖根对一而真数对〇，无可加也。如以根乘根即得平方，盖根对一，一与一相加得二，而二所对为平方，故定乘得之数为平方也。如以根乘平方即得立方，盖根对一，平方对二，一二相加得三，而三所对为立方，故定乘得之数为立方也。又如以平方乘平方，则二与二相加为四，察所对得三乘方。以平方乘立方，则二与三相加为五，察所对得四乘方。以立方乘立方，则三与三相加为六，察所对得五乘方。余者皆仿此。

2）除法定位

以真数除根仍得根，盖根对一，而真数对〇，无可减也。以根除根即得真数，盖根对一，一与一相加得〇，而〇所对为真数，故定除得之数为真数也。如以根除平方即得根，盖根对一，平方对二，一二相减余一，而一所对为根，故定位除得之数为根数也。又如以平方除平方，则二与二相减尽为〇，察所对得真数。以平方除立方，则二与三相减余一，察所对得根数。以立方除立方，则三与三相减得〇，察所对亦得真数也。余皆仿此。

可见，安清翘求解高次方程数值解的方法，其实就是他前面开高次方方法的拓展应用。

## （二）“立天元一”乘除运算与连比例

这里，我们主要看安清翘乘除运算之法，因为这能为我们理解他的连比例思想的来源提供帮助。乘法也有正负之分，同名乘者正之，异名乘者负之。多与多，少与少，为同名；多与少，少与多，为异名。以多乘多，以少乘少，得数皆为正；以多乘少，以少乘多，得数皆为负。

以多乘多，其数越多，所以为正；以少或以少乘多，其数越少，所以都为负；不同的是，少乘少，得数反变为多，原因在于法实首位为多，次位以后为少，则乘出之数首位内少，次位之数必多，末位之数须于乘出首位数中减去次位之数，加入末位之数，始与实数相合，图 2-2 对此表达的更为明确。

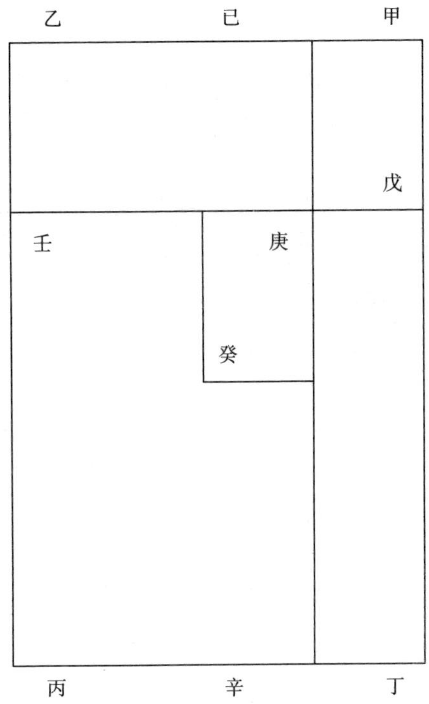


图 2-2　“立天元一”乘除运算与连比例图

如图 2-2，甲丁为法之正，甲戊为法之负，丙丁为实之正，辛丁为实之负，负与正乘成甲丙方，负于负乘成甲庚方，正与负乘成甲辛方，负与正乘成甲壬方，四者皆虚数。而庚丙方乃应得之实数。两方都为负，所以相减。试于甲丙方内减甲辛方，又减甲壬方，两减重一甲庚方，则庚丙实数方内少一庚癸方，且庚癸方与甲庚方等同，必加一庚壬方，乃补足庚丙方应得之实数。正者加，负者减，庚丙方内必加一庚癸方，然后补足重减的数，则庚癸方为正可知，庚癸方即负与负乘之方。

用数字证明，甲丁正八，甲戊负三，丙丁正九，辛丁负二，正乘正，甲丙方七十二；负乘负，甲庚方六；正乘负，甲辛方一十六；负乘正，甲壬方二十七，庚丙方三十五为应得之实数，试用于甲丙七十二内减甲辛方一十六，又减甲壬方二十七，余二十九，较庚丙方三十五少甲庚方六，因两减重一甲庚六的结果。则两减所余之二十九必加一庚癸方六，乃补足庚丙方三十五之实数，所谓少与少乘其数反为多者，庚癸方为六。

除法是乘法的逆运算，因此方法大体相同。如以九真数除二平方，即命为九分之二。如以六根除四平方，即命为九分平方之四：

> 凡除法按表定位，其分正负与乘法同。
>
> 凡除法多不受除，不受除者以法命之。
>
> 不受除者，实不满法也。以法命之者，以法为分母，实为分子也。
>
> 凡不满法者，俟乘除既毕，乃以分母遍乘各数，而比例乃得行，所谓以乘代除也。

凡求两数相等，必须清楚连比例与比例四隅的道理，自根数平方以上即虚数之连比例：

> 借根术所求者，一根之数也。凡布算，有已知之数，有所求之数。已知之数即真数也，所求之数尚未知。乃设一虚数，与已知之数加减乘除，或正或负，反复推求，务得相等之两数。而此两数中，一为真数，一为虚数，则虚数与真数相等，于是以真数为实，虚数为法，而虚数变为实数。所变之实数，即一根之数也。既得一根之数，而所求无不得矣。

在求得两数相等之后，以先前所得之数列下，以后来所得之数列上，用正负减法，以上减下，而得所余之数，则根方虚数必与真数相等，乃以真数为实根方，虚数为法，法除实，而得一数之根。法只一位者，也就是根，用归除；如若二三位以上，用开各乘方，除此正负减法，即古法所谓的两数相消。安清翘对此有专门的论述：

> 今借根术，用两边各加各减，与相消之术似异而实同。盖今之多与多则各减，少与少则各加者，即相消之术之同名相减也。今之多与少，少与多或各加或各减者，即相消术之异名相加也。各加各减，立法之意欲明，加减之后两边仍相等耳，与相消之理未尝异也。问：“相消之后只余一行，各加各减之后仍余两行，且正负之名或相反，何也？”曰：“此布算有变通耳，其实一也。相消之后亦可

使余两行，左数大则余在左，右数大则余在右，是亦两行也。盖两数既相等，则分为两行，而左右相等合为一行，而正负相等，法实亦相等，且左之正即右之负，左之负即右之正，可以左移右，可以右移左也。”曰：“相消之术，既可使余两行，其必余一行者，何也？”曰：“古用筹算，左右并列加减既毕，则列左之数变而为所得之数，安得不为一行者乎？若两行则不便于算矣，只取便算，非有他意也。”问：“相消之数，以右减左，不可以左减右乎？”曰：“亦无不可。但古九章方程之法，只是以右减左，盖以右减左便于布算，即今之常算亦列实于左，列法于右也。相消之后真数为正，则法数为负；真数为负，则法数为正。法数二三位以上有与真数同名者，则益实与真数异名者，则减实也。相消之后无真数者，用退位法，根退一位为真数，平方退一位为根。若并无根数者，平方、立方各退两位。正为多号，负为少号者，常也。相消之后，则法数无论正负，皆为本数。其与本数同名者为多号，与本数异名者为少号，多号则减实，少号则益实也。”

### （三）“益实归除”与高次方程的数值解法

“归除”，是古老的珠算方法，属不隔位除法；“益实”，原意是“充实人口”。《史记·刘敬叔孙通列传》载：“秦中新破，少民地肥，饶可益实。”“益实归除”，就是用于实际的珠算除法。康熙主持编纂的《数理精蕴》（1712 年）所演示的方程解法，实即法国数学家韦达（Franciscus Vieta，1540~1603 年）之旧法，称为“益实归除法”。后来英国数学家牛顿和霍纳（William George Horner，1786~1837 年）又有所改进。安清翘将之应用来开方，并求解高次方程的数值解。譬如，带纵的三乘方除。安清翘举了“设如授时历草弧背求矢术”：

有黄道出入赤道二十四度，求矢。立天元一为矢，自乘二因得二平方，以圆径一百二十一度七十五分除之，得一百二十一度七十五分。分平方之二为弦背，差以圆径乘弧背四十八度，得五千八百四十四度。以二平方减之，得五千八百四十四度少二平方为弦，自乘得三千四百一十五万二千三百三十六少二万三千三百七十六平方多四，三乘方为径幂，乘弦幂寄左。又以一元减径，得一百二十一度七十五分少一元，以一元乘之四因得四百八十七元少四平方，以径幂一万四千八百二十三度〇六二五，乘之得七百二十一万八千八百三十一元少五万九千二百多二，平方与寄左之数相等，与左相消，得正四三乘方正三万五千九百一十六平方负七百二十一万八千八百三十一元正三千四百一十五万二千三百三十六度，乃以度数为实，以元方为法，即元为从，平方为廉，三乘方为隅。三乘方开之，得四度八十四分八十二秒为一元之数，即所求之矢。

安清翘对“益实归除”与古法进行了比较：

梅玉汝约此以背乘径，有自乘之为实，四因径以乘径幂为从，置四因径幂，四因径以减之，余为负廉，四为负隅，用减积三乘方开之也。若以商数自乘，以乘负廉，又以商数再乘，以乘负隅，并负廉负隅以益实，乃以商数乘从而除实，所得亦同。

譬如，带纵的四乘方除。设有十度之通弦六百一十八万零三百三十九，求一度之正弦。

法借一根为一度之正弦，倍之，得二根为左弦。又以一根再乘八因，得八立方，以半径方除之，得半径方。分立方之八，以减三倍左弦六根，得六根少半径方。分立方之八以减通弦，得通弦少六根多半径方分立方之八，半之，得半通弦少三根所半径方分立方之四为左句，左弦与左句相加，得半通弦少一根所半径方分立方之四为右句，左右两句相加，得通弦少四根多半径方分立方之八。以减通弦，得四根少半径方分立方之八为右弦，乃以左句自乘的半通弦方，少根乘半通弦之六，多通弦乘半径方分立方之八多九平方，少半径方分三乘方之二十四，多半径三乘分五乘方之一十六为左句幂，以右弦自乘，得十六平方，少半径方分三乘方之六十四，多半径三乘分五乘方之六十四为右弦幂，与左句幂相加，得半通弦方少根半通弦之六，多半通弦乘半径方分立方之八，多二十五平方，少半径方分三乘方之八十八，多半径三乘分五乘方之八十寄左。又以右句自乘的半通弦方，少根乘半通弦之二，多半通弦乘半径方分立方之八多一平方，少半径方分三乘方之八多半径三乘方，分五乘方之一十六为右句幂，以左弦自乘，得四平方为左弦幂，与右句幂相加，得半通弦方，少根乘半通弦之二多半通弦乘半径方分立方之八多五平方，少半径方分三乘方之八多半径三乘分五乘方之一十六与寄左之数相等，与左相消得半径三乘，分五乘方之六十四（正）半径方，分三乘方之八十（负），二十平方（正）根乘半通弦之四（负），半之各退一位，得半径三乘分四乘方之三十二（正），半径方分立方之四十（负），十根（正）通弦（负），乃以所有之通弦六百亿十八万零三百三十九为实，以根方为法，四乘方开之，得六十二万七千九百零五，有奇为一根之数，即所求一度之正弦也。

此处的根为纵（从），而立方为廉，四乘方则为隅，于是有：

开四乘方简法，以六百万一八〇三三九八八七为实，以十根为法，法除实足六十万，即约初商为六十万，以根数十乘之，得六百万为根积。又以六十万再乘以立方数四十，乘之退十四位，得八万六千四百，以加原实，得六百二十六万六千七百三十九为益实。又以六十万乘四次，以四乘方数三十二乘之，退二十八位，得二百四十八。加入根积，得六百万零二百四十八，以减益实，余二十六万六千四百九十一为次商实。法除次商实足二万，约次商为二万，合初商为六十二万，以根数十乘之，得六百二十万为根积。又以六十二万再乘以立方数四十。乘之退十四位，得九万五千三十一，加入原实，得六百二十七万五千六百七十一为益实。又以六十二万乘四次，以四乘方数三十二乘之，退二十八位，得二百九十三，加入根积，得六百二十万零二百九十三，以减益实，余六百二十万零二百九十三为三商实。三商以后，依前法开之，凡开得六十二万七千九百零五有奇，即一根之数。

这里，是对《学算存略》卷一《笔算衍略》开方解法的发挥和引申，特别是开高次方带纵解法，更是对《笔算衍略》所举的开平方带纵解法的深化和发展。

我们用现代数学方法分析一下，安清翘从开平方带纵（即 $x^2+ax=b$）的数值解法，开高次方带纵（即 $x^n+a_1x^{(n-1)}+a_2x^{(n-2)}+\cdots+a^{(n-1)}x=b$）的数值解法的拓展，是否正确和合理：

设 $x^n=C$，即 $x=C^{1/n}$，$f(x)=x^n-C=0$，用牛顿迭代法解出 $x$，即可。

$$x_{n+1}=x_n-f(x)/f'(x)=x_n-\left[(x_n-c)/nx^{(n-1)}\right]$$

然后，将 $x^{(n-1)}$、$x^{(n-2)}\cdots$、1 进行类似的迭代处理，即可得出从低次开方到高次开方的一种数学关系模型。由此可知，安清翘的这种开高次方带纵的数值解法已经和近代数学原理很接近了。《同文算指》中即有此迭代算法。

### （四）方程

现实生活中，经常遇到相互交易时价格和价值的问题，如安清翘“设如有银买马、牛二色，马四匹，牛八头，共价五十六两。又：马三匹，牛五头，共价三十八两。问马、牛各价几何？”就可列方程用借根法：借一根为一匹马的价格，则前四匹马的价格为四根，前八头牛的价格为五十六两少四根，以后五头牛乘之，得二百八十两少二十根寄左。又以前八头牛乘后三匹马的价格三根，得二十四根，以前八头牛乘后牛共价三十八两，得三百零四两。两数相减，得三百零四两少二十四根与寄左之数相等，与左相消，得正四根负二十四两，上法下实，法除实，得六两为一根之数，即一匹马的价格。既得一匹马的价格，则其余都可知。这些问题是有趣的，是培养品味、锻炼能力的“思维体操”。与《九章算术》方程的做法相比，安清翘对“无入之法”进行了详细的比较说明：

> 愚按：古用筹算其加减之法，以本数列左，以所加所减之数列右，相加者以列右之数加于列左之数，相减者以列右之数减列左之数也。既加既减之后，则列左之数变而为相加应得相减应余之数，

非应得应余之数另作一行也。然则应得应余，其正负之名必以左为准可知矣，然或列左者有时而小，列右者有时而大，或左遇空位，则并无正负之名，于是有无入之法。以减法言之，同名相除，而左数小、右数大则反减，而正者负之，负者正之；或左为空位，则以右居左，而正者负之，负者正之。加法言之，异名相除，而左数小、右数大，则反减，而正负之名以右为准，右正者正之，右负者负之。或左为空位，则以右居左，而正者正之，负者负之。总之，正负之名，以左为准，其无入者，始以右为准，虽以右为准，而必以右居左，注所云，使消夺者，居位是也，如是则相加所得，相减所余，仍是一行，无左右两行之理。近时戴东原注《方程篇》，不解无入之义，而以左数大则余在左行，右数大则余在右行，均谓之无入，是方程直除，皆无入无有入者矣，失古人立法之意。且加减之后仍余两行，更无此算理，或谓左右可以互减，亦似是而非。夫以右减左与以左减右，无不同。然古人立法，只以右减左，亦如今之常算，列实于左，列法于右，取其便于算耳，岂有忽左忽右无一定之术乎？又按：无入之法，以相除为主，盖方程直除之法，兼相加相减二术，立法之意欲令首位减尽耳。首位同名则用同名相除之法，其首位相减而尽；首位异名则用异名相除之法，其首位亦相减而尽。是立法之意全在相除，所以谓之直除也。立法之意既在相除，则无入之法，以相除为主，无疑其同名相益异名相益，正负之名皆以左为准，皆不得谓之无入也。又按：近时有以无入为无对者，兼左右空位言之，不知左为空位，方为无入，若右为空位不得谓之无入。此亦惑于左右互减之说也。

此外，列方程与解方程——主要是一元高次方程的数值解，其实就是上述开高次方特别是开高次带纵法的具体应用。

《九章算术》是我国古代第一部数学专著，是《算经十书》中最重要的一部。其《方程章》还在世界数学史上首次阐述了负数及其加减运算法则。《方程章》全都是一次方程组问题，未知数最多时可达五个。涉及的内容包括：一次方程组问题；采用分离系数之法表示线性方程组，相当于现在的矩阵；解线性方程组时使用的直除法，与今天矩阵的初等变换一致，这是世界上最早的、完整的线性方程组的解法。后世的数学家，大都是从《九章算术》开始学习和研究数学，许多人曾为它作过注释，特别是刘徽著《九章算术注》。上段安清翘的文字里就提及戴震从《永乐大典》中抄出《九章算术》全书，并进行了校勘。

## 三、《句股算略》阐述与评述

在《学算存略》卷一和卷二中，安清翘把算术的四则运算、开方解方程、比例四隅等都做了详细的推演，在此基础上最后进行最为繁杂的句股运算：

> 算家句股一门，为术最繁，非凿指一数以为布算之准，难以虚领其义。①

因此，这一卷中，安清翘用大量的实例，承接开方和比例四隅之法，详解句股的学算问题。

### （一）平三角

（1）有句有股求角之法是，首先以句股两幂相加为和，相减为较；然后置半径十万以较乘之，以和除之，得数为较角的正弦，检《一线表》得较角；最后以较角与二十五度相加，折半即大边之角，以较角与二十五度相加，折半即对小边之角。

以上的求法，与下面所举《句股算略》一书中的“句股形二术”一样，原理如下：

$$\frac{\left(b^2-a^2\right)r}{b^2+a^2}=r\sin\theta\Rightarrow\frac{1-\left(\dfrac{a}{b}\right)^2}{1+\left(\dfrac{a}{b}\right)^2}=\frac{1-\tan^2 A}{1+\tan^2 A}=\sin\theta\Rightarrow\cos 2A$$

$$=\sin\theta\Rightarrow\theta=90^\circ-2A$$

① 《清史稿》卷五百六《畴人一》，北京：中华书局，1977年。

因此，$A=(90°-\theta)/2$，又 $A+B=90°$，所以 $B=(90°+\theta)/2$

这里的“二十五度”为安清翘定义的“圆周的四分之一”（圆周100°），也就是对应的90°。

我们仅就以上一例进行证明，以下就只列出安清翘的阐述，不再加以证明，因为证明对今天来说较为简单。需要注意的是，安清翘由浅入深的系统性和全面性,他是将之作为一个完整的体系依次深入展开的。

（2）有弦有句股求角，有弦有角求句股，都按比例四隅求解。

弦半径

句股句股角正弦

（3）有两边有夹角，求对两边的角。基本方法是，置半径十万，以一边乘之，一边除之。如先求小角，则以大边乘，小边除；如先求大角，则以小边乘，大边除。乘除的得数与夹角的弦相加减，夹角不及二十五度则减，过二十五度则加，并为句，夹角的正弦为股，用以上的有句有股求角之法，求得对股的角，也即对边的角。

（4）有两边有一角，角有所对之边，求对边之角，也按比例四隅求之。

大边大角（正弦）

小边小角（正弦）

## （二）弧三角

正弧形句股弦三边互相求解，按比例四隅互求。

半径句边（余弦）

股边弦边（余弦）

而正弧形边角互求，也按比例四隅求解。

半径弦边（正弦）半径边弦（正弦）

句角（正弦）句边（正弦）股角（正弦）股边（正弦）

半径句边（余弦）半径股边（余弦）

股角（正弦）句角（余弦）句角（正弦）股角（余弦）

已知句边和股边的正弧形，求正弧形的弦边用矢差术。方法是以句股两边相加为和弧，相减为较弧，和弧较弧之矢相加，半之即弦边之矢。

已知斜弧形的两边夹一角，求斜弧形对角的边。方法是以两边相加为和弧，相减为较弧，和弧、较弧之矢相减，折半后作为矢，半差乃置矢，半差以夹角之矢乘之，半径除之得两矢差，加较弧之矢，即对边之矢。

知道斜弧形的三边来求角。解法是以所求角的两边相加为和弧，相减为较弧，和弧较弧之矢相减半之为矢半差，又以较弧之矢与对边之矢相减为两矢差，乃置半径十万以两矢差乘之，矢半差除之得角之矢。

半径夹角之矢

矢半差两矢差

在这里，安清翘有如此的说明：

> 用矢之法，自初度至二十五度，自七十五度至一百度，俱用小矢；二十五度至七十五度用大矢；适足二十五度，或适足七十五度，用半径为矢；适足五十度，用全径为矢。

注意，这里安清翘依然是以圆周100°引入计算的。对今天来说，以上演算极为简单自明。

最后是斜弧形边角的互求问题，按比例四隅求解。

大边（正弦）大角（正弦）

小边（正弦）小角（正弦）

### （三）检《一线表》法

在求解三角形的角度时，利用正弦、余弦值，再用检《一线表》对照查出角度。凡查零分秒数，用中比例。

例一，如检九度八十四分三十一秒的弧弦。则以九度八十分之弧弦与九度九十分的弧弦相减余五一二，与四分三十一秒相乘减一子得二二一，与九度八十分之弧弦相加得五七九七八，即九度八十四分三十一秒的弧弦。

例二，如有弧弦五七九七八，求度分秒。与九度八十分的弧弦相比较则多，与九度九十分的弧弦相较则少，由此可知在八十分、九十分之间，即以九度八十分之弧弦与九度九十分之弧弦相减，余五一二为法，现有的弧弦与九度八十分得弧弦相减余二二一为实，法除实加一子得四分三十一秒与九度八十分相加得九度八十四分三十一秒，即所求的度分秒。注："凡以弧度查弧弦则余数收之，以弧弦查弧度则余数弃之。"①

以余弦减半径为正矢，以正弦减半径为余矢。余弦减半径为小矢，加半径为大矢。外弧之矢为外矢。具体来说，"小矢即股弦较，大矢即股弦和；本弧小则外矢为大矢，本弧大则外矢为小矢。"②

### （四）列表简法

列表自十分起，其正弦六百二十八小余三一，余弦九万九千九百九十八小余〇二。列表简法有两种情况，求倍弧及和弧的正弦余弦。

> 求倍弧之正弦余弦。法以正弦乘余弦，倍之减五子，即倍弧之正弦。以正弦自乘，倍之减五子，以减半径，即倍弧之余弦。
>
> 求和弧之正弦余弦。法以小弧之正弦乘大弧之余弦，以小弧之余弦乘大弧之正弦，乃以两得数相加减五子，即和弧之正弦。以小弧之正弦乘大弧之正弦，以小弧之余弦乘大弧之余弦，乃以两得数相减减五子，即和弧之余弦也。

### （五）《切线表》法

用《切线表》法求三角之前，安清翘先附《切线表》。他认为知道三角形的边而求角，利用《切线查》最为简单，运用起来也极其快捷，因此附《切线表》以便学习者查用。

> 句股求角用切线，视用正弦为捷。但切线过半象限，则十分以内不可用中比例，以切线太长也。今列表至半象限十二度五十分而止，则切线只满半径十万十分以内，可用中比例，其角度过十二度

① （清）安清翘：《数学五书·学算存略》卷三，清嘉庆年间刻本。
② （清）安清翘：《数学五书·学算存略》卷三，清嘉庆年间刻本。

五十分者，用余弦之《切线表》，数甚简而便用则一矣。其弧三角，用切线之法并附于后学者择而用之可也。

立《切线表》法是置半径十万，以初度至十二度五十分之正弦乘之，余弦除之，得初度至十二度五十分的切线，类似检《一线表》之法，以弧度查切线则余数弃之；以切线查弧度则余数收之，用《立方表》查零分秒数用中比例。用同样的原理，求割线就更为方便。以半径余弧的切线与本弧的切线相加，即本弧的割线。

《切线表》法用于平三角中，例如句股形有句有股求角。简单算法是置半径十万，以小边乘之，大边除之，得数为小角之切线，检表得小角，与二十五度相减得大角。

大边小边句小股大则以句乘股除

半径小角（切线）句大股小则以股乘句除

而在三角形两边夹一角求对两边的角时，利用《切线表》法，先置半径十万，以一边乘之，对所求角之一边除之，得数与夹角之余弦相加减为句，夹角不及二十五度则减，过二十五则加，夹角之正弦为股，用前求角术，求得对股之角，即对边之角。此时，股小句大则为对股之角，即对边之角；股大句小须先求对句之角，与二十五度相减，即对边之角。

求弧三角句股用《切线表》法，共有三种九类。即句边股边句角互相求分三类，股边弦边句角互相求也分三类，还有句角股角弦边互相求也分三类，都是运用《切线表》法，根据比例四隅求解。

句角句边，俱不及十二度五十分。以半径为大股，以句角切线为大句，以股边正弦为小股，以句边切线为小句，按比例四隅求之。

半径句角（切线）

股边（正弦）句边（切线）

句角句边俱过十二度五十分。以半径为大弦，以股边正弦为大股，以句边余切线为小弦，以句角余切线为小股，按比例四隅求之。

半径股边（正弦）

句边（余切线）句角（余切线）

句角过十二度五十分，句边不及十二度五十分。以半径为大句，以句角余切线为大股，以句边切线为小句，以股边正弦为小股，按比例四隅求之。

半径句角（余切线）

句边（切线）股边（正弦）

股边弦边俱不及十二度五十分。以半径为大弦，以句角余弦为大股，以弦边切线为小弦，以股边切线为小股，按比例四隅求之。

半径句角（余弦）

弦边（切线）股边（切线）

股边弦边俱过十二度五十分。以半径为大股，以股边余切线为大句，以句角余弦为小股，以弦边余切线为小句，按比例四隅求之。

半径股边（余切线）

句角（余弦）弦边（余切线）

弦边过十二度五十分，股边不及十二度五十分。以半径为大句，以股边切线为法股，以弦边余切线为小句，以句角余弦为小股，按比例四隅求之。

半径股边（切线）

弦边（余切线）句角（余弦）

句角与股角余弦俱不及十二度五十分。以半径为大弦，以弦边余弦为大股，以句角切线为小弦，以股角余弦值切线为小股，按比例四隅求之。

半径弦边（余弦）

句角（切线）股角余弦（切线）

句角与股角余弦俱过十二度五十分。以半径为大股，以股角余弦之与切线为大句，以弦边余弦为小股，以句角余切线为小句，按比例四隅求之。

半径股角余弦（余切线）

弦边（余弦）句角（余切线）

句角过十二度五十分，股角余弦不及十二度五十分。以半径为大句，以句角余切线为大股，以股角余弦之切线为小句，以弦边余弦为小股，按比例四隅求之。

半径句角（余切线）

股角余弦（切线）弦边（余弦）

其他还有两种，只要进行句股互相交换名称，利用上述方法求解。如句边股边股角互相求与句边股边句角互求之法相同，弦边句边股角互相求与弦边股边句角互求之法也一样。

## 第二节　《一线表用》的特色与成就

安清翘认为，“镕西洋之巧算，入中法之型模，此治历者之定说也。”[①]正是在这种思想的指导下，《一线表用》得以问世。安清翘用中立的态度对待中西算学，“兼综中西之长，而于两家之异”，摒弃了徐光启和梅文鼎对待西法的偏颇之处。徐光启“修新法算书，已有偏重西法之意，虽中法胜西法者亦弃而不用”[②]，而梅文鼎“欲汇合中西，而不得其要领”[③]。安清翘认识到，测量须精而布算贵简，但西洋的测量精密却过于烦琐，相反中法却比西法要简便。因此，安清翘利用中法之简便而取西法之精密，著《一线表用》六卷，大都是与历法有关的日月运行规律计算。卷一《一线表》、《句股算略》，卷二《步日躔》，卷三《步月离》，卷四《步月食》，卷五《步日食》，卷六《步五星》，“同庶几归于一，是且于儒者格物致知之学不无少裨云。”[④]本节仅就《一线表用》卷一部分稍加说明，其中西会通的思想可窥一斑。

① （清）安清翘：《数学五书·一线表用叙》，清嘉庆年间刻本。
② （清）安清翘：《数学五书·一线表用叙》，清嘉庆年间刻本。
③ （清）安清翘：《数学五书·一线表用叙》，清嘉庆年间刻本。
④ （清）安清翘：《数学五书·一线表用叙》，清嘉庆年间刻本。

## 一、《一线表》的内容和用法

在安清翘看来，古句股弧矢之术，“于理已书于法，亦无不足所少者，未曾立表耳”①。他根据自己研究中西数学的心得立《八线表》，为布算的简便，又在弦矢之外加切割二线。

> 此法立《八线表》，弦矢之外加切割二线。其必加切割二线者，以其省算也。（圆内句股半径常为弦圆外切句股，用正切正割则半径为股，用余切余割则半径为句，凡庸半径则省乘除。）然立表则甚属繁难（表数既多，检表亦繁），八线旧表自一分起，角度五千四百，句股形二千七百，新表自十秒起，角度三万二千四百，句股形一万六千二百。夫新表必自十秒起者，以旧表自一分起至六十度以后切割二线不可用中比例也。夫旧表已属繁难，然且不可用，是立表无简法矣。其所以无简法者，由于用切割二线也，是以近时历学名家著书甚富，然皆不能立表，布算既不能布算，是无用之书也。今止用古法半弧弦列为《一线表》，凡算术用切割二线者，俱设法改用半弧弦补古法之未备，除西法之繁难，为历学之一助云尔。

周天一百度，每度一百分，每分一百秒，象限二十五度。列表自十分起，满一象限共角度二百五十，句股形一百二十五，半径十万即二十五度的半弧弦。凡半弧弦简单称为弧弦，也叫正弦，其余弧的半弧弦叫余弦。本弧与半周五十度相减为外弧，凡弧过五十度者，减去五十度，过七十五者，与全周一百度相减，都为剩弧，即用剩弧得正弦。由此可知，“二十五度”为安清翘定义的“圆周的四分之一”（圆周100°），也就是对应的90°。这是笔者经研究和前后对比得出的一个发现。安清翘之所以不用西方圆周360°，而化为中法的100度，也是坚持和回归中国传统的一种具体举动。

凡是查零分秒数，用中比例进行检表。如检四度五十七分二十七秒

① （清）安清翘：《数学五书·一线表用》，清嘉庆年间刻本。

的弧弦，则用四度五十分与四度六十分相减余十分位弧较，用四度五十分的弧弦二七八九与四度六十分的弧弦二八五〇二相减余六〇三为弦较，乃置弦较六〇三以七分二十七秒乘之，十分除之，得零较四三九，与四度为五十分的弧弦相加，得二八三三八，即四度五十七分二十七秒的弧弦。如有弧弦二八三三八，求度分秒与四度五十分的弧弦相比较则多，与四度六十分的弧弦相比较则少，则知在五十分、六十分之间，即用四度五十分的弧弦与四度六十分的弧弦相减余六〇三为弦较，“今有”的弧弦与四度五十分的弧弦相减余四三九为零较，乃置零较四三九以十分相乘，弦较六〇三除之，得七分二十七秒，与四度五十分相加得四度五十七分二十七秒，即所求的度分秒。

以余弦减半径为正矢，以正弦减半径为余矢。余弦减半径为小矢，加半径为大矢，小矢即股弦较，大矢即股弦和。外弧之矢为外矢，本弧小于外弧则外矢为大矢，本弧大于外弧则外矢为小矢。

立表的关键，在于有简单的方法。至此，安清翘附著立表简法于后。用周径密率径二周六二八三一，即用六百二十八小余三一为十分的正弦。又用方斜密率方斜五斜七〇七一〇六八，即以七万〇七百一十〇小余六八为十二度五十分的正弦。再用以下方法进行错综的求解后立表。一如安清翘所言：

> 有正弦求余弦。法以正弦为句半径，十万为弦，求其股即余弦，有本弧之正弦余弦，求倍弧半弧之正弦。法置本弧之余弦以本弧之正弦乘之，半径十万除之，得数倍之，即倍弧之正弦也。若以本弧之余弦与半径十万相减，折半以半径十万乘之，得数开方，即半弧之正弦也。
>
> 有大小两弧之正弦余弦，求其和弧较弧之正弦。法置大弧之正弦以小弧之余弦乘之，半径十万除之。又置大弧之余弦以小弧之余弦乘之，半径十万除之，乃以两除得之数相加，即和弧之正弦相减，即较弧之正弦也。

以上内容放在今天，是十分浅显明了的。这里不做展开，读者可自行学习、验证。

## 二、《句股算略》与句股演算

该节虽与《学算存略》卷三同名，但侧重不同，主要是最基本的句股演算。句股，是古代称直角三角形夹直角的两条边，短边为句，长边为股。安清翘以中国传统的句股弧矢，分别论述平三角和球面三角术。包括：句股形四类、三角形四类、正弧形十类、斜弧形四类，例举了三角形中的句、股、弦的互求方法。

句股形一术，三边互求。有句有股，求弦。句自乘，股自乘，相加开方得弦。有句有弦，求股。句自乘，弦自乘，相减开方得股。凡有句有弦，求股，用和较术，以句弦相加为和，相减为较，和较相乘，开方得股。有弦有股，求句，方法相同。再次用到连比例之法，和即连比例的首率，较即连比例的末率，股即连比例的中率。以上最后一部分，相当于股自乘=（弦+句）（弦−句）=弦自乘−句自乘，道理明了。

句股形二术，有两边求角。有句有股，求角。句自乘，股自乘，相加为和，相减为较。次置半径十万，以较乘之，和除之，得数为较角之正弦，检表得较角。乃以较角与二十五度相加，折半得对大边之角，即大角；相减折半，得对小边之角，即小角。大角为正，则小角为余。小角为正，则大角为余。有弦，有句，求句角。置半径十万以句乘之，弦除之，得数为正弦，检表得句角，以句角与二十五度相减即股角。有弦有股，求股角，方法一样。

句股形三术，有角有一边，求余边。有句有弦，求句股。置弦边以角之正弦乘之，半径十万除之得句。置弦边以角之余弦乘之，半径十万除之得股。有角有句，求弦。置句边以半径十万乘之，句角之正弦除之得弦。有角有句，求股。置句边仍以角之余弦乘之，正弦除之得股。

句股形四术，三边定句股形。有三边，不知为句股形，以大边次边各自乘，相减以小边除之，得数与除之之数相等即为句股形。或三边各自乘，以次边小边自乘之数相加，与大边自乘之数相等，即为句股形。以上句股各术，在今天看来是极其简单和明白的。

三角形一术，边角互求，有对边求对角。有大小两边，有对大边之角即大角，求对小边之角即小角。置大角之正弦，以小边乘之，大边除之，得小角之正弦。有大小两边，有小角，求大角，方法类同。

三角形二术，两边夹一角，求对两边之角及对角之边。有大小两边，有一角，其角在两边之间，名为夹角，求对大小两边的角。置半径十万，以大边乘之，小边除之，得数与夹角为余弦相加减为句，夹角不及二十五度则减，过二十五度则加。夹角之正弦为股，用句股求角术求得对股之角，即先求较角乃视股数大于句数，以较角与二十五相加，折半为对股之角；股数小于句数，则以较角与二十五度相减，折半为股之角。即对小边之角与夹角相加以减半周，即大边之角，次求对夹角之边，用边角互求术。

三角形三术，边角互求，有对角求对边。有三角，有一边，求余边。置对所求边之角正弦以所知一边乘之，对所知一边角之正弦除之，得所求之一边。

三角形四术，三边求角分为两股弦形。有三边，求角。法以两边为大小两弦，各自乘相减，以余一边除之，得数与余一边相加折半为大句，相减折半为小句，次用句弦求角术得角。以上三角形各术，在今天看来也是十分简单的。

在弧三角中，正弧形似句股，用句股的名称定名，弦边对直角，句边对句角，股边对股角。

正弧形一术，边角互求，有对角，求对边，有对边求对角。有弦边有句角，求句边。置句角正弦，以弦边正弦乘之，半径十万除之，得句边正弦。有弦边有股角，求股边方法一样。

有弦边有句边，求句角。置半径十万以句边正弦乘之，弦边正弦除之，得句角正弦。有弦边有股边，求股角也一样。

正弧形二术，三边互求。有句边，有股边，求弦边。置股边余弦以句边余弦乘之，半径十万除之，得弦边余弦。有句边，有弦边，求股边。置半径十万以弦边余弦乘之，句边余弦除之，得股边余弦。有股边，有弦边，求句边，句股互易后方法相同。

正弧形三术，边角互求，用次形易为三边互求。句角、弦边、句边互求，凡互求都相仿。有句角，有弦边，求句边；有句角，有句边，求弦边；有句边，有弦边，求句角。用次形以弦边余弧为句边，以句角余弧为股边，以句边余弧为弦边，按正弧形二术三边互求之法求之。股角弦边股边互求，用次形以弦边余弧为句边，以股角余弧为股边，以股边余弧为弦边。句边股角句角互求，用次形句边仍为句边，以股角余弧为股边，以句角为弦边。股边句角股角互求，用次形股边仍为股边，以句角余弧为句边，以股角为弦边。都按正弧形二术三边互求之法求之。

正弧形四术，句股求弦用矢较加减术。有句边有股边，求弦边。以句股两边相加为和弧，相减为较弧，和弧较弧之矢相加，半之即弦边之矢。此处用矢之法，自初度至二十五度用小矢，自二十五度至七十五用大矢，自七十五度至一百度仍用小矢。若正好二十五度，或七十五度，用半径为矢。正好半周，用全径为矢。无较弧者，用和弧之矢折半，即弦边得矢。

正弧形五术，有对角，求对边，用矢较加减术。有句角有弦边，求句边。以句角余弧与弦边余弧相加为和弧，相减为较弧，和弧较弧之矢相加，半之即句边余弧之矢。有股角有弦边，与求股边术相同。

正弧形六术，两角夹一边，求对边之角，用矢较加减术。有句边，有股角，求句角。以句边与股角余弧相加为和弧，相减为较弧，和弧较弧之矢相加，半之即句角之矢。有股边，有句角，与求股角术相同。

正弧形七术，三角求边。有句角有股角，求弦边。以句角股角相加为和弧，相减为较弧，和弧较弧之矢相减，半之为矢半较。乃置较弧之余弦，以半径乘之，矢半较除之，得弦边外弧之矢。

正弧形八术，两边求所夹之角，用次形。有句边，有弦边，求股角。用次形以句边余弧与弦边相加为和弧，相减为较弧，和弧较弧之矢相减，半之为矢半较。乃置较弧之余弦，以半径乘之，矢半较除之，得股角外弧之矢。有股边有弦边，求句角，句股的名称互易后方法同。

正弧形九术，边角不对，用次形。有句边有句角，求股边。以句边余弧与句角相加为和弧，相减为较弧，和弧较弧之矢相减，半之为矢半较。乃置较弧之余弦，以半径乘之，矢半较除之，得股边余弧之外矢。有股边有股角，求句边，术同。

正弧形十术，边角不对，作两次求之，分四种情况说明：

有句边有股边，求句角。作两次求之，先以句边股边求弦边，用矢较加减术；次用对边求对角术求句角。有句边有股边，求股角，术同。

有句角有股边，求句边。作两次求之，先用两角夹一边求股角，用矢较加减术；次用三角求边术求句边。有股角有句边，求股边，术同。

有句边有股角，求弦边。作两次求之，先用两角夹一边术求句角；次用对角求对边术求弦边。有股边有句角，求弦边，术同。

有弦边有股角，求句边。作两次求之，先用对角求对边术求股边，用矢较加减术；次用三边互求术求句边。有弦边有句角，求股边，术同。

斜弧形一术，边角互求，有对边求对角，有对角求对边。有大边，有小边，有对大边之角，求对小边之角，即大角、小角。置大角正弦以小边正弦乘之，大边正弦除之，得小角正弦。有大边有小边，有对小边之角，求对大边之角，术同。

斜弧形二术，两边夹一角，求对角之边；两角夹一边，求对边之角。有两边，有一角，角在两边之间，求对角之边。以两边相加为和弧，相减为较弧，和弧较弧之矢相减，半之为矢半较。乃置矢半较以角之矢乘之，半径除之，得较弧与对边之两矢较，加较弧之矢，即角之对边之矢。

斜弧形三术，三边求角，三角求边。有三边，求对一边之角。以所求角傍之两边相加为和弧，相减为较弧，和弧较弧之矢相减，半之为矢半较。又以较弧之矢与对边之矢相减为两矢较，乃置两矢较，以半径乘之，矢半较除之，得角之矢。无较弧者，以半径乘对边之矢，和弧之矢半之，除之，得角之矢。有三角求对一角之边，边角互易后方法同。

斜弧形四术，两边夹一角，求对两边之角；两角夹一边，求对两角之边，作两次求之。有两边，有一角，角在两边之间，求对两边之角。作两次求之，先用两边夹一角术求对角之边，次用三边求角术求对两边之角。有两角有一边，边在两角之间，求对两角之边，边角互易方法同。以上弧三角形各术，在今天看来也是极简单和自明的，故证明和说明均从略。

# 第三节　《矩线原本》的特色与成就

身处明清两代中西学较劲及复兴中国传统算学的巅峰时期，安清翘一再强调数学学习的重要性，认为“未有不习数学而能通经者”[①]。因此，他以梅瑴成等编著的《数理精蕴》为底本，加入自己的算学创见，综括数学之枢要，撰成专著《矩线原本》，做出了许多令人惊讶的成就。

## 一、《比例篇》：比例、“矩”与乐律学

安清翘认识到：“古者九数为小学之事，自童时习之矣。”[②]《矩线原本》中，安清翘首先言及九九比例，诠释了“矩”的思想内涵。

### （一）“矩”的性质

在安清翘看来，“凡物有分数者，谓之矩”，所以他解释道：

> 矩者，界限之名。凡物一分为两，两合为一。其间不能容物，谓之界限。如绳之直，如衡之平，如表之正，皆矩之象。《周髀算经》云：“圆出于方，方出于矩，矩出于九九八十一。”圆出于方者，因方者生圆也；方出于矩，矩者因直生方也，是故矩者直线也，方圆之根也；九九八十一者，矩之分数也。矩一也，分之则始于一，一终于九，九而矩之用备焉。西法以点、线、面、体为数学纲领。点者，线之界限者，面之界面者，体之界面体，即方圆也。线即矩也，点即九九也。方圆出于矩线，所以为面之界面，所以为体之界也。矩出于九，九点所以为线之界也，点线面体以线为主，盖点即

① （清）安清翘：《数学五书·矩线原本序》，清嘉庆年间刻本。
② （清）安清翘：《数学五书·矩线原本序》，清嘉庆年间刻本。

线之两端，而面体乃线之所生，犹之九九即矩之分数，而方圆乃矩之所生也。是故数学一“矩”贯之矣。

做出矩线：

〇一二三四五六七八九

〇九九九九九九九九九

安清翘对《九九图》（图 2-3）是如此理解的：

> 矩一，纵一，衡相因，得八十一，加、减、乘、除、开方、连比例与比例四隅之所由生也。自一一二二以至九九，皆为正方，其余皆为长方，所谓方出于矩，矩出于九九八十一也。①

隅　　　　隅

| 九 | 八 | 七 | 六 | 五 | 四 | 三 | 二 | 一 |
|---|---|---|---|---|---|---|---|---|
| 十八 | 十六 | 十四 | 十二 | 一十 | 八 | 六 | 四 | 二 |
| 二十七 | 二十四 | 二十一 | 十八 | 一十五 | 十二 | 九 | 六 | 三 |
| 三十六 | 三十二 | 二十八 | 二十四 | 二十 | 十六 | 十二 | 八 | 四 |
| 四十五 | 四十 | 三十五 | 三十 | 二十五 | 二十 | 十五 | 十 | 五 |
| 五十四 | 四十八 | 四十二 | 三十六 | 三十 | 二十四 | 十八 | 十二 | 六 |
| 六十三 | 五十六 | 四十九 | 四十二 | 三十五 | 二十八 | 二十一 | 十四 | 七 |
| 七十二 | 六十四 | 五十六 | 四十八 | 四十 | 三十二 | 二十四 | 十六 | 八 |
| 八十一 | 七十二 | 六十三 | 五十四 | 四十五 | 三十六 | 二十七 | 十八 | 九 |

隅　　　　隅

图 2-3　九九图

凡矩有生，生之元一者，生生之元。元者，事物的开始，就如事物的根本，“古法谓之元，西法谓之根。”一是数字的开始，由一而二而三，以至无穷，都是由一所生，这是一为所有数字根本的原因。如前已引，《矩线原本》卷一载：“凡矩有生生之元，一者生生之元也。……一者数之始，由一而二而三，以至无穷，皆一之所生也，是故一为众数之根。元之所生，又复为元，而生生无穷矣……此如物之有根，其根复生根，所生之根，又复生根，而生乃无已也。”

因此，所有矩居于哪一位，都以所立得元为第一位，由元所生者以居于次位。如以二为根，则二为第一位，所生之四为第二位，六为

① （清）安清翘：《数学五书·矩线原本序》，清嘉庆年间刻本。

第三位，八为第四位……以至无穷；如以三为根，则三为第一位，所生之六为第二位，九为第三位，十二为第四位……以至无穷。余皆仿此。凡是由矩所分的数，由其两元所生得数，等则大分，所生其位。如小分，小分所生其位。如大分三元四元，其所生之数等，则其为位皆两两跌更互居。

例如，以二为根能生六，以三为根亦能生六，是所生相等。二之所生，其第三位为六。三之所生，其第二位为六。是六为三所生其位，如小分，根数六为二所生其位。如大分，即根数。又如，二四八三根皆能生十六，八之位数为二，二之位数为八，四之位数与其根数等。又如，三四二六四根，俱能生十二，三之位数为四，四之位数为三，二之位数为六，六之位数为二，皆位与根数跌更互居。

所以，到底是一元，还是两元，只需看元数和位数。凡矩之分数，其元数与位数等，其所生之数必一元；其元数与位数不等，其所生之数必两元。如以三为根，位又居三，其所生之数为九，九只以三为根。若以三为根，其位为四，其所生之数为十二，则十二以三为根，又以四为根，根数与位数可以互易，三与三互易，其数不易，三与四相互交换，则三易为四，四易为三。

矩有大分、小分和等分的区别。凡矩之分数，大者谓之大分，小者谓之小分，相等者谓之等分。自一一至九九，一一为小之极，九九为大之极。一二为二，二一亦为二，八九七十二，九八亦为七十二之类，谓之等分。

凡是用矩的时候，必求其相等。物之不齐者，必得其相齐之数，这是数学的枢要。如一与一为二，二与一为三，一二为不齐之数，所与之一乃相齐之数。得相齐之数，则知一之于二，二之于三，俱为加一之数，而不齐也就不言而喻。又如一二为二，二一亦为二，一二为不齐之数，所为之二乃相齐之数。得相齐之数，则一二之不齐者则可得——此所生之数等，乘除之理。

矩有和也有较，凡矩之分数相并谓之和，其差谓之较，和较相加与倍大分等，和较相减余倍小分等。如一为小分，二为大分，其和为三，其较为一，一与三相加为四，为大分二之倍。一与三相减得二，为小分一之倍。有和较求大小两分，则以和较相加，半之而得。大分，以和较相减，半之而得小分。

### （二）“矩”与连比例

“凡矩之分数，较其大小多少谓之比例”，且有加减乘除的运算：

> 凡矩之分数，自一而二，三而四而五，依次递加，至于无穷，谓之加减连比例。连比例谓之三率。三率者，一为初率，二为中率，三为末率也。连比例依次递加，有四数者谓之连比例四率，二又为初率，三又为中率，而四为末率也。有五数者，谓之连比例五率，三又为初率，四又为中率，而五为末率也。六数以上仿此。

凡初末之名，可以互易，而中率不动。如三为初率，则一为末率，而中率之二不动。连比例之初率，与末率相加，与中率之倍数等。

初中末

一二三

如初率一与末率三相加得四，即中率二的倍数。有初率，有末率，求中率。以初率与末率相加，折半得中率。如初率一，末率三，以一与三相加得四，折半得二为中率。有初率有中率，求末率。置中率倍之，以初率减之，得末率。如初率一，中率二，置中率倍之得四，以初率一减之得三为末率。有末率有中率，求初率。置中率倍之，以末率减之得初率（初末之名互易，则与前术同）。如初率三，中率二，置中率倍之得四，以末率三减之，得一为初率。具体地说：

> 连比例四率，其初率之倍数，与末率相加，与二率之三倍等；其末率之倍数，与初率相加，与三率之三倍等。

初末

一二三四

如初率一的倍数二，与末率四相加得六，即二率二的三倍。如末率四之倍数八，与初率一相加得九，即三率三之三倍。有初率有末率，求二率。以初率倍之，与末率相加，取其三分之一为二率。如初率一倍之得二，与末率四相加得六，取其三分之一，得二为二率。有初率有末率，求三率。以末率倍之，与初率相加，取其三分之一得三率。如末率四倍之得八，与初率一相加得九，取其三分之一，得三为三率。这是初率末率名称的互易，二率三率名称的互易，都雷同。有初率，有二率，求末率。置二率三之，以初率倍数减之得末率。如初率一，二率二，置二率三之得六，以初率倍数二减之，得四为末率。有末率，有三率，求初率。方法与上述易名相同，即：

> 连比例五率，其初率倍数与末率倍数相加，与三率之四倍等。其初率之三倍与末率相加，与二率之四倍等。其末率之三倍与初率相加，与四率之四倍等。若以三为中率，则初率末率相加与三率倍数等。

初中末

一二三四五

如初率一倍之得二，末率五倍之得十，相加得十二为三率，三的四倍。如初率一三之得三，与末率五相加得八，为二率二的四倍。如末率五三之得十五，与初率一相加得十六，为四率四的四倍。若以三为中率，则初率一与末率五相加，得六为三率三的倍数。有初率，有末率，求三率。以三率为中率，依求三率之法相求。有初率，有末率，求二率。置初率三之，与末率相加，取其四分之一得二率。有初率，有末率，求四率术同（初末之名互易，二四之名互易）。如初率一三之得三，与末率五相加得八，取其四分之一得二为二率。如末率五三之得十五，与初率一相加得十六，取其四分之一，得四为四率。有初率，有二率，求末率。置二率四之，以初率三倍减之得末率。有末率，有四率，求初率，术同（易初末二率四率之名）。如初率一，二率二，求末率。置二率二四之得八，又置初率一三之得三，乃以三减八得五为末率。如末率五，四率四，求初率。置四率四之得十六，又置末率五三之得十五，乃以十五减十六，得一为初率。连比例六率以上，各按位递加倍数求之。以上是加减连比例，至于乘除连比例（表 2-6），安清翘的定义为：

凡矩之位，以十为等，自一而十而百而千而万以至无穷，谓之乘除连比例。

表 2-6 乘除连比例表

| 〇 | 一 | 二 | 三 | 四 | 五 | 六 | 七 | 八 | 九 |
|---|---|---|---|---|---|---|---|---|---|
| 一 | 十 | 百 | 千 | 万 | 十万 | 百万 | 千万 | 亿万 | 十亿 |
| 〇 | 根数 | 平方 | 立方 | 三乘方 | 四乘方 | 五乘方 | 六乘方 | 七乘方 | 八乘方 |

凡前言加者，用乘法；言减者，用除法；言倍者，自乘为平方；三倍者，再乘为立方；四倍者，三乘方；言折半者，开平方；取三分之一者，开立方；取四分之一者，开三乘方……推之无穷，皆乘除连比例，而以加减连比例为之位。

如一为单数，对〇，即知：以一乘，以一除，其位不动。如十对一，百对二，以一倍之得二，即知：十自乘得百，为平方。如十对一，千对三，三为一之三倍，即知：十再乘得千为立方。如十对一，十亿对九，九为一之九倍，即知：十乘八次，得十亿，为八乘方。

如十对一，千对三，一三相加得四，而四对万，即知：以根数十乘立方千，得万，为三乘方。如百对二，千对三，二三相加得五，而五对十万，即知：以平方百乘立方千，得十万，为四乘方。如十对一，百对二，以一减二余一，即知：以根数十除平方百，仍得十，为根数。如十对一，千对三，以一减三余二，而二对百，即知：以根数十除立方得百，而为平方。如百对二，万对四，以二减四余二，即知：以平方百除三乘方万，得百，而仍为平方。

连比例三率，其初率与末率相乘，与中率自乘等。

初中末

十百千

如十为初率，百为中率，千为末率，以十乘千得万，与百自乘等。由此，安清翘例举了三种初率、中率、末率的互求法。

（1）连比例第一术。有初率，有末率，求中率。以初率与末率相乘为实，开平方，得中率。如初率十，末率千，相乘得万，开平方得百，为中率。

（2）连比例第二术。有初率，有中率，求末率。置中率自乘，以初率除之，得末率。如初率十，中率百，置中率百自乘得万，以初率十除之得千，为末率。

（3）连比例第三术。有中率，有末率，求初率。置中率自乘，以末率除之，得初率。如中率百，末率千，置中率百自乘得万，以末率千除之得十，为初率。

连比例四率，其初率自乘，又与末率相乘，与二率再乘等；其末率自乘，又与初率相乘，与三率再乘等。

初二三末

十百千万

有初率，有末率，求二率。以初率自乘，又与末率相乘，开立方，得二率。

有初率，有末率，求三率。以末率自乘，又与初率相乘，开立方，得三率。

有初率，有二率，求末率，置二率再乘，以初率自乘，除之，得末率。

有末率，有三率，求初率。置三率再乘，以末率自乘，除之，得初率。

连比例五率，其初率再乘，又与末率相乘，与二率三乘等。其末率再乘，又与初率相乘，与四率三乘等。简法，初率末率相乘，与三率自乘等。凡有中率者，先求中率，用三率术求之。

初二三四末

十百千万十万

连比例六率以上，其初率末率与中间各率，按表依次递加求之。可见，就以上所谓乘除连比例，安清翘是从等差级数的性质依次举例变换至等比级数的。概括起来，以安清翘上述具体而略显烦琐的叙述，相当于得到通项公式：

$a_3 = a_2^2 / a_1 = a_2 \left( a_2 / a_1 \right) = a_2 q$，

$a_4 = a_2^3 / a_1^2 = a_2 \left( a_2 / a_1 \right)^2 = a_2 q^2$，

……

$$a_n = a_2^{(n-1)} / a_1^{(n-2)} = a_2 \left(a_2 / a_1\right)^{(n-2)} = a_2 q^{(n-2)}。$$

（$q$ 为公比）

而这个等比数列的通项公式，正是通过对相对简单、基本的等差数列通项公式的对照变换得出的。其变换法则是：

> 前论加减连比例之理既明，至于入算，则用乘除开方等术。凡前言相加者，用乘也；相减者，用除也。凡言倍之者，自乘得平方也；三之者，再乘得立方也；四之者，三乘方也……十一之者，十乘方也。凡言半之者，开平方也；取三分之一者，开立方也；取四分之一者，开三乘方也……取十二分之一者，开十一乘方也。①

这里，安清翘说得很明白，从等差数列的通项公式对应变换到等比数列的通项公式，所依据的原则是："加号"变"乘号"，"减号"变"除号"，倍数变次方，分数变开若干次方……这与今天在数学和物理上经常应用到的共轭变换有着异曲同工之妙。由此可见，安清翘对数学奥妙的深刻洞察！

以下"矩"的四隅，则是对比例运算分门别类、由浅入深的系统举例和反复说明。作为资料，我们也依次整理列举出来。

### （三）"矩"的四隅

凡矩之一衡一纵相遇而成四隅，以左右列之，其右一隅与右二隅之比例同于左一隅与左二隅之比例，称为四隅。

> 《九九图》各按位错综观之，皆比例四隅也。如右一隅为二，右二隅为三，左一隅为四，左二隅为六，二与三之比例同于四与六之比例，而为比例四隅，三之与四，六之与八，依次按位递加，都成四隅。

如右一隅为一，右二隅为九，左一隅为九，左二隅为八十一，一与九之比例，同于九与八十一之比例，而为比例四隅，四之与十六，十六

① （清）安清翘：《数学五书·乐律心得》卷一，清嘉庆年间刻本。

之与六十四，四之与十八，十八之与八十一，依次按位求之，都成为四隅。此右二隅与左一隅相等，即连比例三率的道理。

凡比例四隅，反推之，则左二与左一之比例，同于右二与右一之比例。比例四隅有如下的性质：

凡比例四隅，侧视之，则左一与右一之比例，同于左二与右二之比例。而右二与左二之比例，同于右一与左一之比例。

凡比例四隅，其右一左一之和，右二左二之和，两和数之比例，仍同与右一与右二之比例，即同于左一与左二之比例。

凡比例四隅，其右一左一之较，右二左二之较，两较数之比例，仍同于右一与右二之比例，即同于左一与左二之比例。

凡比例四隅，其右一右二，以又一数乘之，所乘得两数之比例，仍同于右一与右二之比例，即同于左一与左二之比例。

凡比例四隅，其右一右二，以又一数除之，所得两数之比例，仍同于左一与右二之比例，即同于左一与左二之比例。

凡比例四隅，以右一右二除又一数，所除得两数之比例，仍同于左二与左一之比例，即同于右二与右一之比例（互为比例）。

凡比例四隅，以右二与左一相乘，以右一与左二相乘，其数相等。

凡比例四隅，以异名乘同名，除一与一，二与二为同名，一与二，二与一为异名。

凡比例四隅，以右一、右二为原有之两率（常为法），以左一为"今有"之一数，异名乘同名，除而得所求之一数，为左二。原有为法，"今有"为实，异名用乘，同名用除。

凡比例四隅，以右二与左一相乘，以右一除之而得左二。更之，则以左一与右二相乘，以左二除之而得右一。又更之，则以右一与左二相乘，以右二除之而得左一。又更之，则以左二与右一相乘，以左一除之而得右二。

安清翘对比例四隅作进一步的对比和对照，分析和论述。古今有异同，古人异乘同除之法分为四隅，异名斜乘，同名退除，其理确不可易。因为算术都以三而求一，三者之中其二为原有，其一为"今有"，既分原有、"今有"，则分左右。特别是方程立"天元一"，皆以左右分之。古今对比，以原有之两率列右，“今有”之两数列左。原有谓之率。率者，法也；“今有”谓之数。数者，现有之数，即实也。《九章算术》以原有之两率，一为所有率，一为所求率。中西对照，“今有”之数谓之所有数，所有率即西法之第一率，所求率即西法之第二率，所有数即西法之第三率。皆自上而下，同名者平列于上，异名者平列于下，则成四隅。所求之一数，尚未知，故谓之虚隅。虚隅者，列左之下一隅也。今以右一、右二、左一、左二分之于加减代乘除之理，更为真切。因一与一、二与二为同名，一与二、二与一为异名，右二与左一相加为三，右一与左二相加亦为三。例如：右二与左一相加为三，以右一减之得左二，以左二减之得右一；右一与左二相加为三，以右二减之得左一，以左一减之得右二。西法四率之术，列一二三四。一二三四，即连比例。若斯率则虽一率与二率之比，如三率与四率之比；而二率与三率不相连，因此，安清翘对于以一二三四列之则于加减代乘除之理存有疑惑。

凡矩上两数求连比例之数。任以一数为第二率，自乘以一数为首率，除之，即得第三率。若求第四率，则任以一数为第二率自乘，再乘以一数为首率，自乘除之，即得第四率。求第五率以上，按各乘方位数加之。

凡矩上两数求相同之连比例三率，以两数各自乘为首率，末率以两数相乘为中率。而三率之连比例，必同于原两数之比例。如有二三两数，求相同之连比例三率。以二自乘得四为首率，以三自乘得九为末率，以二与三相乘得六为中率，而四之与六，六之与九，仍同于二与三之比例。

凡矩上两数求相同之连比例四率，以两数各自乘，再乘为首率，四率次以小数自乘，再以大数乘之为第二率，以大数自乘，再以小数乘之为第三率。（小数位首率则大数为第四率，大数为首率则小数位第四率，而第二率与第三率之名因之互易。）而四率之连比例必同于原两数之比例。求五率以上，按各乘方位数加之。

如有二三两数求相同之连比例四率。以二自乘，再乘得八为首率；以三自乘，再乘得二十七为第四率；以二自乘，又以三乘之得十二为第二率；以三自乘，又以二乘之得十八为第三率。而八之与十二，十二之与十八，十八之与二十七，仍同于二与三之比例矣。求五率以上按各乘方位数求之。

凡矩之位，根数与根数为比例，平方与平方为比例，立方与立方为比例……推之无穷，皆按位数为比例。如以根数与平方为比例，则为隔一位之比例，必用两数求连比例三率法，而比例乃得行。如以根数与立方为比例，则为隔二位比例，必用两数求连比例四率法，而比例乃得行……余以类推。

凡矩上大数用小数可以度尽者，此大数必为小数之所积。如《九九图》第一位为最小数，其第二位至第九位推之无穷，皆第一位最小数之所积，则以小数度大数必无不尽。

凡矩上大数有止，用一小数可以度尽者，必正方。有用几小数俱可以度尽者，乃长方。如《九九图》，其四、九、二十五之类，惟用二可以度四，用三可以度九，用五可以度二十五，皆为正方形。若八与十二之两大数，用二、用四俱可以度尽八，用二、用三、用四、用六俱可以度尽十二，则为长方形。

凡矩上大数有用小数度之不尽者，此大数必非此小数之所积。然用一度之则无不尽者，一所以为数之元。

凡矩上两大数互转相减，未至单一而即可以减尽者，此减尽之小数即可以度尽此两大数。如六与十六之两数，将六与十六减二次余四，将四转与六相减余二，又将二转与四相减二次即减尽无余，则此二即可以度尽六与十六之最小数。

凡矩上两大数之比例约为最小两数之比例，谓之约分法，其两大数与两小数为比例四隅。如九与十二两大数，欲约为最小两数，则以九与十二互转相减，得减尽之数为三，则三为度尽九与十二之数。以三除九得三，以三除十二得四，此三、四两小数之比例同于九与十二两大数之比例，而为比例四隅。

凡整数为大分，将整数剖为若干分为分母，其畸零不足一整数者为分子，谓之通分法。如云四分之三，则四为分母，三为分子。

凡有两数左右列之，彼此互乘其所得两数之比例，必同于原两数之比例而为比例四隅。如有数四分之三，又有数三分之二，欲较其多少，则将四分之三列左，三分之二列右，以左乘右得数为十二分之九，以右乘左得数为十二分之八，则互乘所得之两分母同为十二，而两分子九与八之比例即同于原数之比例，而为比例四隅。

凡有几数，其分母不同，而子数等者，则以各母连乘为共母，次以各母除之即得各子数，其比例必同于原数之比例。如甲乙丙三数，甲为二分之一，乙为三分之一，丙为四分之一，则先以三母数连乘得二十四为共母数，次以二除共母数得十二为甲之子数，以三除共母数八为乙之子数，以四除共母数得六为丙之子数，而二十四分之十二仍同于二分之一，二十四分之八仍同于三分之一，二十四分之六仍同于四分之一，其比例无不等矣。

凡有几数，其分母不同，而子数亦不等者，先以各母连乘为共母，次以各母除之，得数又以各子乘之，即为各子数，其比例必同于原数之比例。如有甲乙丙三数，甲为三分之二，乙为四分之三，丙为五分之四，则先以三母数连乘六十为共母数。次以三除共母数得十五，又以子数二乘之得四十为甲之子数；以四除共母数得十五，又以子数三乘之得四十五为乙之子数；以五除共母数得十二，又以子数四乘之得四十八为丙之子数。而六十分之四十仍同于三分之二，六十分之四十五仍同于四分之三，六十分之四十八仍同于五分之四，其比例亦无不等。

以上，包涵简单的分数通分计算。

凡矩以线表之。凡言矩者，即线也。凡线者，即矩也。凡线之名有三：曰衡线即东西，一曰从线即南北，一曰立线即高卑。为线之三大纲，三线相交是生径线，亦曰斜线。衡线、从线、立线皆正线也，其余皆斜线。斜线与三正线互相交，而线之用无穷。

从这里，开始讲到立体几何。凡正线斜线可以互视，以斜线为正则正者为斜。凡同名两线，必相距等，谓之平行线。凡异名两线相交，则成角。两线平行，虽引之无穷无相交之理。故凡言角者，必两线相交，非平行。正线与正线相交为方角也即直角，正线与斜线相交或两斜线相交，一为锐角，一为钝角。

凡角止一点，辏于圆心，无大小可言，角之大小在于对角之弧背，方角所对之弧背适四分圆周之一，锐角所对之弧背不及四分圆周之一，钝角所对之弧背过四分圆周之一。

凡所用之弧为本弧，以减四分圆周之一为余弧，以减圆半周为外弧。若以余弧为本弧，则本弧为余弧。本弧为锐角则外弧为钝角，本弧为钝角则外弧为锐角。凡方形，其四角所涵之弧背，并之适得圆之角。正方形合四方角之弧，适得圆之周长，方形同。斜方形其四角之弧或过四分圆周之一，或不及四分圆周之一，合四角之弧，适得圆之周。

凡方形剖之为三角形，并三角弧度，适得圆半周。三角形得方形之半，故半于方形所涵。长方形剖为三角形，其一为方角，适四分圆周之一，余两角俱不及四分圆周之一，合三角适得圆半周；此一角过四分圆周之一，余两角俱不及四分圆周之一，合三角亦适得圆半周。斜方形剖为三角形，其三角俱不及四分圆周之一，合三角适得圆半周。

凡大小两三角形，其各角之弧度等，则各角所对之边位比例四隅，谓之同式形。

凡圆内两线交于圆心谓之心角，两线交于圆周谓之界角，凡界角得心角之半。分之为两心角、两界角，合之为一大界角、一大心角，其界角半于心角，则一也；凡三界角并之适圆半周，三心角并之则满圆周，故心角必大于界角一倍。

凡圆内两界角所当之弧度等，则界角亦等。所当之弧，即心角之弧。心角既大于界角一倍，则两界角俱止得所当之弧一半，而不得不等。

凡圆内两线相交，分为同式两三角形，其两线分为四段，为比例四隅。

凡三角形自一角平分之为两三角形，截对角之边为大小两段，此两段之比例同于角傍两边之比例，为比例四隅。大小两段所对之角为平分之角，大小两边所对之角为内外角，则大小两段之比例必同于大小两边之比例，而为比例四隅。

凡半圆内容三角形，其一边适满圆，径必方角形。若三边俱不满圆径，必钝角形。凡全圆内容三角形，其三边俱不满圆径，必锐角形。

凡平行线所作方形，任分为大小各形，即分一边为大小各段，其各段之比例同于各形之比例，为比例四隅。

凡平行线内所作方形，其所分之一段等，则所作之长方形与斜方形等。

以上所列虽然繁杂但却详尽，在今天看来也是简单的，故不再具体证明和说明。反过来，以上内容可以作为其他学者进行系统研究的资料和基础，也可以作为有兴趣者演算的题目。笔者就系统地验算过，不由得为安清翘高深系统的数学探索所折服、钦佩。

正是由于对连比例，包括比例四隅的反复阐明和广泛应用，使安清翘自然能在乐律学的十二平均律上上下相求，应用自如。这一点，我们在后面安清翘的音乐成就一章中还会有所说明。

## 二、《测量篇》的内容与验证

《测量篇》分上下两篇，分别论述句股形和弧形，并列举了大量的求解方法。

### （一）句股

凡圆周定为一百度，每度一百分，每分一百秒，微、纤、忽、芒皆以百递析，取整数便于计算。半周五十度，一象限二十五度。凡圆半径定为十万。这与现代的圆周度数有极大的差异，也是安清翘当时逆潮流而回归中法传统的一项大胆革新。

割圆之法，自圆心分之，割圆周为弧背，连弧背之两端为弧弦，弧弦截圆径为大小矢，以半弧弦为句，大矢减去半径为股，即余弦。以圆半径为之弦，小矢为股弦较，大矢为股弦和。圆半径减去半弧弦为余矢，即句弦较。

凡弧背省称止谓之弧，亦曰角度。次半弧背谓之余弧，亦曰余角。凡半弧弦，省称谓之正弦，小矢谓之正矢。

句股弦三边各自乘成方幂，合句股两幂与弦幂等。上方与下方同为句股和自乘其数相等，于上方内减去四句股积所余弦幂，于下方内亦减去四句股积所余句股两幂，则合句幂股幂必与弦幂等。

句股相加为和，相减为较，和较相乘与句股两幂相减之余数等——

凡两方幂相减余为两边线和较相乘之数。股弦相加为股弦和，相减为股弦较，和较相乘为句幂等。句幂、股幂与句股相乘之幂为连比例三率。

初率中率末率

句幂句股（相乘之幂）股幂

句股形自直角作垂线，截弦边分为两句股形，与原形为三，为连比例三率者，亦三。

初率中率末率

小句小股（又为次句）次股

初率中率末率

小句小弦（即大句）大弦

初率中率末率

次股次弦（即大股）大弦

小矢与大矢相乘，与半弧弦自乘等。小矢为连比例初率，大矢为末率，半弧弦为中率。凡初率与末率相乘，与中率自乘等。之后，安清翘例举了二十八种不同情况下的求解方法。

（1）句股第一术。句与股求其弦。句自乘，股自乘，并之为弦实，开方得弦。

即：$c=\left(a^2+b^2\right)^{1/2}$，正确。

（2）句股第二术。句与弦求其股。句自乘，弦自乘，相减余为股实，开方得股。

即：$b=\left(c^2-a^2\right)^{1/2}$，正确。

（3）句股第三术。股与弦求其句。股自乘，弦自乘，相减余为句实，开方得句。

即：$a=\left(c^2-b^2\right)^{1/2}$，正确。

（4）句股第四术。股与弦求其句。用和较率，股弦相加为和，相减为较，以较乘和为句实，开方得句。如是句与弦求其股，用和较率之法一样。

即：$a=\left[(c+b)(c-b)\right]^{1/2}$，正确。

（5）句股第五术。句与股弦较，求其股或求其弦。句自乘，股弦较除之得股弦和，和较相减余为倍股，半之得股，若相加则为倍弦，半之得弦。同理，股与句弦较可以求句弦。

即：$a^2/(c-b)=(c+b)$=股弦和，股弦和−股弦较$=(c+b)-(c-b)=2b$……正确。

以下就不再以公式和演算说明了。但经笔者逐题演算，全部正确。

（1）句股第六术。句与股弦和，求其弦或求其股。句自乘，股弦和除之得股弦较，以加股弦和半之得弦，以减股弦和半之得股。凡是句与股的名称可以互易，所以有股与句弦和求句弦，方法同。

（2）句股第七术。截圆径得矢，求弧背四之。用第四术命矢为小矢，于圆径减小矢余为大矢，以小矢大矢相乘，四之开方得弧背之弦，若不四，其实则得半弧弦。或不用和较率，则矢与圆半径相减余为股，圆半径为弦，用第三术得句，倍句为弧背之弦。

（3）句股第八术。弧背之弦与矢，求其圆径。用第五术弦折半自乘，矢除之。若弦自乘则四其矢除之，加矢为圆径。

（4）句股第九术。圆径平截之为弧背之弦，求其矢。弦折半与圆半径相减，得次弧背之矢（即句弦较，若相加则得句弦和），用第七术得次半弧背之弦，于圆周半径减此半弧背之弦得矢。或不用和较率，则弧背之弦半之为句，圆半径为弦，用第二术得股，即次半弧背之弦。

（5）句股第十术。有三边不知为句股形。以大边、次边各自乘，相减以小边除之，得数仍与小边等，即定为句股形。大边与小边各自乘，相减，以次边除之，方法也一样。凡同式大小两句股形，其小句小股小弦之比例，同于大句大股大弦之比例，为比例四隅。

（6）句股第十一术。小股与大句相乘，小句除之，得大股；小句与大股相乘，小股除之，得大句；大股与小句相乘，大句除之，得小股；大句与小股相乘，大股除之，得小句。这是上句与股互求。如若上句与弦互求，则小弦与大句相乘，小句除之，得大弦；小句与大弦相乘，小弦除之，得大句；大弦与小句相乘，大句除之，得小弦；大句与小弦相乘，大弦除之，得小句。同理上股与弦互求，则小弦与大弦相乘，小股除之，得大弦；小股与大弦相乘，小弦除之，得大股；大弦与小股相乘，大股除之，得小弦；大股与小弦相乘，大弦除之，得小股。

凡同弦之大小句股形，或同股之大小句股形，分为左右为比例四隅。

（7）句股第十二术。右大句与左小句相乘，以左大句除之，得右小句。若以右小句除之，得左大句；右小句与左大句相乘，以左小句除之，得右大句。若以大句除之，则得左小句。同样可求右大股与左小股、右小股与左小股，方法相同。

右大弦与左小弦相乘，以左大弦除之，得右小弦。若以右小弦除之，则得左大弦；右小弦与左大弦相乘，以左小弦除之，得右大弦。若以右大弦除之，则得左小弦。

凡同股之大小两句股形，其两小句较与小股之比例，同于两大句较与大股之比例，为比例四隅。

两小句较小股

两大句较大股

（8）句股第十三术。有小股，有两小句之较，有两大句之较，求大股。以小股与两大句之较相乘，两小句之较除之，得大股。这本是刘徽《海岛算经》的重测法，安清翘对此作了特别的对比说明：

> 凡准望之法，表为小股，人目去前后表为一小句，相减余为两小句较，所测之高为大股，前后表距所测之处各为一大句，两表间为两大句之较，其前后各成同股之两句股形。
>
> 论曰：西法用三角测量，其术甚精。然必仪器、表数两者俱备，苟缺其一，即无从措手。古法只用数尺之表，随地测量，而高深广远可一算得之。用是知中西各有所长，不可偏废也。
>
> 凡句股形，对弦之角为方角（二十五度），其对句之角谓之句角，对股之角谓之股角，合句角、股角与方角等，句角为正则股角为余，股角为正则句角为余，角之正弦为句则余弦为股，余弦为句则正弦为股。

（9）句股第十四术。凡测量折而成方，皆句股形，测得一角（或句角或股角）与二十五度相减，即得余角，角大者所对之边亦大，角小者所对之边亦小。句股之名可以互易，正余之名可以互易，边角的大小则与之对应。

凡句股形，自方角左垂线截弦边位大小两分，小分、大分之比例同于句幂、股幂之比例，为比例四隅，即隔一位得比例。

小分为初率，弦边为末率，以句边为中率，大分为初率，弦边为末率，以股边为中率，则小分乘弦边必与句幂等，大分乘弦边必与股幂等，而两长方幂之比例原同于小分、大分之比例，则小分、大分之比例必同于句幂、股幂之比例，而为比例四隅。

凡句股两角相加为和（即方角二十五度），相减为较，和角正弦（即半径）与较角正弦之比例同于句股两幂相和相较之比例，为比例四隅。

句股形自方角作垂线分方角为句股两角，截弦边为大小两分。又以半径为句，作同式形截弦边为大小两段，两段之和为弦则半径为句，两段之较为弦则较角之正弦为句，而大小两段之比例原同于大小两分比例，即同于句幂股幂之比例（前圆），则半径与较角正弦之比例必同于句股两幂相和相较之比例，而为比例四隅。

（10）句股第十五术。有句有股，求角。句自乘，股自乘，相加为和，相减为较，次置半径十万，即和角二十五的正弦，以较乘之，和除之，得数为较角正弦，检表得较角。乃以较角与二十五相加折半得对大边之角，相减折半得对小边之角，大角为正则小角为余，小角为正则大角为余。

（11）句股第十六术。有弦有句求角。置半径十万，以句乘之，弦除之，得数为正弦，检表得句角。以减二十五度，即股角。同理可解有弦有股求角，方法同。

（12）句股第十七术。有弦有角，求句股。置弦边以角之正弦乘之，半径除之得句，置弦边以角之余弦乘之，半径除之得股。

（13）句股第十八术。有角有句，求弦。置句边亦半径乘之，角之正弦除之得弦（有角与股求弦，术同）。有角有句，求股。置句边亦以角之余弦乘之，正弦除之得股。同样有角有股求句，方法同。

（14）句股第十九术。有角有句股较，求句股。以角之正弦、余弦相加为和，相减为较。次置句股较以和乘之，较除之得句股和，与句股较相加半之得大边，相减半之得小边。

（15）句股第二十术。有角有句弦较，求句弦。以句角之正弦与半径相加为和，相减为较。次置句弦较以和乘之，较除之得句弦和，与句弦较相加半之得弦边，相减半之得句边。

凡句股，皆半方形，变而为三边形，一为大边，一为次边，一为小边，三边对三角，大边对大角，次边对次角，小边对小角，故亦曰三角形。

大角为次边、小边所夹之角，次角为大边、小边所夹之角，小角为大边、次边所夹之角。

凡角过二十五度者为钝角，不及二十五度者为锐角，凡钝角用外弧之正弦、余弦，若用矢则用大矢。凡三角形，其三边之比例同于三角正弦之比例，为比例四隅。

（16）句股第二十一术。凡三角形，其三角合之适半周五十度，测知一角与半周相减余为两角之和，测知两角与半周相减则余一角。

（17）句股第二十二术。有大小两边，有对大边之角，求对小边之角。置大角之正弦，以小边乘之，大边除之，得小角之正弦。（有大小两边，有小角，求大角，术同。）

（18）句股第二十三术。有大小两边，有一角，其角在两边之间，名为夹角，求对大小两边之角。先置半径十万，以大边乘之，小边除之得数。夹角不及二十五度则得数为两句和，夹角过二十五度则得数为两句较，与夹角之余弦相加减为句。夹角不及二十五度则减，过二十五度则加。夹角之正弦为股，再用句股求角第十五术，求得对股之角。先求较角，乃视股数大于句数，则以较角与二十五度相减折半为对股之角，即对小边之角与夹角相加，以减半周，即对大边之角。

（19）句股第二十四术。有两角，有一边，求角所对之边。置对所求边之角正弦以一边乘之，对一边角之正弦除之，得所求之一边。三角形任自一角左垂线（或形内或形外）分为同股之两句股形，其左右两句之和较与左右两弦之和较等，为比例四隅。

凡左右两句幂相减之余，与左右两弦幂相减之余，其数相等。凡弦幂内原有句股两幂，今两弦既同股，则两弦幂相减其股幂，以对减而尽，所余止为两句幂，相减之余，故其数相等。而凡两方幂相减之余，即为两边线和较相乘之数，则两句之和较相乘必同于两弦之和较相乘，而为比例四隅。

（20）句股第二十五术。有三边，求角。任以两边为两弦，余一边或为两句之和或为两句之较，两弦之和较相乘，以和除之则得较，以较除之则得和，和较相加折半得大句，相减折半得小句，次用句弦求角术得角。

（21）句股第二十六术。有一角，有一边，有两边之和，而所有之一角、一边不相对，求两边。用垂线分两句股术求之。在此以前，用此法求日月食、求太阳太阴距地心线。

以所有之角正弦乘所有之一边，半径除之得垂线为股，又以所有之角余弦乘所有之一边，半径除之为分句，以分句与两边和相减。所有的角为钝角则相加，余为句弦和。次以股自乘，句弦和除之得句弦较，和较相加折半得弦，即对所有角之边，和角相减折半得句，与分句相加，即余一边。

（22）句股第二十七术。有一角，有一边，有两边之和。而所有之一角与所有之一边相对，求余两角，用分角术求之。

以所有之外角半之为半和角，以半和角之正弦与两边和相乘，以所有之边除之得两角正弦和，乃以两角正弦和为句，倍半和角之正弦为弦，用句弦求角术求得对句之角，其余角为半较角，以半较角与半和角相加即大角，相减即小角。

（23）句股第二十八术。有一角，有对角之边，测得对角之边为左右两句，求余两角。以所有之一角为和，角用分角术求之。

倍大角之通弦为小边所截，分为大小两段。和角之正弦为句大段为之弦，较角之正弦为句小段为之弦。而大小两段与测得左右两句之和较平行，相应则两句之和较与和角较角之正弦为比例四隅。以两句较乘和角之正弦，以两句和除之，得较之正弦。以较角与和角相加减，折半得大小两角。

### （二）弧形

首先，安清翘以地球作为实例，对相关名词作了明确的解释。安清翘认为，凡是浑圆面任指一点都可以成为极，而自极点作直线过浑圆心，即有相对的点，是为两极，两极就是浑圆径的两端。距两极而等为中围，大圈谓之圆周。如北极为一点，则赤道为中围大圈；黄极为一点，则太虚黄道为中围大圈；京师为一点，则京师之地平圈为中围大圈。三极三大圈均在地面，立算所以然者，以地为浑圆，体与太虚静天相应。

北极为地之极，赤道即地之腰围。黄极与太虚黄道亦设于地面，用于布算。人附地面所履的地不同，则地平圈随之而异。如果环视浑圆，则中围可看成大圈。两大圈无平行之理，凡其与大圈平行者都是等距的小圈。地球上，春分和秋分是中围中的大圈，其余都是等距的小圈。各圈均设于地面，日影心即太阳的直射点正射各圈之上，即是定气的原理。中国古代盖天说的“七衡六间”，以及西方的寒温五带之说，都源自此理。

其次，安清翘引出弧线的定义：凡地面各地相距都叫弧线，各地之距北极不等，则地平圈因之而异，东西有偏则子午圈因之而异。以京师为主，其余或偏东或偏西，然其以所履之地为极，以地平圈为中围，大圈也就仅此一个。凡浑圆中围大圈平视之，其圆中规侧视之，势如张弓，正视之成直线。如从北极视赤道，则北极与地心合为一点，北极即如平圆之心，赤道即如平圆之周，谓之平视。若从北极视黄道，则黄道之交子，赤道如椭圆形，谓之侧视。若从北极视子午圈，则子午圈之上半下半成一直线，谓之正视。

凡浑圆大圈，其一经一纬相交为正角（二十五度），若两大圈斜交，其角或锐或钝（内角为锐，则外角为钝；内角为钝，则外角为锐），皆弧线相交而成角也。如地平圈与子午圈相交，过北极经圈与赤道相交，过黄极经圈与太虚黄道相交，皆为正角。若两大圈斜交所成之角非锐即钝，然其为弧线角也仅此一条。

凡浑圆内多涵之立方，自方角斜剖之，分各方面为句股形，谓之立句股仪。立句股仪分四面，一为平面，一为斜平面，一为立面，一为斜立面。

立句股仪之平面与斜平面为同句之两句股形，立面与斜立面为同股之两句股形，斜平面与斜立面为同弦之两句股形，而平面之弦又为斜立面之句，立面之弦又为斜平面之股，平面之股又为立面之句。立句股仪之四面，或同句，或同股，或同弦，或句股弦互相同，则四面之角度可以大小互求。

以斜平面角之正弦为小句，斜立面角之正弦为小弦，平面角之正弦为大句，半径为大弦，为比例四隅。以斜立面角之余弦为小股，斜平面角之余弦为小弦，立面角之余弦为大股，半径为大弦，为比例四隅。

凡浑圆面有三点，即为三角，其三点之相距即为三边，谓之弧三角形。弧三角形之三边对三角，大边对大角，次边对次角，小边对小角。

弧三角形有一正角谓之正弧形。正弧形之三边，一为句边，一为股边，一为弦边。弦边对正角，其对句边之角为句角，对股边之角为股角。

正弧形之三边，剖至浑圆心，成立句股形者二。三边剖至浑圆心，分为三半径。自股角半径作直线抵正角半径剖为平面之句，又自股角半径作直线，抵句角半径剖为平面之弦，成立句股形之平面，以句边之正弦、余弦为斜平面，以弦边之正弦余弦为斜立面，以句边之余弦为立面之弦，弦边之余弦为立面之故，成立句股形者一。自句角半径作直线抵正角半径（即股边之正弦）剖为平面之句，又自句角半径作直线抵股角半径剖为平面之弦，成立句股形之平面，以股边之正弦余弦为斜平面，以弦边之正弦余弦为斜立面，以股边之余弦为立面之弦，弦边之余弦为立面之股，成立句股形者一。两形之平面不同，一为句角，一为股角，其斜平面与立面则句边与股边互易，而弦边之为斜立面不动，其句股之名可以互易。凡正弧形三边过二十五度者，用外弧，谓之次形。凡正弧形，其余弧所成之各形亦为次形。

凡是正弧形五弧立句股仪，凡四面以五弧错居四面，迭互更易而为仪者十，为比例四隅者，五正弧形的比例皆备如下：

平面斜平面立面斜立面

句角句边股边弦边

股角股边句边弦边

句边（余弦）弦边（余弦）股角（余弦）股边（余弦）

股边（余弦）弦边（余弦）句角（余弦）句边（余弦）

句角股角（余弦）弦边（余弦）股边（余弦）

股角句角（余弦）弦边（余弦）句边（余弦）

弦边句边股角（余弦）句角

弦边股边句角（余弦）股角

股边（余弦）股角（余弦）句边句角

句边（余弦）句角（余弦）股边股角

第一圆，半径与弦边正弦值比例，同于句角正弦与句边正弦值比例，为比例四隅。第二圆，半径与股边余弦之比例，同于句边余弦与弦边余弦之比例，为比例四隅。第三圆，半径与股角正弦值比例，同于弦边正弦与股边正弦之比例，为比例四隅。第四圆，半径句角正弦之比例，同于股边余弦与股角余弦之比例，为比例四隅。第五圆，半径与股角正弦之比例，同于句边余弦与句角余弦之比例，为比例四隅。安清翘对以上正弧形诸多概念、名词做如此的解释：

> 句边、股边、弦边互相求（有句边，有股边，求弦边；有句边，有弦边，求股边；有股边，有弦边，求句边。凡言互相求者，仿此），为术者三；弦边、句角、句边互相求，为术者三；弦边、股角、股边互相求，为术者三；句角、股角、句边互相求，为术者三；句角、股角、股边互相求，为术者三。共十五事，皆按比例四隅求之。其句边、股边、句角互相求，为术者三；句边、股边、股角互相求，为术者三；股边、弦边、句角互相求，为术者三；句边、弦边、句角互相求，为术者三；句角、股角、弦边互相求，为术者三。共十五事，须按比例四隅作两次求之（如有句边，有股边，求句角。则先按第二圆求弦边，次按第一圆求句角，余可类推）。若兼用切线，则止比例一次（别详《学算存略》）。以测量言之，黄道为句边，大距余弦为股边，距纬余弦为弦边，赤道为句角，黄道赤经交角为股角（从冬至起算）。

然后，安清翘列出正弧形的句股边角共 12 种算术解法。

（1）正弧形第一术。

有句边，有股边，求弦边。置股边余弦，以句边余弦乘之，半径除之，得弦边余弦。

有句边，有股边，求句角。先求弦边，次置句边正弦，以半径乘之，弦边正弦除之，得句角正弦。

有句边，有股边，求股角。先求弦边，次置股边正弦，以半径乘之，弦边正弦除之，得股角正弦。

（2）正弧形第二术。

有弦边，有句边，求股边。置弦边余弦，以半径乘之，句边余弦除之，得股边余弦。

有弦边，有句边，求句角。置句边正弦，以半径乘之，弦边正弦除之，得句角正弦。

有弦边，有句边，求股角。先求股边，次置股边正弦，以半径乘之，弦边正弦除之，得股角正弦。

（3）正弧形第三术。

有弦边，有股边，求句边。置弦边余弦，以半径乘之，股边余弦除之，得句边余弦。

有弦边，有股边，求股角。置股边正弦，以半径乘之，弦边正弦除之，得股角正弦。

有弦边，有股边，求句角。先求句边，次置句边正弦，以半径乘之，弦边正弦除之，得句角正弦。

（4）正弧形第四术。

有弦边，有句角，求句边。置弦边正弦，以句角正弦乘之，半径除之，得句边正弦。

有弦边，有句角，求股角。先求句边，次置弦边余弦，以半径乘之，句边余弦除之，得股边余弦。

有弦边，有句角，求股角。先求句边，次置句角余弦，以半径乘之，句边余弦除之，得股角正弦。

（5）正弧形第五术。

有弦边，有股角，求股边。置弦边正弦，以股角正弦乘之，半径除之，得股边正弦。

有弦边，有股角，求句边。先求股边，次置弦边余弦，以半径乘之，股边余弦除之，得句边余弦。

有弦边，有股角，求句角。先求股边，次置股角余弦，以半径乘之，股边余弦除之，得句角正弦。

（6）正弧形第六术。

有句边，有句角，求弦边。置句边正弦，以半径乘之，句角正弦除之，得弦边正弦。

有句边，有句角，求股边。先求弦边，次置弦边余弦，以半径乘之，句边余弦除之，得股边余弦。

有句边，有句角，求股角。置句角余弦，以半径乘之，句边余弦除之，得股角正弦。

（7）正弧形第七术。

有股边，有股角，求弦边。置股边正弦，以半径乘之，股角正弦除之，得弦边正弦。

有股边，有股角，求句边。先求弦边，次置弦边余弦，以半径乘之，股边余弦除之，得句边余弦。

有股边，有股角，求句角。置股角余弦，以半径乘之，股边余弦除之，得句角正弦。

（8）正弧形第八术。

有句边，有股角，求句角。置股角正弦，以句边余弦乘之，半径除之，得句角余弦。

有句边，有股角，求弦边。先求句角，次置句边正弦，以半径乘之，句角正弦除之，得弦边正弦。

有句边，有股角，求股边。先求句角，次置股角余弦，以半径乘之，句角正弦除之，得股边余弦。

（9）正弧形第九术。

有股边，有句角，求股角。置句角正弦，以股边余弦乘之，半径除之，得股角余弦。

有股边，有句角，求弦边。先求股角，次置股边正弦，以半径乘之，股角正弦除之，得弦边正弦。

有股边，有句角，求句边。先求股角，次置句角余弦，以半径乘之，股角正弦除之，得句边余弦。

（10）正弧形第十术。

有句角，有股角，求句边。置句角余弦，以半径乘之，股角正弦除之，得句边余弦。

有句角，有股角，求股边。置股角余弦，以半径乘之，句角正弦除之，得股边余弦。

有句角，有股角，求弦边。先求句边，次置句边正弦，以半径乘之，句角正弦除之，得弦边正弦。

对弧三角用到矢之法求解时，安清翘还做了特殊说明：

> 凡弧三角用矢之法，自初度至二十五度，自七十五度至一百度，用小矢。自二十五度至七十五度，用大矢。适足二十五度，或适足七十五度，用半径为矢，适足五十度用全径为矢。
>
> 凡正视之大圈与正视之等距圈为侧视之大圈所截成大小矢，大圈小矢、大矢之比例，同于距等圈小矢、大矢之比例，为比例四隅。
>
> 凡两弧之矢相减（或两小矢相减，或两大矢相减，或一大一小相减）谓之矢差。半之为矢半差。
>
> 若一弧适足二十五度，或适足七十五度，则两大矢差即余弦也。若一弧适足五十度，则两矢差即余弦加半径也。
>
> 正弧形之句股两边相加为和弧，相减为较弧，较弧、和弧之矢半差与较弧弦边之两矢差等。

（11）正弧形第十一术（和较加减术）。

有句边，有股边，求弦边。以句股两边相加为和弧，相减为较弧，和弧、较弧之矢相加，半之，即弦边之矢（即矢半差加较弧之矢）。

有句角，有弦边，求句边。以句角余弧与弦边余弧相加为和弧，相减为较弧，和弧、较弧之矢相加，半之，即句边余弧之矢。

有股角，有弦边，求股边。以股角余弧与弦边余弧相加为和弧，相减为较弧，和弧、较弧之矢相加，半之，即股边余弧之矢。

有句边，有股角，求句角。以句边余弧与股角余弧相加为和弧，相减为较弧，和弧、较弧之矢相加，半之，即句角余弧之矢。

有股边，有句角，求股角。以股边余弧与句角余弧相加为和弧，相减为较弧，和弧、较弧之矢相加，半之，即股角余弧之矢。

弧三角之三边，其一边适足二十五度，亦为正弧次形。二十五度之边谓之正边，对正边之角为正角，余两边一为大边、一为小边，大边对大角，小边对小角。

以正角为夹角，则大小两边为角，傍之两边正边为对角之边；以大角为夹角，则大边正边为角，傍之两边大边为对角之边；以小角为夹角，则大边正边为角，傍之两边小边为对角之边。角傍之两边一为正边，则余一边谓之傍边。

角傍之两边相加为和弧，相减为较弧。较弧之矢与和弧之矢相减，半之，为矢半差。较弧之矢与对边之矢相减，为两矢差。

半径与夹角之矢之比例，同于矢半差与两矢差值之比例，为比例四隅。对角之边为正边，则两矢差，即较弧之余弦。若正边为角，傍之一边则矢半差，即较弧之余弦，亦即和弧之余弦。

（12）正弧形第十二术。

有正边，有大边，有小边，求正角。以大小两边相加为和弧，相减为较弧，次置较弧之余弦以半径乘之，和弧、较弧之矢半差除之，得正角之矢。有正边，有傍边，有夹角，求对夹角之边。以傍边余弧为较弧，置较弧之余弦，以夹角之矢乘之，半径除之，得较弧对边之两矢差，加较弧之矢，即对边之矢。

有正边，有傍边，有对边，求对边之角。以傍边余弧为较弧，置较弧与对边之两矢差，以半径乘之，较弧之余弦除之，得角之矢正弧，用次形。

有弦边，有股边，求句角。以句角外弧为正角，以弦边与股边余弧为角，傍之两弧以正边为对角之边。

有弦边，有句边，求股角。以股角外弧为正角，以弦边余句边余弧为角，傍之两弧以正边为对角之边。

有句边，有句角，求股边。以股边余弧之外弧（以股边余弧减半周，即本弧加二十五度）为正角，以句角余句边余弧为角，傍之两弧以正边为对角之边。

有股边，有股角，求句边。以句边余弧之外弧为正角，以股角与股边余弧为角，傍之两弧以边为对角之边。

有句角，有股角，求弦边。以弦边外弧为正角，以句角与股角为角，傍之两弧以正边为对角之边。

以上都是正弧形的互求法，而弧三角无正角、正边者谓之斜弧形。斜弧形三角对三边，大角对大边，次角对次边，小角对小边。

另外，斜弧形也有如下性质：

斜弧形小角、小边之正弦与大角、大边之正弦，为比例四隅。斜弧形自一角左垂弧，分为同股边之两正弧形，其大小两边俱为弦边，其大小两角俱为股角。而正弧形之股边、股角与弦边直角原为比例四隅，则同股边之大小两弦边与大小两股角必为比例四隅（与平三角同股之两句股形同理）。

斜弧形小角、小边之正弦与大角、大边之正弦为比例四隅。斜弧形自一角左垂弧，分为同股边之两正弧形，其大小两边俱为弦边，其大小两角俱为股角，而正弧形之股边、股角与弦边、直角原为比例四隅，则同股边之大小两弦边与大小两股角必为比例四隅（与平三角同股之两句股形同理）。

斜弧形之大边、次边夹小角，大边、小边夹次角，次边、小边夹大角，夹角傍之两边相加为和弧，相减为较弧，较弧、和弧之矢相减，半之，为矢半差。较弧之矢与对边之矢相减为两矢差。半径与夹角之矢之比例，同于矢半差与两矢差之比例，为比例四隅。

半径夹角之矢

矢半径两矢差

矢半差为句距等圈之半径为之弦，两矢差为句距等圈之大小矢为之弦。凡两句之比例同于两弦之比例，而距等圈之半径大小矢原与大圈之半径大小矢平行，相应则矢半差与两矢差之比例必同于半径与夹角之矢之比例，而为比例四隅。

斜弧形的句股、边角以及矢的互求法，也有如下八种具体方法。

（1）斜弧形第一术。有大边，有小边，有对大边之角，求对小边之角。置大角正弦，以小边正弦乘之，大边正弦除之，得小角正弦（有小角求大角，术同）。

（2）斜弧形第二术。有大角，有小角，有对大角之边，求对小角之边。置大边正弦，以小角正弦乘之，大角正弦除之，得小边正弦（有小边求大边，术同）。

（3）斜弧形第三术。有两边，有一角，角在两边之间名为夹角，求对角之边。以两边相加为和弧，相减为较弧，和弧、较弧之矢相减，半之，为矢半差。乃置矢半差，以角之矢乘之，半径除之，得较弧与对边之两矢差，加较弧之矢，即对边之矢。如无较弧，则用和弧之矢半之，乘夹角之矢，半径除之，得对边之矢。

（4）斜弧形第四术。有三边，求对一边之角。以所求角为夹角，以角傍之两边相加为和弧，相减为较弧，和弧、较弧之矢相减，半之，为矢半差。又以较弧之矢与对边之矢相减为两矢差，乃置两矢差，以半径乘之，矢半差除之，得角之矢。如无较弧，则置半径十万，以对边之矢乘之，半和弧之矢除之，得夹角之矢。

（5）斜弧形第五术。有两边，有一角，角在两边之间，求对两边之角（作两次求之）。先用两边夹一角术求对角之边，次用三边求角术求对两边之角。凡斜弧形自一角左垂弧，分为同股之两正弧形。斜弧形之三角（以三角为三极点），其中围之三大圈相交复成三边三角，则原形之三边易为三边，谓之斜弧次形。

（6）斜弧形第六术。有两边，有一角，角在两边之间，求对边及对两边之角。以一边为底作垂弧，分为两正弧形，按正弧形术求之。

（7）斜弧形第七术。有两边，有一角，角有所对之边，而所求之角不与边对，所求之边不与角对，法先求对又一边之角，再用垂弧求之，其所求之角或为两句角之和，或为两句角之较。所求之边或为两句边之和，或为两句边之较。和则两句角相加，较则两句角相减，得所求之角。和则两句边相加，较则两句边相减，得所求之边。

（8）斜弧形第八术。有两角，有一边，边在两角之间，求对边之角。用次形边易为角，角易为边，按两边夹一角求对角之边术求之。有三角求对角之边，用次形角易为边，边易为角，按三边求角术求之。

以上关于弧三角的分类、解法和应用，在今天看来是简单的，故在此不证明和阐发了。在此，将安清翘的分类、展开一一记录下来，作为学者进一步专门研究的基础资料。有兴趣者可自行验算和排布，由此也可见安清翘思想的周全和深刻！

## 三、《割圆一线表》：割圆术的创新

在《矩线原本》中，安清翘介绍了圆周率的具体求法，这是对中国古代割圆术的一个延续。另外，他考证了矩制各种说法，对矩分十二度进行了详细的算法。特别是创造和改进了“五分取一法”，即“有圆内若干度之通弦，求其度五分之一通弦”，或已知 $\sin 5\alpha$ 的值（$\sin 7\alpha$ 等可通变），求 $\sin\alpha$。在《矩线原本》中，安清翘以几何法证 $\sin 3\alpha$ 及 $\sin 5\alpha$。①

### （一）割圆术

安清翘《矩线原本》卷四《割圆一线表》起首云：

> 割圆之术，所难得者，最小之弧弦耳。刘宋祖冲之以六角起算，元赵友钦以四角起算，俱定周径密率为径一围三一四有奇。西法立《八线表》，其立表之根，亦以六角、四角起算，与中法同，但中法未曾立表，不便于算。而西法则弦矢之外，增切割二线，表数过于繁多。二者均有可议，今参酌中西，止用半弧弦为《一线表》。至立表之根，则增设求五分之一术，即得最小之弧弦，于理加密，而表数则甚简，西法之《八线表》可以不用矣。

所谓割圆术，是用圆内接正多边形的周长去无限逼近圆周，并以此求取圆周率之法。从古至今，研究圆周率者代有人出。早在西汉末年，著名学者刘歆（字子骏，前 50~23 年）就是研求圆周率的第一人，功不可没。②公元 3 世纪中期，魏晋时期的数学家刘徽为计算圆周

① 李俨：《中算史论丛》，上海：商务印书馆，1935 年，第 426~430、441 页。
② 李俨：《中国算学史》，上海：上海书店，1984 年，第 15 页。

率，首创割圆术，建立了严密的理论和完善的算法。对此，我国科学史前辈李俨曾指出：

> 刘徽割圆率以旧率周三径一为疏，乃以圆内容六边形起算，令边数倍进，终与圆弧密合，其面积亦终与圆面积密合。①

而南北朝时期的祖冲之尽管认为刘徽割圆术不够精密，但他仍然采用了与刘徽相仿的方法，将刘徽割圆术的计算继续分割，算得的圆周率准确到小数点后 7 位。元代数学家赵友钦（字子恭，自号缘督，生卒年不详）也讨论过圆周率问题，他从周天直径的计算开始讨论，由圆内接正方形算起，也是刘徽思想的一种延续。针对西洋的《八线表》，“清初因西洋学说之输入，曾引起若干学者之研讨。”②特别是安清翘，另辟蹊径，参酌中西，在其《矩线原本》卷四《割圆一线表》中创设出一种更为精密而又简单的方法。

首先，割圆术求五分之一术。任设一弧之正弦，求其五分之一弧。正弦用借根方术，法为十根，少半径方分立方之四十，多半径三乘分四乘方之三十二，与所设一弧之倍正弦等，乃以倍正弦为实，带纵四乘方，开之，得一根之数，即所求五分之一弧正弦。半径方者，半径自乘；半径三乘，则为半径乘三次。

设二十五度正弦一千万，求五分之一五度正弦（求十二位）。方法以二十五度正弦一千万倍之，得二千万为实。初商三百万，以根数十因之，得三千万为根积。又以三百万自乘，再乘以立方数四十因之，退十四位，即以半径方除之，得一千零八十万为立方存积。又以三百万乘四次，以四乘方数三十二因之，退二十八位，即用半径三乘除所得，得七十七万七千六百，为四乘方存积。乃以存积加入根积，得三千零七十七万七千六百，内减立方存积，余一千九百九十七万七千六百以减实，余二万二千四百以待次商。次商得〇位。三商九万，合初商，得三百零九万。以根数十因之，得三千零九十万为根积。又以三百零九万自乘，再

---

① 钱宝琮：《中国数学史》，北京：科学出版社，1981 年，第 214~216 页。

② 李俨：《中国算学史》，上海：上海书店，1984 年，第 270~271 页。

乘以立方数四十因之，退十四位，得一千一百八十万零一千四百五十一点六，为立方存积。又以三百零九万乘四次，以四乘方数三十二因之，退二十八位，得九十万零一千四百五十一点五二〇一七五六八，为四乘方存积。乃以四乘方存积，加入根积，得三千一百八十万零一千四百五十一点五二〇一七五六八，内减立方，存积余一千九百九十九万九千九百九十九点九二〇一七五六八，以减实，余〇七九八二四三二，以待四商。四商以后，依前法开之。凡求得一根之数三百零九万零一百六十九点九四三七四，即五分之一五度之正弦。若用益实归除之法，则以立方存积益于原实倍正弦内，乃并根积四乘方存积减之，所得正弦也一样。

其次，割圆术求二分之一术。任设一弧之通弦，求其二分之一弧通弦。法先以本弧通弦折半为句半径一千万为弦，求其股与一千万相减得矢，乃以矢与全径二千万相乘，开方，即所求二分之一弧。

最后，求最小之弧弦并周径密率。半周五十度，其通弦即全径二千万，用求五分之一术，第一次得半周五十度之通弦，第二次得二度之通弦，第三次得四十分之通弦，第四次得八分之通弦，第五次得一分六十秒之通弦，第六次得三十二秒之通弦。再用求二分之一术，第一次得十六秒之通弦，第二次得八秒之通弦，第三次得四秒之通弦，第四次得二秒之通弦，第五次得一秒之通弦为圆周百万分之一。其一秒之通弦为数六十二小余八三一八五三，以百万乘之，得六千二百八十三万一千八百五十三，即圆径二千万之周数，半之为径一周三一四一五九二六五。

这样，安清翘求得的圆周率为 3.141 592 65，这已经是小数点后的第八位，可见其数值之精密和方法之简单。

### （二）列表法

先讲述求余弦，求倍弧正弦，求三倍弧正弦，求五倍弧正弦，求和弧、较弧正弦，加上以上的割圆术求二分之一术，再根据所求的数据进行立表，进而介绍怎样查表。

（1）求余弦。有正弦，求余弦。法以正弦为句，半径为弦，求其股，即余弦。

（2）求倍弧的正弦。有本弧之正弦余弦，求其倍弧之正弦余弦。

法以本弧之正弦倍之，以本弧之余弦乘之，半径除之，即所求倍弧之正弦。若以本弧之正弦倍之，自乘，以全径除之，得矢，与半径相减，即倍弧之余弦，即求二分之一术的反用。

（3）有本弧的正弦，求其三倍弧之正弦。法以本弧之正弦六之，次以倍正弦自乘，再乘以半径方除之，得数与六之本弧正弦相减，折半，即所求三倍弧的正弦。

（4）求五倍弧之正弦，即求五分之一术的反用。有本弧之正弦，求其五倍弧之正弦。法以本弧之正弦十之，次以倍正弦自乘，再乘得数以四十乘之，半径方除之。又以倍正弦乘四次，得数以三十二乘之，半径三乘除之，乃以两除得之数相减，以余数减十之本弧，正弦折半，即所求五倍弧之正弦。

（5）求和弧、较弧的正弦。有大小两弧之正弦余弦，求其和弧、较弧之正弦。法以大弧之正弦乘小弧之余弦，半径除之。又以大弧之余弦乘小弧之正弦，半径除之，乃以两除得之数相加，即和弧之正弦，相减即较弧的正弦。

（6）列表。列表自十分起，用圆周六千二百八十三万一千，退五位，得六百二十八，小余三一为十分之正弦。半径十万为二十五度之正弦。用求二分之一术，求余弦，求倍弧，求三倍弧，求五倍弧，求和弧、较弧之法，错综求之。如欲大弧分为小弧，则用求二分之一术；小弧加为大弧，则用求倍弧、三倍弧、五倍弧之法；大小相间，则用求和弧、较弧之法任意求之，最后立表。

（7）检表法。凡查零分秒数用中比例，如检四度五十七分二十七秒之弧弦，则以四度五十分与四度六十分相减余十分为弧较，以四度五十分之弧、弦二七八九九与四度六十分之弧、弦二八五〇二相减余六〇三为弦较。乃置弦较六〇三以七分二十七秒乘之，十分除之，得零较四三九与四度五十分之弧弦相加，得二八三三八，即四度五十七分二十七秒之弧弦。如有弧弦二八三三八，求度分秒。与四度五十分之弧弦相较则多，与四度六十分之弧弦相较则少，则知在五十分、六十分之间，即以四度五十分之弧弦与四度六十分之弧弦相减余，六〇三为弦较。“今有”之弧弦与四度五十分之弧弦相减，余四三九为零较。乃置零较四三九，以十分乘之，弦较六〇三除之，得七分二十七秒，与四度五十分相加，得四度五十七分二十七秒，即所求之度分秒。

以余弦减半径为正矢，以正弦减半径为余矢。余弦减半径为小矢，加半径为大矢。小矢即股弦较，大矢即股弦和。外弧之矢为外矢，本弧小则外矢为大矢，本弧大则外矢为小矢。

安清翘以上的证明天才而正确。这里，仅就其证明 $\sin 5\alpha$ 的值（$\sin 7\alpha$ 等可通变）的方法加以说明演示。[①]如图 2-4 所示：

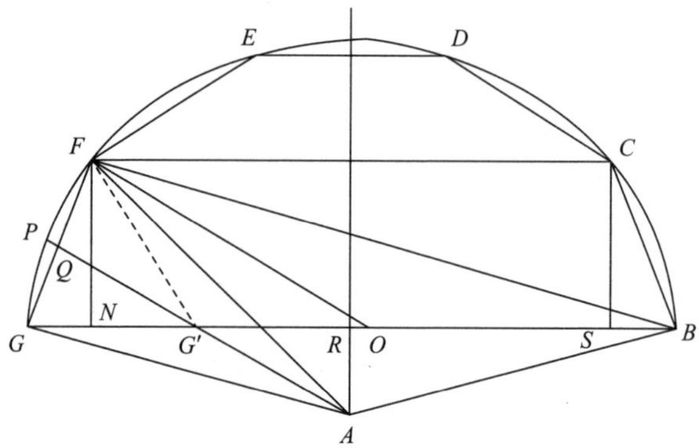


图 2-4　安清翘求解 $\sin 5\alpha$ 的示意图

$\angle GAB = 10\alpha$, $\angle \sin 5\alpha = GR$；

$\angle GAP = \alpha$, $\sin\alpha = GQ$.

自 $F$ 作 $GB$ 的垂线 $FN$，又作 $\Delta FNG' = \Delta FNG$, $G'O = FG'$.

由于 $\angle FGB = 4\alpha$，故 $\angle GOF = 2\alpha$.

又 $\angle OFB = \alpha$.

而线段 $GF^2$−线段 $GN^2$=线段 $FO^2$−线段 $NO^2$，或线段 $NO^2$−线段 $GN^2$=线段 $FO^2$−线段 $GF^2$，

亦即：$\left(\sin 5\alpha - \sin\alpha + 4\sin^3\alpha\right)^2 - \left(\sin 5\alpha - 3\sin\alpha + 4\sin^3\alpha\right)^2$

$= \left(4\sin\alpha - 8\sin^3\alpha\right)^2 - \left(2\sin\alpha\right)^2$，

或：$\sin 5\alpha = 5\sin\alpha - 20\sin^3\alpha + 16\sin^5\alpha$.

证毕。

① 李俨：《中算史论丛》，上海：商务印书馆，1935 年，第 426~430、441 页。

## （三）矩制考

安清翘的思想既以“矩”为宗，那么，就不能不考订矩制的源流：

古者矩长一尺二寸，盖有二证：其一《考工记》半矩谓之宣，宣圭长六寸，知矩倍之；其一《周髀经》折矩以为句广三、股修四、径隅五，三四五之合为十二。盖分矩一为句股弦三也。矩制失传久矣，其误始于郑注《考工记》。《考工记》曰：“车人之事，半矩谓之宣，一宣有半谓之欘。一欘有半谓之柯，一柯有半谓之磬折。”此言倨句之度与磬氏倨句一矩有半相表里。郑注于磬氏云：“先度一矩为句，一矩为股，而求其弦。既而以一矩有半触其弦，则磬之倨句也。”盖句股相等之弦大略方五斜七有奇，不能及一矩有半。今以一矩有半为之弦，张句股两矩就之，则倨句不中矩而成磬折矣。用是为例，半矩谓之宣者，以半矩为之弦；一宣有半谓之欘者，以一宣有半为之弦；一欘有半谓之柯者，以一欘有半为之弦。三者之弦俱不及句股相等之弦，乃翕句股两矩就之，则倨句不中矩而谓之句于矩矣。至一柯有半，则过于句股相等之弦，而谓之磬折。一柯有半与一矩有半，数不相等，而同过于中矩，故一柯有半得磬折之名。磬折云者，与倨句一矩有半之磬，体略似也。以今算术言之，半矩之宣，一宣有半之欘，一欘有半之柯，今所谓锐角也，古谓之句于矩。一柯有半之磬折，今所谓钝角也，古谓之倨句磬折。以数明之：句股两矩同长一尺二寸，如法求其弦，得一尺六寸九分有奇，是谓倨句中矩。磬氏之一矩有半，则弦长一尺八寸，过于中矩，而为磬折。半矩之宣，则弦长六寸。一宣有半之欘，则弦长九寸。一欘有半之柯，则弦长一尺三寸五分。三者同不及中矩，而为句于矩。一柯有半之磬折，则弦长二尺零二分半，亦过于中矩，而与磬体相似矣。宣之用不可考，欘与柯皆谓柄，与首相入处非句于矩，则不适用。就今时斧斤验之，犹然若磬体与耒庇，尤所易见也。凡此皆言倨句之度，非长短之节。郑注磬氏精于算理，其注车人之事，则附会其说，以为矩长二尺六寸三分寸之二，古者工人用矩取整齐便用，必无取于畸零不齐之数。然郑氏之误，其亦有因。盖因后文柯长三尺，遂生臆说，不知柯长三尺专言柄之长短。此一欘有半之柯，专言柄与首相入倨句之度。二者迥不相系，郑氏误会为一致，滋大惑。且此四言乃为下文先发其例，后文为耒庇倨句。磬折谓之中地，乃实举其制。耒庇、磬折就倨句而言，则一柯有半之磬折，宁有异说？郑氏误解，学者承之，二千年来莫之能辨，而矩制失其传矣。

安清翘根据自己的计算和分析，认为既然矩长十二寸是自古以来相传的旧法，只是考证已难。而梅文鼎的计算也说明："测量家以矩分十二度，度分十二分。"[①]这也正是安清翘按"矩分十二度"的缘由，也是"矩长一尺二寸之一证"。这里，安清翘自《考工记》起，一直到《周髀》，以史料考据，辩驳前人之误，力图回归矩制的本义，特别是对东汉大儒郑玄（字康成，127~200 年）进行质疑，从又一个侧面反映了其理性的质疑和科学的批判精神。

总之，通过以上的解读和分析，不难看出，安清翘对数学工作涉及面极广，条分缕析；针对各种情况有具体分析，有综合归纳；有入门启蒙，有深入研究。可以说，安清翘的数学工作，从一开始就与其整个的科学研究目的——天文历法、乐律之学紧密联结，不仅是其前提和基础，而且与之融贯一体。除了《数学指南》"名不符实"地几乎是天文历算的启蒙著作之外，体现了中国传统"历算一家"的特色。其《一线表用》也主要是以会通中西的视角，对与历法有关的日月运行规律进行推算，其中六卷中除卷一《一线表》和《句股算略》是较为"纯粹"的数学之外，从卷二《步日躔》、卷三《步月离》、卷四《步月食》、卷五《步日食》、卷六《步五星》，都是天文学内容，并且其目的就是帮助儒家实现"格物致知"到"通天地人"的目标；其《矩线原本》中的《测量篇》之"弧形"部分涉及不少地理、地球和天文方面的知识，而该书开篇之《比例篇》更是以极大的篇幅介绍比例，甚至认为"天元术"就是"连比例之术"，这为其后来的科学探讨特别是乐律学研究奠定了坚实的基础。比例的具体、详细乃至几近完备的研究，使安清翘产

① （清）安清翘：《数学五书·矩线原本》卷四，清嘉庆年间刻本。

生了“乐律之要连比例是也”“十二律相生即算术连比例之理”，及至后来关于乐律学十二平均律原理的具体认识：

> 乐律之学，数学也。数学以连比例为第一义，十二律之相生即连比例之理也。明连比例之理，于乐律之要尽之矣。①

需要指出，安清翘在《比例篇》中详细探讨了等差级数到等比级数的变换法则，也直接应用到他对十二平均律的理解和阐发之中，特别是对开三次方和十二律各律生成的思想源泉。

安清翘在数学上的重要贡献，除了因创造和改进了“五分取一法”，而被我国科学史界老前辈李俨先生列入“清代天算家”之列以外，从开平方、开立方之法推广到开任意次方之法，从开平方带纵、开立法带纵推广到开任意高次方带纵（即高次方程的数值解法），是安清翘独立于我国宋元时期增乘开方法②之外的一大创造。

张敦仁（字仲篙，号古愚，1754~1834 年），是与安清翘同时的一位山西天文算学家。阳城润城人，自幼好学聪慧，也是乾隆年间进士，先后出任江西、安徽、江苏和云南等地知县、知府、十府粮道篆、盐法道等职，清正廉洁，体恤民情，深得任内百姓拥戴。③余暇研习学问，即使告病归家，也不废学，在乐律和历算等方面颇多造诣。初至江西任上，他在读了南宋秦九韶和元代李冶的数学著述后，开始对“求一术”和“天元术”产生浓厚的兴趣；改任扬州知府后，又与其幕宾李锐（字

---

①（清）安清翘：《数学五书·乐律心得》卷一，清嘉庆年间刻本。

② 增乘开方法，是中国古代数学的一个伟大创造，是求高次方程数值解的一般方法，相当于用随乘随加的方法求出减根后的新方程。这种方法，程序整齐，运算简捷，既可直接推广到任意高次幂的开方，又能运用到求任意高次方程的数值解。这种方法从《九章算术》的开方术衍生而来，经过宋代贾宪、刘益和杨辉等人的推广和传播，到元代初期发展为求高次方程数值解的系统方法，秦九韶、李冶、朱世杰均有贡献，其中元代朱世杰就用增乘开方法求解了最高 14 次方的方程，其现代形式可写成：$1152-768x-640x^2+1792x^3-384x^4-9008x^5-19\ 112x^6-8799x^7-8975x^8+12\ 637x^9+2030x^{10}-19\ 168x^{11}+22\ 292x^{12}-11\ 112x^{13}+2006x^{14}=0$。（李迪：《元代朱世杰在代数学方面的贡献》，《内蒙古师范大学报》（自然科学汉文版）2000 年第 2 期）西方称这种方法为霍纳（William George Horner，英国人，1786~1837 年）方法，比中国晚了 500 多年。中国首届国家最高科技奖获得者吴文俊的获奖成果，在很大程度上就是受到中国古代增乘开方法这种程序化、机械化特征的启发。

③ 常赞春：《山西献征》卷二，太原：山西书局，1936 年，第 26 页。

尚之，号四香，1769~1817 年）相互切磋，用“天元术”著辑《辑古算经细草》3 卷（1803 年），试图用“天元术”释解唐王孝通《辑古算经》中的问题，主要是辑古二十术来解决高次方程和几何学问题。王孝通《辑古算经》自称：“钻寻秘奥，曲尽无遗。代乏知音，终成寡和。”而张敦仁却全然不予理会，进行独立思考和钻研，并多发批评、纠正之论。秦九韶《数书九章》曾提到大衍求一术，但因深奥晦涩至明代中叶后几近失传。张敦仁遂将之总结、改进和简化，著《求一算术》3 卷（1803 年），上卷述其计算原理，中卷介绍计算方法，下卷附有演算习题，详尽阐述整数论中的一次同余式问题及其解法，使“求一术”这一中国古代的数学瑰宝得以重见天日并发扬光大。

公元 400 年前后成书的《孙子算经》中有“物不知数”问题，开一次同余式问题及解法之先河，即“今有物不知数，三三数之剩二，五五数之剩三，七七数之剩二，问物几何？”

用现代符号表示，就是求满足同余式

$$N\equiv 2\ (\mathrm{mod}3)\equiv 3\ (\mathrm{mod}5)\equiv 2\ (\mathrm{mod}7)$$

的最小正整数 $N$。上式中，mod 即“模”“除以”之意，2（mod3）即 $N$ 被 3 整除后所得的余数为 2，其余依次类推。

《孙子算经》解法是：$N=2\times70+3\times21+2\times15-2\times105=23$。根据是：$70=2\times5\times7\equiv1$（mod3），$21=3\times7\equiv1$（mod5），$15=3\times5=1$（mod7），$105=3\times5\times7$。可见，《孙子算经》的解法完全符合德国数学家高斯（Johann Carl Friedrich Gauss，1777~1855 年）1801 年在其《算术探究》一书中写出的一次同余式定理。秦九韶的解法和概括，比高斯早了约 600 年。1852 年，英国传教士伟烈亚力（Alexander Wylie，1815~1887 年）将《孙子算经》“物不知数”问题的解法，包括口诀“三人同行七十稀，五树梅花廿一枝，七子团圆正月半，除百零五便得知”传到欧洲，1874 年德国数学家马蒂生（Ludwig Matthiessen，1830~1906 年）发现《孙子算经》的解法符合高斯定理，从此西方便将这一定理称为“中国剩余定理”。而张敦仁对“求一术”的发掘和弘扬（1803 年），恰与高斯几乎同时，足见其历史眼光和思想境界。另外，张敦仁在研究李冶《测圆海镜》时，探索了李冶 170 个用“天元术”解直角三角形的容圆问题，并从书中所注发现李冶还有《开方记》一书佚而不传，便结合秦九韶的“正负开方术”著《开方补记》8卷、《通论》1卷（1804年），前6卷传于世，后3卷因其病故而未校刊。正是因为张敦仁的工作，才使一代数学名家李冶失传已久的《开方记》得以重见天日并发扬光大。

张敦仁的《辑古算经细草》，被清代著名数学家丁取忠收入《白芙堂算学丛书》中，与李冶《测圆海镜》《益古演段》，朱世杰《四元玉鉴》等古今数学名著同收并列。

安清翘与张敦仁，是清代中叶三晋学术、文化、科学的双雄。二者为官清正，受到百姓拥戴。归居后，也都著述、钻研、讲学不辍；治学不迷信古人，不盲从权威，独立探索，成就非凡；在数学上的成就，二人不相上下。但张敦仁主要是就数学研究而从事学术研究的，故成就集中在数学领域，且是“求一术”、“天元术”和“开方术”，专而精。安清翘则涉猎要宽广得多，除了“天元术”“开方术”之外，在“连比例”上有很多成就。安清翘对“天元术”加以新的理解和阐发，认为“天元术”即“连比例之术”。另外，安清翘的数学不仅是纯粹的探索，而更多的是作为其科学研究的基础和一部分，并用以支撑和统领其天文、历法和乐律学的研究，从而将历算、律历真正融贯起来。与张敦仁相比，安清翘的科学成就不仅局限于数学领域，在天文、历法和乐律等方面也有许多贡献。最重要的是，安清翘将其数学、天文、历法和乐律等科学探索统一在其“矩”的科学思想和方法之上，实现了科学研究与科学思想、科学方法的统一。换言之，安清翘不仅是一位卓有建树的科学家，还是一位科学思想和方法的创新者。

# 第三章　安清翘的天文历法成就

安清翘的天文历法成就，是其数学研究的一个自然推演，也是其“矩”的世界观在科学上的伟大实践。可以说，从“矩”的科学思想出发，安清翘总结出“惟是”的科学方法，然后才能在天文历法等科学研究中大显身手。正如安清翘所言，尽管“推步有一定之理，而无一定之法”，但“理者，法之所从出”。①

《推步惟是》是安清翘的主要天文历法著作，共 76 篇。在《推步惟是叙》中，安清翘明言了其著书宗旨：

> 推步之学测量难而论说易，以测量须实算而论说多空谈也。然亦有辩如逐声掠影无得于心谓之空谈，则不若就实象究明实理，据已然之迹而探所以然之故，则论说之难与测量等。西法测量胜古法，而论说亦有得有失。韩子曰：“文无难易，惟其是尔。”余谓：“数无中西，惟其是尔。”乃即两家之书折衷，取是不存中西之见。其中西同误者，则一揆诸理。

《推步惟是》是安清翘关于天文历法的研究思想与心得方法的集大

① （清）安清翘：《数学五书·推步惟是》卷四，清嘉庆年间刻本。

成之作。杨小明、李树雪和黄勇等人已从中挖掘出安清翘关于岁差成因的解释[①]，安清翘对日月五星左、右旋之争的左旋会通[②]等“干货”，填补了中国天文学史研究的若干空白；杨小明、黄勇和韩琦等人对安清翘关于“西学中源说”的批评也进行了研究。[③]然而，《推步惟是》中尚有许多“宝藏”有待发掘。譬如，对“上元”的认识，对岁实消长包括江永看法的意见，西历与回历同源，浑盖同异，以及对斗建的解说等。同时，前人已有的研究也还有许多可以引申之处，如安清翘岁差、左旋认识的前提和思想基础何在？安清翘获得了关于牛顿学说的知识了吗？安清翘的左旋会通与王贞仪的右旋说孰优孰劣？……除《推步惟是》外，《数学指南》中又介绍了哪些天文历算知识？价值如何？特别是其《历代帝王年表》的意义和地位等。此外，《一线表用》对史书历志、算书编修的意见，以及推求日月食等天文学内容，迄今仍无人涉猎。

针对以上若干疑问和线索，本章拟尽可能地予以梳理和研究，或有一得，以期抛砖引玉。

## 第一节　安清翘若干天文历法思想研究

关于天文历法，安清翘有许多成就，如岁差成因、宇宙理论，他对《授时》《时宪》等历法的原理和推算也极为精通，对中西天文学发展的脉络及其关系也多有非凡的见解。

本节中，仅就安清翘关于“上元”、史书历志编修、岁实消长及浑盖同异等见解，加以发掘和分析。

① 杨小明，李树雪：《安清翘关于岁差的认识》，《中国科技史杂志》2005 年第 3 期，第238~245 页。

② 杨小明，黄勇：《日月五星左、右旋之争：安清翘的左旋会通》，《华侨大学学报》（哲学社会科学版）2006 年第 1 期，第 101~109 页。

③ 韩琦：《明清之际“礼失求野”论之源与流》，《自然科学史研究》2007 年第 3 期，第303~311 页。

## 一、安清翘对“上元”的认识

《推步惟是》卷四“推步一定之理”中，安清翘起首就指出：

> 朱子谓：“历必有一定之法。”又云：“后世历法多疏，只缘推得历元不定。”朱子之意，盖谓推定历元即可永远无差。所谓“一定之法”者，即历元也。然自古历元多荒远无稽之谈，既不足信；自《授时》与西法但凭一时实测为元，而其根数亦各前后不同，安有一定之法可以永远无差者哉？！

虽然这里安清翘的主旨，是为了阐明“推步有一定之理，而无一定之法”的方法论准则，但他也谈到了历元。历元者，中国传统历法所用之“上元”也。而上元则是中国古代许多历法计算的“原点”，即假想的远古有一个冬至节气，恰好在甲子日零时，且平朔也与冬至节气同一时刻的年份。上元，不仅“祥瑞”至极，而且“理想”至极，“日月合璧”之外，还要“五星连珠”！这样，推求“上元积年”——从上元到本年所经之年数，则是一项计算量浩大无比的工程，相当于从一个一次同余式（即《孙子算经》之“物不知数”）问题，到加入日月五星运行且它们之间均无整数而是带有分数的公比八个同余式的求解，这不啻是天文数字级的计算量。[①]所以，上元及其积年纯粹是徒有其表而并无实质价值的摆设而已。但中国古来历法，一直到元代的《授时历》，都不能摆脱历元（上元）的思想和方法的束缚。

不知是巧合还是一种必然，就目前史料看来，历史上对上元积年提出明确批评的三个人，都是山西人！

一是北魏李业兴（484~549 年），上党长子（今山西长治）人。李业兴指出，殷历的甲寅与黄帝历的辛卯，均是徒有一个上元积年而已，且其方法和内容也已缺佚，遂修订殷历与黄帝历，各成 1 卷，流行于

① 钱宝琮：《中国数学史》，北京：科学出版社，1992 年，第 78 页。

世。[①]唐末五代初年的马重绩（字洞微，880~914年），太原人，是继李业兴之后对上元积年提出批评的第二人。马重绩指出：

> 历象，王者所以正一气之元，宣万邦之命。而古今所纪，考审多差，《宣明》气朔正而行度不验，《崇玄》五星得而岁差一日。以《宣明》之气朔，合《崇玄》之五星，二历相参，然后符合。自前世诸历，皆起天正十一月为岁首，用太古甲子为上元，积岁愈多，差阔愈甚。臣辄合二历，创为新法，以唐天宝十四载乙未为上元，雨水正月中气为气首。

马重绩实开后世之元代王恂（字敬甫，1235~1281 年）、郭守敬、许衡（字仲平，1209~1281 年）《授时历》编制方法之先河。《授时历》彻底废除了沿用已久的上元积年，一切以实际观测为起点，并以当代年份即元至元十八年——公元 1281 年辛巳岁冬至为历元，方法更为合理，计算更为简便。这和近代采用的截元法——即取任意一年作元开始计时的方法是一致的，从而成为我国历法发展史上的一次重大创新。

《授时历》的作者们虽然成功废除了上元积年，但仍保留了“历元”，只不过换成了当代的历元。安清翘不仅直斥“自古历元多荒远无稽之谈，既不足信”，甚至批评《授时历》和《西洋历》（即清代《时宪历》）即使以一时实测为元的“历元”“其根数亦各前后不同”。这无疑是非常有见地的，较《授时历》更有发展。

## 二、《西洋》与《回回》二历的关系

关于西洋历法与回回历法同源，人们一般认为是梅文鼎最先认识到的，甚至到 1781 年纪昀（字晓岚，1724~1805 年）等人在《四库全书·勿庵历算书记提要》中也这样认为。梅文鼎在其《勿庵历算书记·〈回回历〉补注》[②]中说：

---

① 杨小明，高策：《山西古代数学史述要》，《科学技术与辩证法》2001 年第 3 期，第 53~58 页。

② （清）梅文鼎：《勿庵历算书记》，《四库全书》第 795 册，台北：商务印书馆，1983 年。

然回历即西法之旧率，泰西本回历而加精焉耳，故惟深知回历而后知泰西之学有根源，亦惟深知回历而后知《授时》之未尝阴用其法也。

盖今泰西《天文实用》又本此书（《西域天文书》——笔者注）而加新意也，不知者或谓此即《天文实用》，而反谓《回回》之冒窃其书，岂不陋哉！

事实上，梅文鼎之前的黄宗羲就已看出回历与西历的关联性：

《崇祯历书》大概本之《回回历》。当时徐文定亦言西洋之法青出于蓝、冰寒于水，未尝竟抹《回回》法也。顾纬法虽存，绝无论说，一时词臣历师，无能用彼之法参入《大统》会通归一。及《崇祯历书》既出，则又尽翻其说，收为己用，将原书置之不道，作者、译者之苦心，能无沈屈？①

以回历为例，徐光启提出新历编纂绝不能再像处理回历与《大统历》关系那样，让中西历法系统互不往来，不然《大统历》的错误就不能真正得到解决，回历的优点也不能切实发挥。固然黄宗羲对徐光启有误解，但他毕竟看出西历与回历之间的源出关系。不过，黄宗羲与后来的梅文鼎一样，将两者之间的源出关系搞颠倒了。后来，黄宗羲之子黄百家才把二者之间的关系说准确了②：

西洋新法，其初与《回回历》同传于厄日多国多禄某，故其立法……大旨相同。其后西洋则有亚而封所、歌白泥、麻日诺、未叶大、第谷辈更加密焉。③

《回回历》昔与西洋本历同传于厄日多国。其五星纬度，中历

① （清）黄宗羲：《答万贞一论明史历志书》，沈善洪主编：《黄宗羲全集》第十册，杭州：浙江古籍出版社，1986年，第205~206页。

② 杨小明，黄勇：《从〈明史〉历志看西学对清初中国科学的影响——以黄宗羲、黄百家父子的比较为例的研究》，《华侨大学学报》（哲学社会科学版）2005年第2期，第85~291页。

③ （清）黄百家：《明史·历志》卷二，中国科学院图书馆藏手抄本。

之所未有也，精神全在立成。[①]

再后来的定本《明史·历志》卷一对回历与西历关系的见解就与黄百家基本一致：

西洋人之来中土者，皆自称瓯罗巴人，其历法与《回回》同，而加精密。……瓯罗巴在回回西，其风俗相类，而好奇喜新竞胜之习过之。故其历法与回回同源，而世世增修，遂非回回所及，亦其好胜之俗为之也。

安清翘关于西洋和回回两种历法关系的认识虽然较晚——也由于他出生也晚，但他关于二者异同的认识却要深刻、有据得多：

今学者因西法之精，遂有中土流传之说，然实无确据。若西法之同《回回》，则断然无疑也。《回回》以三百六十为度，度以下皆以六十递析，西法亦然；《回回》有闰日无闰月，而西法亦有闰日无闰月；《回回》命度起春分，而西法亦起春分；《回回》命日起午正，西法亦起午正；《回回》七政之行有最高加减，西法亦有之；《回回》有中心行度，西法亦有平行度；《回回》算太阴有第一加减、第二加减，西法亦有之；《回回》有五星纬度，西法亦有之；《回回》算交食有九十度限，西法亦有黄平象限；《回回》无干支而以七曜纪日，西法亦然；《回回》黄道上星无二十八宿而有白羊、金牛等十二象，西法亦然；其余七政均输之加减、太阴交均之纬差，乃西法因旧术增修之耳，是西法之同于《回回》，盖无疑矣。然说者谓西法本因《回回》而加精，则未必然。西法之初约在汉时，而《回回》以隋开皇己未为元，其前无可考，又安知《回回》不本于西法乎？谓西法与《回回》同源则可，其孰先孰后则不可知也。又按：《回回》法当明洪武间即与《大统》并列，卒不能出《大统》之上。而西法一入中土，其法大行，中土旧法说者比之已陈之

① （清）黄百家：《黄竹农家耳逆草·上王司空论明史历志书》，清康熙四十四年（1705年）刻本。

刍狗，而《回回》有所不论矣。其故何也？盖《回回》立法之根必与西法略同，乃深自秘惜，不肯传于世，习其术者皆不得其立法之所以然。若西法则立法之根俱在三角、八线，算术既捷，而《几何》等书发明句股之理至深微而出以浅显，能使学者了然于心目之间，此其所以驾乎回回法之上欤？①

安清翘之客观、沉静与深刻，不由得令人肃然起敬。他不仅一口气列举了十二条以上具体可信的证据说明西洋和回回二历之间的同源关系，而且一反前人包括《明史·历志》（1739 年成书）钦定的“结论”，认为西法本因《回回》而加精之说“则未必然。”“谓西法与《回回》同源则可，其孰先孰后则不可知也。”

安清翘立论的理由在于：西法之初约在汉时（即托勒密时代），而《回回》以隋开皇己未（622 年）②为元，其前无可考，也是很有说服力的。事实上，若寻根溯源，当然是回历源出于以古希腊罗马为源头的“西法”。所以，安清翘的眼光是敏锐深邃的，一眼洞察事物的本质。而且，安清翘对西洋历之所以一传入中国很快就超越、取代了中法和回历的分析，也句句在理，即《回回历》“深自秘惜，不肯传于世，习其术者皆不得其立法之所以然”。而西法则不然，“立法之根俱在三角、八线，算术既捷，而《几何》等书发明句股之理至深微而出以浅显，能使学者了然于心目之间”，故能后来居上。安清翘对西洋、回回二历关系的认识，可以说是中国历史上的第一人，超越了前人和《明史·历志》。再联系到安清翘对“西法不必出于中土”的论证——即对康熙钦定的“西学中源说”的无情批驳，我们至少能够得出以下结论：一方面，安清翘对中国传统历法、回回历法、西洋历法三者本身及其关系是精通之至的，所以，才能学灌中西，纵论古今；另一方面，安清翘具有强烈的“惟是”精神，不盲从，不迷信，反对陈陈相因，力倡怀疑的独

① （清）安清翘：《数学五书·推步惟是》卷四，清嘉庆年间刻本。

② 回历元年元旦，定在穆罕默德从麦加逃亡到麦地那的公元 622 年 7 月 16 日。安清翘在此有所错会，隋开皇年间（581 年 2 月~600 年 12 月）无己未年，回历元年应该是唐高祖武德五年（622 年）壬午。

立批判方法，从源头探起，从根上做起，于是才能大胆冲破“西学中源”和“西法源出回回”等错误的权威说法，完成中国科技史上的许多创新。前人对他多发“古人之未发”的评价，应当不是空穴来风。

关于中法、西法和回法三者的关系，如果说徐光启、黄宗羲和梅文鼎是在探索“是什么”（What）的问题，而黄百家已在寻求“如何是”（How）的问题，那么，安清翘则在考虑并得出了“何以是”（Why）的问题了。[①]由此可见，安清翘见识之高超与深邃。

## 三、对史书历志、算书编修的意见

清初黄宗羲认为，《授时历》“立法之原”即“作法根本”，如弧矢割圆不载于《元史》，且为明代历官弃而不理，是导致《授时历》几乎陷于失传境地的原因。因为这样的历法与“死数”无异，所以，黄宗羲主张应该在《明史·历志》中载入《大统历》（即《授时历》之沿袭）立法之原，以永久保存授时历的根本精神。[②]这种思想，为其子黄百家直接继承，甚至连为求内容之实用而不避形式之烦冗这一点上也同出一辙。[③]

接着，黄氏父子提出了“作表之法”。如果说立法之原能使人明达“造历之旨”，那么，要“据以入算”“据以起算”，还离不开相关的“立成”——天文表格，即天体运行的各种函数值。定本《明史·历志四》“大统历法二（立成）”解释道：“立成者，以日月五星盈缩迟疾之数，预为排定，以便推步取用也。”

然而，历志以简为要，立成不载便无以取算，载之又不可胜载。为

① What-How-Why 关系的最好例证，是从哥白尼经开普勒、伽利略到牛顿的近代科学革命：哥白尼回答太阳还是地球在运动？开普勒和伽利略回答天体和物体如何运动；而牛顿则回答了天体和物体为什么按规律运动。

② 黄宗羲《答万贞一论明史历志书》就历志中当载入《授时历》（《大统历》）立法之原一事称：“来书谓‘去其繁冗者，正其谬误者。’某之所补，似更繁冗。顾关系一代之制作，不得以繁冗而避之也。以此方之前代，可以无愧。”

③ 杨小明，黄勇：《从〈明史〉历志看西学对清初中国科学的影响——以黄宗羲、黄百家父子的比较为例的研究》，《华侨大学学报》（哲学社会科学版），2005 年第 2 期，第 85~91 页。

解决这一矛盾，黄宗羲提出一种折中的办法，即在历志中载入作表之法，而非完整地载入立成表。黄宗羲的这一主张，也为黄百家直接继承，并付诸实施。黄百家作《明史·历志》[①]之《回回历》的目的和方法，一如其自叙：

> 其七卷、八卷，则《回回历》也。《回回历》昔与西洋本历同传于厄日多国，其五星纬度中历之所未有也，精神全在立成。顾立成甚多，今亦约束使简，并各剔注其造立成之由，使览者焕然明白，便可按数目排也。[②]

后来，王鸿绪《明史》稿本（可能窃自黄百家）及定本《明史·历志》都有"立成造法"，这反映了黄氏父子对《明史·历志》的深刻影响。[③]安清翘继承并发挥了以上思想。在《一线表用》卷一开头《一线表》中，安清翘明确指出：

> 古句股弧矢之术，于理已尽，于法亦无不足，所少者未曾立表耳。西法立《八线表》，弦矢之外加切割二线。其必加切割二线者，以其省算也。然立表则甚属繁难（表数既多，检表亦烦）……夫（八线）旧表已属繁难，然且不可用，是立表无简法矣。其所以无简法者，由于用切割二线也。是以近时历学名家著书甚富，然皆不能立表布算。既不能布算，是无用之书也。

安清翘不仅指出历法不能立表布算即为无用之书，而且指出西法不能立表布算的原因在于其没有简捷之法，而其没有简捷之法关键在于为了省算而使用了切割二线。这就是安清翘为什么作《一线表用》

---

① 1994年，杨小明教授在中国科学院图书馆首次发现黄百家手抄本《明史·历志》之卷一和卷二（其中，卷二末尾处略有残缺），而剩余六卷几经查找未果。近日，杨小明博士同学今中国科学技术大学石云里教授告诉杨小明，他和学生在浙江找到了黄百家手抄本《明史·历志》剩余的六卷，其中的回回历部分与黄百家《黄竹农家耳逆草·上王司空论明史历志书》（即上呈王鸿绪的工作报告）所述完全一致。

② （清）黄百家：《黄竹农家耳逆草·上王司空论明史历志书》，清康熙四十四年（1705年）刻本。

③ 杨小明，黄勇：《从〈明史〉历志看西学对清初中国科学的影响——以黄宗羲、黄百家父子的比较为例的研究》，《华侨大学学报》（哲学社会科学版）2005年第2期，第85~91页。

的缘由：

> 今止用古法半弧弦列为《一线表》。凡算术用切割二线者，俱设法改用半弧弦补古法之未备，除西法之繁难，庶为历学之一助云尔。①

由此可见，安清翘作《一线表用》既是为了使历书能够立表布算，成为有用之书，也是他会通中西、超越创新的一种努力和实践。

## 第二节 《数学指南》的特色与成就

安清翘的《数学指南》，主要介绍的是从清代官方《时宪历》常数表、立成表（天文表格，即天体运行的各种函数值）推求历法特别是交食的方法，因而虽然名为《数学指南》，实为介绍《时宪历》及其算法的一本入门书，就如黄宗羲《授时历故》《授时假如》《西历假如》一类（“故”即原理，“假如”即演算应用题）。在熟悉《时宪历》数据和求法后，利用其基本方法上往考古，最后附录《历代帝王年表》。

### 一、《时宪历》推法

明末清初的历书开始采用以太阳在黄道上位置为标准的定气，并根据它的数据编制历书，所谓“惟天聪明，惟圣时宪”“圣王法天以立教”，于是清代将采用西洋历编纂的历书称为《时宪历》。

《时宪历》其实是由明末徐光启、李之藻等人用“西洋新法”并聘传教士历时6年编制，于1636年完成，名为《崇祯历书》，但未及颁行而明已亡。清顺治元年（1644年），德国传教士汤若望将之改名为《西洋新法历书》，上呈清廷。次年，清廷以“时宪”为名颁行天下。《时

① （清）安清翘：《数学五书·一线用表》卷一，清嘉庆年间刻本。

宪历》正式采用了定气，是我国历法史上第五次也是最后一次大改革，废除了将全年分成 24 份据以确定节气的平气（恒气），而采用以太阳在黄道上的位置为标准的定气。之后一直到近代，我国使用的旧历即《时宪历》，通常称为夏历或农历。作为历法普及和学习之用，安清翘在《数学指南》中用了很大的篇幅介绍《时宪历》的基本常数、立成表格及其求解方法。

首先，他给出了《时宪历》的一些基本数据。首朔太阳引数应 30 分，太阴距高朔策 7 度 1682，太阴距高望策 53 度 5341，首朔太阴距高应 30 度，岁闰 10 日 879 691 248，润应 16 日 0451，气应 5 日 87 131 314，纪日 6 日。

其次，列出大量时宪数据表，便于进行查阅和对照。包括：《岁实钤》《朔实钤》《章闰钤》《太阳距交朔策钤》《太阳引数朔策钤》《太阴距高朔策钤》《日行钤》《月行钤》《岁闰钤》《甲子钤》《十二时钤》，其中夜子 9583 分，满 10 000 去之，即为次日子正。（1）《太阳均数表》，求其均数从初度至 50 度均数为加，时刻亦为加。50 度至 100 度均数为减，时刻亦为减。（2）《最高实均距地两心差表》。最大两心差 667 820，中数两心差 550 505，最小两心差 433 190。（3）《太阴均数表》。太阴均数初度至 50 度，均数（度、分）为减，时刻为加。50 度至 100 度，均数为加，时刻为减。例如，设太阴引数 30 度 50 分，两心差为 4659（在中均、小均之间），求初均数。置 30 度之小均数 13 323 与 31 度之小均数 13 068 之较 2 分 55 秒，以设数 50 分乘之，100 分除之，得 1 分 27 秒，为初均本位。又置 30 度之中均数 16 999 与 31 度之中均数 16 689 之较 3 分 10 秒。以设数 50 分乘之，100 分除之，得 1 分 55 秒，为初均次位。又置本位 1 分 27 秒与次位 1 分 55 秒之较 28 秒，以 30 度 50 分之两心差 4659 与最小两心差 3505 之较 1154 除之，得 8 秒，与 30 度之小均数 1 度 33 分 23 秒，相加得 1 度 33 分 31 秒，即所求 30 度 50 分之初均。两心差在大均、中均之间者，以中均为本位，大均为次位。

定位于“节气”的干支用“恒气法”。“恒气法”是以“冬至”为计算历法的基准点，核算出 24 个节气，并算出每一个“节”与“气”的“日距”。安清翘用的恒气法是：

> 置岁实三百六十五日二四二三三四四二，以二十四除之，得十五日二一八四为气策，累加之为冬至、小寒、大寒、立春、雨水、惊蛰、春分、清明、谷雨、立夏、小满、芒种、夏至、小暑、大暑、立秋、处暑、白露、秋分、寒露、霜降、立冬、小雪、大雪。

清代以前，二十四节气是按等分回归年来确定的，这样来确定节气的方法叫“平气法”。平气，即二十四节气之间的各分界点。直到清康熙时期，才真正把“定气法”引进到中国农历中。定气法，是指按太阳的黄经分成24等分，如太阳在黄经0度时是“春分”，其余依次类推。安清翘用的定气法是：

> 约五百余年小余加减一分，自最卑至最高约万余年为减，自最高至最卑约万余年为加，加减之根由于两心差，当随时测验之。[①]

求定气，是置各气通余以积年乘之，加各气应满60，去之，得各定气干支时刻。安清翘还对日法和度法进行了古今对比。古法之周日100刻，每刻100分，每分100秒，微纤忽芒皆以百递析。今法之周日24小时，每时4刻，每刻15分，每分60秒，微纤忽芒皆以60递析。古法之度法周天100度，每度100分，每分100秒，微纤忽芒皆以百递析。今法之周天12宫，每宫30度，每度60分，每分60秒，微纤忽芒皆以60递析。

自历元（道光元年，即1821年）辛巳距所求之年共若干年，减一年得积年，即求积年。如求道光四年，减一年得三年。

求积朔是以积年以每年十二月乘之，加历年闰月，得积朔。加闰月之法19年7闰，零年33月闰一月，零月零日加闰应16日0451。满朔策29日53 059 053，再加一闰，不满19年谓之零年，不满33月谓之零月，不满朔策者谓之零日。设如积年3年，以12月乘之得36月，加一闰月之37月为积朔。

凡首朔者，即年前十二月初一日；凡应者，下求则加，上考则减。

---

① （清）安清翘：《数学五书·数学指南》，清嘉庆年间刻本。

因此，求首朔日距正交时积朔，以距交朔策 8 度 51 959 乘之为积朔日，距正交加首朔日。加首朔日距正交应 82 度 33 062，上考往古则减〇，如求首朔日距正交再加距交望策 4 度 2598。满周天一百度去之，余为本年首朔日距正交，再以距交朔策 8 度 51 959 累加 13 次，加 1 次为正月，加 2 次为二月，加 13 次者或有闰月。日月食限不同，月食则太阴与地景两周相切，以其两视半径较白道距黄道度，又以距度推交周度定食限。为逐月日距正交，乃视逐月日距正交初度至 5 度 91 分，自 44 度 09 分至 50 度，自 50 度至 52 度 56 分，自 97 度 44 分至 100 度皆为太阳入可食限，加减 80 分不出食限，外者为有食。太阴食限自初度至 4 度 21 分，自 45 度 79 分至 50 度，自 50 度至 54 度 21 分，自 95 度 79 分至 100 度（阳历）皆为太阴入可食限，加减 80 分不出食限，外者为有食。为此，安清翘专门举例演算：

> 设如积朔三十七，以朔策八度五一九五九乘之，得三百一十五度二二四八。加首朔日距正交应八十二度三〇六二，得三百九十七度五三一〇，满周天去之，余九十七度五三一〇为首朔日距正交。再加朔策八度五一九五九，得一百〇六度〇五〇六，满周天去之，余六度〇五〇六。正月也，不入食限；又加八度五一九五九，得一十四度五七〇二。二月不入食限；又加八度五一九五九，得二十三度〇八九八。三月不入食限；又加八度五一九五九，得三十一度六〇九四。四月不入食限；又加八度五一九五九，得四十〇度一二九〇。五月不入食限；又加八度五一九五九，得四十八度六四八六。六月入食限。

朔是中国古代历法的阴历成分，日月的黄道经度相同的时刻叫朔。根据朔望月推算出来的朔，叫平朔；对平朔进行日、月运动不均匀性的改正，得到真实的朔，称为定朔。

求平朔。置积朔，以朔策 29 日 53 059 053 乘之，得数加朔应 19 日 201，满 60 去之，余数为平朔日分。为此，安清翘专门举例说明：

> 设如求道光四年六月积朔四十三，以朔策二十九日五三〇五九

〇五三乘之，得一千二百六十九日八一五四，加朔应十九日二〇一，得一千二百八十九日〇一六四，满六十去之，余二十九日〇一六四，为平朔日分。

求定朔。置积朔以太阳引数朔策8度08 479乘之，得数加太阳首朔引数应30分，满周天去之，余为太阳引数。查《太阳均数表》得度分，并刻分各记加减号。为此，安清翘专门举了两个例子予以重点说明：

设如积朔日四十三，以太阳引数朔策八度〇八四七九乘之，得三百四十七度六四六〇，加引数应三十分，得三百四十七度九四六〇，满周天去之，余四十七度九四六〇。查《太阳均数表》，得度分六分七十八秒，其号为加；刻分一百八十五分，其号亦为加。置积朔，以太阴距高朔策七度一六八二乘之，加首朔太阴距高应三十度，并刻分各记加减号。

设如积朔日四十三，以距高朔策七度一六八二乘之，得三百〇八度二三二六，加首朔太阴距高应三十度，得三百三十八度二三二六，满周天去之，余三十八度二三二六，为太阴引数。查《太阴均数表》，得度分一度二十四分三十一秒，其号为减；刻分三千三百九十六分，其号为加。

求刻分加减差（即时差）。太阳均数自初度至 50 度均数为加，时刻（刻分）亦为加；50 度至 100 度均数为减，时刻亦为减。太阴均数（度分）自初度至50度均数为减，时刻（刻分）为加；50度至100度均数为加，时刻为减。同为加者则相加，号为加；同为减者亦相加，号为减。一为加、一为减者则相减，加数大号为加，减数大号为减。为此，安清翘举例演算：

设如太阳刻分一百八十五分，号为加；太阴刻分三千三百九十六分，号为加。两数相加得三千五百八十一分（时差），号为加。以加于平朔二十九日〇一六四，得二十九日三千七百四十五分为定朔刻分。查《甲子钤》二十九日对癸巳，查《时钤》三千七百四十五分，减辰正三千三百三十三分，余四百一十二分，为今法三刻十四分，即知道光四年六月初一日合朔是癸巳日辰正三刻十四分。

求食限加减差。置时差刻分，以太阳每日平行 27 分 377 乘之，周日 10 000 除之，得数为度差，刻分为加者亦为加，刻分为减者亦为减。为此，安清翘举例演算：

> 设如时差三千五百八十一分，以太阳每日平行二十七分三七七乘之，周日一万除之，得九分八十〇秒为度差，与太阳均数六分七十八秒相加，得一十六分五十八秒为定差，以加于可食限四十八度六四八六，得四十八度八十一分为定食限。

太阳定食限自初度至 5 度 12 分，自 44 度 82 分至 50 度，自 50 度至 51 度 76 分，自 98 度 24 分至 100 度。日无地食限以有高下差另算。太阴定食限自初度至 3 度 41 分，自 46 度 59 分至 50 度（阴历），自 50 度至 53 度 41 分，自 96 度 59 分至 100 度（阳历）。全食 20 分定食限 17 分 05 减 1 分，减尽者不食。

求月食。设如求道光六年（1826 年）四月月食。积朔 66 以距交朔策 8 度 51 959 乘之，得 562 度 2929，加首朔日距正交应 82 度 3062，再加距交望策 4 度 2598，得 648 度 8589，满周天（100 度）去之，余 48 度 8589。又置积朔 66，以朔策 29 日 53 059 053 乘之，得 1949 日 0189，加首朔应 19 日 201，再加望策 14 日 7653，得 1982 日 9853，满纪法 60 去之，余 2 日 9853 为平望日分。又置积朔 66，以太阳引数朔策 8 度 08 479 乘之，得 533 度 5961，加首朔太阴引数应 30 分，再加引数望策 4 度 0424，得 537 度 9385，满周天去之，余 37 度 9385 为引数，查《太阳均数表》，得度分 36 分 41 秒，号为加；刻分 995 分，号为加。又置积朔 66，以太阴距高朔策 7 度 1682 乘之，得 473 度 1012，加首朔太阴距高应 30 度，再加距高望策 53 度 5841，得 556 度 6852，满周天去之，余 56 度 6852 为距高，查《太阴均数表》，得刻分 1684 分，号为减，与太阳刻分相减，得 689 分为时差，以减平望 2 日 9853，得 2 日 9164，查《甲子钤》及《时钤》，则知道光六年（1826 年）四月实望为丙寅日亥初三刻十四分。又置时差 689 分，以太阳每日平行 27 分 377 乘之，周日

10 000 除之，得 1 分 88 秒为度差，与太阳均数差 36 分 41 秒相减，得 34 分，以加于可食限 48 度 88 分，得 49 度 22 分为定食限。

由此可见，安清翘在《数学指南》中先讲解《时宪历》逐步推求的原理，然后各自以具体的算例加以应用说明，是学习《时宪历》的一本很好的入门启蒙著作，一如黄宗羲之《授时历故》《授时假如》《西历假如》所用之体例。同时，也说明安清翘对中西历法的精通。

## 二、上往考古

在《数学指南》一书中，安清翘利用《时宪历》的方法和数据，主要针对孔子出生年月、《诗经》“十月之交”日食年月及《尚书》“仲康日食”年月进行了具体的文史考古，并将之总命名为《上推往古》。

### （一）推求孔子出生年月

有关孔子的出生年月，历来争讼不休。正如唐司马贞（生卒年不详）《史记索隐》所云：“《经》、《传》生年不定，致使孔子寿数不明。”对于孔子生辰的《经》《传》矛盾，国内学者江晓原等批评道：

> 先前有不少论者，在孔子诞辰问题上，定年依据《史记》说，定月日却又依据《春秋穀梁传》说，而此两说在生年上明明是相互矛盾的。不先辨别哪一种史料更可信，以决定取舍，却在两种相互矛盾的记载中“各取所需”，从逻辑上是说不通的。这样做无法保证立论的自洽。①

这样，江晓原等人从《春秋穀梁传》所载，特别是“九月庚戌朔，日有食之”和“（十月）庚子，孔子生”出发，通过天文推算和干支排定，得出孔子生于前 552 年 10 月 9 日。②不过，这一说法使《史记》等

① 江晓原，纽卫星：《回天——武王伐纣与天文历史年代学》，上海：上海人民出版社，2000 年，第 184 页。

② 江晓原，纽卫星：《回天——武王伐纣与天文历史年代学》，上海：上海人民出版社，2000 年，第 184~188 页。

诸家典籍所通载的孔子生年七十三（虚岁）又成为一大疑问。

事实上，早在清初的黄宗羲等人也用这种天文历史年代学的科学人文考古方法推算了孔子的生卒年月。黄宗羲以历法推得，鲁襄公二十一年（前552年）不仅有闰——这一点与日本学者薮内清据新城新藏历谱排定的结果是一致的[①]，而且“申月庚戌朔，酉月庚辰朔”；但是，鲁襄公二十二年（前551年）各月朔日均无所谓的“庚戌”“庚辰”，而为“申月乙巳朔，酉月甲戌朔”。然后，黄宗羲又引用周正建子、周历改月之说，论证了《公羊》《穀梁》二传所载鲁襄公二十一年九月庚戌朔、冬十月庚辰朔的确凿无误。不过，局限于《史记》等孔子七十三岁之说，黄宗羲择取了南宋罗泌（1131~?）之说，以孔子之生当在鲁襄公二十二年酉月庚子——这又部分截取了《公羊》《穀梁》二传之载，即月日在八月二十七日——庚子日在甲戌朔后26日，即公历前551年9月28日！如此，黄宗羲便以其生辰干支与孔子仅差一字而时相自励，即孔子是庚子日，而他是庚辰日。[②]

安清翘没有止步于黄宗羲等先贤的推求结论，而是独立以当时的《时宪历》重新求过：

> 设如求孔子生年己酉（周灵王二十年，鲁襄公二十一年）秋九月（今七月）。庚戌朔日食距道光元年（1821年）辛巳积年2372，积朔29 337，以距交朔策8.519 59度乘之，得249 939.21度，以减首朔日距正交应82.3062，不足减者加周天减之，余43.09度，为首朔日距正交。再加距交朔策7次，得102.73度，满周天去之，余2.73度，入食限。又置积朔29 337，以朔策29.530 590 53乘之，得866 338.9344日，减朔应19.201日，满60去之，余39.7334，转减60，余20.26为首朔，即周正二月初一日，再加朔策7次，得226.98日，满60去之，余46日，查《甲子钤》46日对庚戌，与经文合。[③]

① 崔振华，李东生：《中国古代历法》，北京：新华出版社，1992年，第23页。

② 黄宗羲：《南雷诗历·四十初度》，沈善洪主编：《黄宗羲全集》第十一册。杭州：浙江古籍出版社，1986年，第226页。

③ （清）安清翘：《数学指南》，1921年石印本，第39~40页。

这里，安清翘使用反证法验证了孔子当生于鲁襄公二十一年（前552年）秋九月（今七月）庚戌朔“日有食之”之日，即认可了《春秋穀梁传》记载的正确性。这一结论，与当下和先贤黄宗羲的公元前551年农历八月二十七日不同，倒是与今人江晓原的结论一致！关于孔子生卒的具体日期，江晓原给出了表3-1加以具体说明。

**表 3-1　孔子生卒的具体日期表**

| 儒略日 | 史籍记载历日 | 天象与事件 | 公历日期（公元前） |
|---|---|---|---|
| 1520037 | 襄二十一年九月庚戌朔 | 日食 | 552年8月20日 |
| 1520067 | 襄二十一年十月庚辰朔 | 日食（实际未发生） | 552年9月19日 |
| 1520087 | 襄二十一年十月庚子 | 孔子诞生 | 552年10月9日 |
| 1546536 | 哀十六年四月己丑 | 孔子去世 | 479年3月9日 |

江晓原认为，这一结论与《史记·孔子世家》“孔子年七十三”的记载确切吻合！而这一结论，200年前的安清翘就已得出了，而且也是从日食这一标志性现象出发求解的，由此可见安清翘思想的深邃和超前！

### （二）“十月之交，日有食之”

设如求《诗经》十月，辛卯朔日食。即周幽王六年（前776年）乙丑、周正十月、夏正八月，距道光元年辛巳积年2596，积朔32 108，以距交朔策8.519 59乘之，得273 546.9957，满周天去之，余46.9957为积朔日距正交。以减日距正交应82.3062，余35.3105，为首朔日正交。再加距交朔策8次的103.467度，满周天去之，余3.46度，入食限。

又置积朔32 108，以朔策29.530 590 53乘之，得948 168.2007，减朔应19.201，满60去之，余28.9997，转减60，余31.0003为首朔，再加朔策8次得267.245，满60去之，余27.245，查《甲子钤》27日对辛卯，与经合。[①]

这里，安清翘也是用反证法来推求《诗经》“十月之交，日有食之”的，即这次日食发生在周幽王六年十月辛卯，即公元前776年9月

① （清）安清翘：《数学指南》，1921年石印本，第40~41页。

6日。这与现代的推算结果完全一致！

### （三）仲康元年

“仲康日食”，历史上亦称“《书经》日食”，是《书经·胤征篇》所载关于传说中夏帝仲康时代的一次日食。这可能是世界上最早的日食纪事。但夏史的传说性很大，仲康年代也难断定，而《书经·胤征篇》又是较晚才出现的文献，所以，关于这次日食究竟发生于何时，争论很大。历史上，最早用历法来推算仲康日食的是梁太史令虞邝，其后一行、郭守敬、阎若璩和李天经等也都进行过推算。①

在《尚书古文疏证》一书中，清初学者阎若璩（字百诗，号潜丘，1638~1704年）用《授时历》和《时宪历》推算出仲康年间共发生过三次日食，其中，第一次日食即仲康元年的日食发生在公元前2155年10月22日，从而一举证明东晋梅赜所献而被后世奉为经典的《古文尚书》乃是伪书，引发了清初思想界的一次大地震，按照后来梁启超的评论，是“思想界之一大解放”。②据阎若璩《尚书古文疏证》“第八十一”说：

> 以《授时》、《时宪》二历推算，仲康四年乙丑岁距元至元辛巳积三千四百三十六年……日食在氐宿一十五度；仲康元年壬戌岁距积三千四百三十九年……日食在井宿二十八度……（仲康）十一年壬申岁距至元辛巳积三千四百二十九……是闰四月甲寅日午时日食。

据今人李勇、吴守贤研究，对于仲康年间的这三次日食，阎若璩仍是沿用《授时历》进行计算的：（1）采用的回归年长度值为365.2428日，而《授时历》为365.2459日，这是由于《授时历》上推下求时年长变化是百年差一日分（0.0001日），而阎若璩似将它变为千年差一日分。（2）阎若璩的“闰应”“交应”“转应”值分别为20.2050、26.0388和

① 陈遵妫：《中国天文学史》第三册，上海：上海人民出版社，1984年，第847~855页。
② 梁启超：《清代学术概论》，上海：商务印书馆，1921年，第25页。

13.0205，即《授时历》的后期采用值。[1]尽管阎若璩的推算与用《授时历》复原的结果有出入，但其目的主要是证明《古文尚书》是伪作，因此只需给出推算结果就足够了。作为一位经学家，阎若璩在清初《授时历》几近失传的历史环境下，能在黄宗羲和梅文鼎之外，独立精研，并卓有创意，已属难能可贵。尽管如此，安清翘并没有盲信前人包括阎若璩在内的结论，而是进行了独立的推算：

> 设如求仲康元年壬戌季秋日食，距道光元年辛巳，积年三千九百七十九，积朔四万九千二百一十一，以距交朔策八度五一九五九乘之，得四十一万九千二百五十七度五四三四，满周天去之，余五十七度五四三四，为积朔日距正交。以减首朔日距正交应八十二度三〇六二，余二十四度七六二八，为首朔日距正交。再加朔策九次，得一百〇一度四三九一，满周天去之，余一度四十四分。又置积朔四万九千二百一十一，以朔策二十九日五三〇五九〇五三乘之，得一百四十五万三千二百二十九日八九〇七，减朔应十九日二〇一，满六十去之，余十〇日六九，转减六十，余四十九日三一。再加朔策九次，得三百一十五日〇八五三，满六十去之，余十五日〇八五三，查《甲子钤》十五日，对乙卯，则知仲康元年季秋朔为乙卯日。[2]

安清翘推算的结论认为仲康元年即公元前 2157 年。而据今人李勇、吴守贤对仲康日食的古代推算结果复原的研究[3]，认为古代推算这次日食的时间对应于公元前2128年10月13日，是由一行和郭守敬给出的，但食分的推算值却很小。由此可见，安清翘的结果虽然距离一行和郭守敬的结果较远，但离阎若璩的结论较近，仅差 2 年。但这已能看出安清翘不迷信前人、自主超越的独立精神，而且他用的完全是西洋历法。此外，安清翘的推算结论，也是对李勇、吴守贤在进行“夏商周断

---

① 李勇，吴守贤：《仲康日食古代推算结果的复原》，《自然科学史研究》1999 年第 3 期，第 234~240 页。

② （清）安清翘：《数学指南》，1921 年石印本，第 41~42 页。

③ 李勇，吴守贤：《仲康日食古代推算结果的复原》，《自然科学史研究》1999 年第 3 期，第 234~240 页。

代工程”时认为“史书上共载有不同历史时期三人推算‘仲康日食’的结果，他们是僧一行、郭守敬和阎若璩”[①]的一个补充。

## 三、历代帝王年表

在以上用天文历算“上往考古”的基础上，安清翘编制了一张《历代帝王年表》。在这份年表中，唐尧元年是公元前 2356 年，虞舜元年为公元前 2255 年，夏禹元年为公元前 2205 年，夏后启元年为公元前 2197 年，夏太康元年为 2188 年，夏仲康元年为 2157……商王成汤元年为公元前 1783 年……盘庚元年为公元前 1407 年……武王伐纣（商亡）为公元前 1116 年，周成王元年为公元前 1115 年，周康王元年为公元前 1078 年，周昭王元年为公元前 1052 年，周穆王元年为公元前 1001 年，周共王元年为公元前 946 年，周懿王元年为公元前 934 年，周孝王元年为公元前 909 年，周夷王元年为公元前 894 年，周厉王元年为公元前 878 年（西周共和元年自然为公元前 841 年），周宣王元年为公元前 827 年……此后的纪年盖无疑义。

武王伐纣，乃夏商周断代的一大关节点。江晓原、钮卫星曾列举出前人关于武王伐纣年代的所谓“44 种异说”[②]，其中涵盖了《武王克商之年研究》书首所列《古代学者所定克商之年一览表》所汇总的 12 种古说[③]，因而具有重要的史料与研究价值。

本书作者之一的杨小明发现了“夏商周断代工程”所遗漏的第 45、46 种前人关于武王伐纣年代的两种“异说”：一是明代黄道周（字幼平，号石斋，1585~1646 年）的戊子岁（前 1053）之说[④]，并提示了安

① 李勇，吴守贤：《仲康日食古代推算结果的复原》，《自然科学史研究》1999 年第 3 期，第 234~240 页。

② 江晓原，钮卫星：《〈国语〉所载武王伐纣天象及其年代与日程》，《自然科学史研究》1999 年第 4 期，第 353~365 页；江晓原，钮卫星：《回天——武王伐纣与天文历史年代学》，上海：上海人民出版社，2000 年，第 95~102 页。

③ 北京师范大学国学研究所：《武王克商之年研究》序言，北京：北京师范大学出版社，1997 年，第 11~12 页。

④ 杨小明：《〈国语〉“武王伐殷”天象检讨——兼论江晓原、钮卫星之〈回天〉》，《科学技术与辩证法》2002 年第 6 期，第 57~60 页。

清翘在其《历代帝王年表》中给出的武王伐纣前 1053 年之说。[①]但杨小明却将安清翘的武王伐纣之年看错了，安清翘给出的年份实际应为前 1116 年。

杨小明还发现，后来黄宗羲专作《历代甲子考》[②]及《答朱康流论历代甲子书》[③]，认可了武王克商为己卯岁（前 1122 年）即刘歆《世经》依据《三统历》推定的结果，并与朱朝瑛（字美之，号康流，1605~1670 年）反复辩难。再后来，黄宗羲弟子万斯同（字季野，号石园，1638~1702 年）纂修《明史》时直接采纳了黄宗羲的《历代甲子考》，并编成《历代纪元汇考》8 卷。

在黄宗羲和万斯同的《历代甲子年表》中，第一甲子（黄帝元年）为公元前 2697 年，第二甲子为黄帝六十一年，第三甲子为少昊二十一年，第四甲子为少昊八十一年，第五甲子为颛顼五十七年，第六甲子为帝喾二十九年，第七甲子为帝尧二十一年（帝尧元年则为公元前 2357 年），第八甲子为帝舜二十一年，第九甲子为夏禹八年，第十甲子为仲康三年……第十六甲子为桀二十二年，第二十三甲子为盘庚二十五年……第二十七甲子为纣十八年，第二十九甲子为昭王三十六年，第三十是甲子为穆王四十五年，第三十一甲子为孝王十三年，第三十二甲子为共和五年，第三十三甲子为幽王五年。……黄宗羲认定的帝尧元年（前 2357 年），较安清翘的列表（前 2356 年）早了 1 年；黄宗羲认定的仲康元年（前 2159 年）较安清翘的前 2157 年早了 2 年；黄宗羲认定的武王伐纣年（前 1122 年）与安清翘的前 1116 年差异也不是很大。

前人包括黄宗羲、安清翘对中华文明源头的探索，是功不可没的。下面我们列出国家夏商周断代工程小组正式公布的夏商周断代年表，以作比较和参考[④]：

---

① 杨小明，高策：《明清科技史料丛考》，北京：中国社会科学出版社，2008 年，第 47 页。

② 沈善洪主编：《黄宗羲全集》第二册，杭州：浙江古籍出版社，1986 年，第 275~282 页。

③ 沈善洪主编：《黄宗羲全集》第十册，杭州：浙江古籍出版社，1986 年，第 179~181 页。

④ 国家夏商周断代工程小组正式公布的这一年表也远非定论，在国内外还存在着巨大的争议。

### （一）夏代年表

禹、启、太康、仲康、相、少康、予、槐、芒、泄、不降、扃、孔甲、皋、发、癸——公元前2070~前1600年

### （二）商前期年表

汤、太丁、外丙、中壬、太甲、沃丁、太庚、小甲、雍己、太戊、中丁、外壬、河甲、祖乙、祖辛、沃甲、祖丁、南庚、阳甲、盘庚（迁殷前）——公元前1600~前1300年

### （三）商后期年表

盘庚（迁殷后）公元前1300年
小辛　在位50年
小乙　前1251年
武丁　前1250~前1192年，在位59年
祖庚　前1191年
祖甲
廪辛　在位44年
康丁　前1148年
武乙　前1147~前1113年，在位35年
文丁　前1112~前1102年，在位11年
帝乙　前1101~前1076年，在位26年
帝辛（纣）前1075~前1046年，在位30年

### （四）西周年表

武王　公元前1046~前1043年，在位4年
成王　前1042~前1021年，在位22年
康王　前1020~前996年，在位25年
昭王　前995~前977年，在位19年
穆王　前976~前922年，在位55年

（共王当年改元）

共王　前 922~前 900 年，在位 23 年

懿王　前 899~前 892 年，在位 8 年

孝王　前 892~前 886 年，在位 6 年

夷王　前 885~前 878 年，在位 8 年

厉王　前 877~前 841 年，在位 37 年

（共和当年改元）

共和　前 841~前 828 年，在位 14 年

宣王　前 827~前 782 年，在位 46 年

幽王　前 781~前 771 年，在位 11 年

## 第三节　安清翘的天文学成就：兼与王贞仪比较

岁差与日月五星左旋论，是安清翘最主要的天文学成就，对此，杨小明、李树雪对此有专门深入的发掘研究。[①]但以上理论，同时也是几乎与安清翘同时代的清代女科学家王贞仪（字德卿，1768~1797 年）的主要科学成就。

在以上研究的基础上，本书首次对王贞仪的岁差、日月五星左旋等思想简要进行发掘整理，并将安清翘的相关思想与之作一些比较探索，以此确定安清翘研究的水平。

### 一、安清翘与王贞仪：岁差认识的比较

岁差成因，是安清翘天文学乃至科学成就中最辉煌和最耀眼之处。

① 杨小明，李树雪：《安清翘关于岁差的认识》，《中国科技史杂志》2005 年第 3 期，第 238~245 页；杨小明：《日月五星左、右旋之争：安清翘的左旋会通》，《华侨大学学报》（哲学社会科学版）2006 年第 1 期，第 101~109 页。

安清翘关于岁差成因的正确认识，不是一蹴而就和空穴来风的，而是层层递进、逐渐生成的。

岁差（日月岁差），乃二分点（或二至点）顺黄道缓慢西退的现象。岁差是中西天文学史上一个至为关键的概念。公元前 125 年，古希腊天文学家喜帕恰斯（Hipparchus，我国明清典籍译为依巴谷，约前190~前125年）首先发现了岁差现象；公元330年前后，我国东晋的虞喜（281~356年）也通过比照古今星图记载独立发现了岁差现象。关于岁差现象的成因，我国古代是用黄道顺赤道向西滑动来解释的；古希腊著名天文学家托勒密则以所有恒星沿黄道的东进（“恒星东移”）来解释，借此来排斥春分点的西退。托勒密关于岁差的错误解释，到明末随着第一次西学东渐由传教士传进我国，徐光启、李之藻等人编纂《崇祯历书》时便采纳了托勒密的解释，由此来避免破坏地静之说。1687 年，英国大科学家牛顿在其《自然哲学的数学原理》一书中奠定了岁差的力学解释：岁差是由月亮和太阳对地球赤道隆起部分引力摄动而造成的地轴进动的结果。但由于明清之际西方传教士的垄断，加上随后 1723~1840 年 100 多年的锁国闭关，清代学者一直基本上沿袭着托勒密的错误解释，并对其成因进行着激烈的争论，甚至引入到中西礼仪之争当中。最终，由梅文鼎将岁差成因的“恒星东移”说置于“西学中源说”的文化大框架下，而成为官学正统。[①]后来江永赞同、发挥了梅文鼎的说法，并设计了几幅岁差图，用以明示“恒星东移”效应，[②]并被学者一时广为引用和发展。直到 19 世纪中叶，哥白尼日心地动说、牛顿万有引力理论在我国公开传播之后，托勒密的错误解释才被正确的岁差理论所替代。[③]

## （一）安清翘的岁差认识

就是在这一大背景下，特别是 1723~1840 年中西科学文化交流几

---

① 王广超：《明清之际中国天文学关于岁差理论之争议与解释》，《自然科学史研究》2009年第 1 期，第 63~76 页。

② （清）江永：《数学》第 1328~1329 册，北京：中华书局，1985 年丛书集成初编本。

③ 何妙福：《岁差在中国的发现及其分析》，中国天文学史整理研究小组编：《科技史文集（一）》，上海：上海科学技术出版社，1978 年，第 22~30 页。

近停滞的时期，安清翘通过独立钻研，不迷信权威，不屈服正统，大胆怀疑，求实创新，最终独立于牛顿（图 3-1）之外天才地发现了岁差的成因。

图 3-1 牛顿

对梅文鼎、江永所力主的西方“恒星东移”说予以质疑并进行系统批判，安清翘是历史上的第一人。所谓不破不立，正是在对托勒密“恒星东移”岁差成因彻底否定的基础上，安清翘才提出了其独特的天行理论：黄道轴在沿自东而西逆时针的左旋自转（本体正转）进而形成黄道平面的同时，还绕着北极自东而西圆锥形地公转（斜转），二者同为左旋，但作为被动的正转稍迟于主动即起掣动作用的斜转，作为相对运动，结果反而是黄道相对于赤道的东移。这样，就形成了安清翘关于岁差的特有理论，解释了今天意义上岁差形成的视运动。事实上，岁差是地球自转轴在日月引力共同作用下绕黄道轴自东而西缓慢旋转的结果。二者在视觉效果上是等价的。①

同时，在《推步惟是》卷二中，安清翘还以图解（图 3-2、图 3-3）明确示之，来解释包括今天章动在内的岁差长周期现象：

① 杨小明，李树雪：《安清翘关于岁差的认识》，《中国科技史杂志》2005 年第 3 期，第 238~245 页。

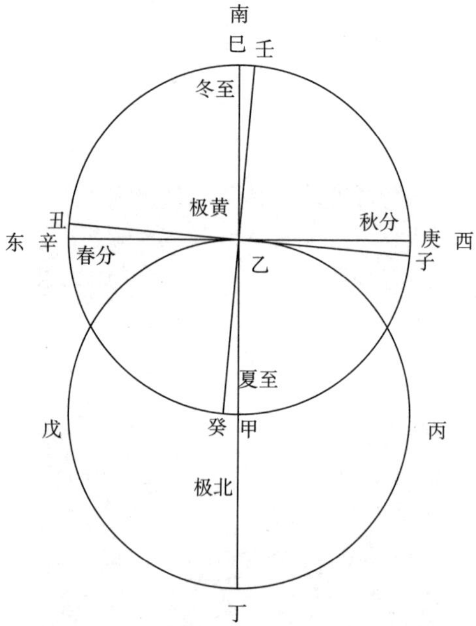


图 3-2　黄极绕北极斜转（公转）一周前诸星位置示意图

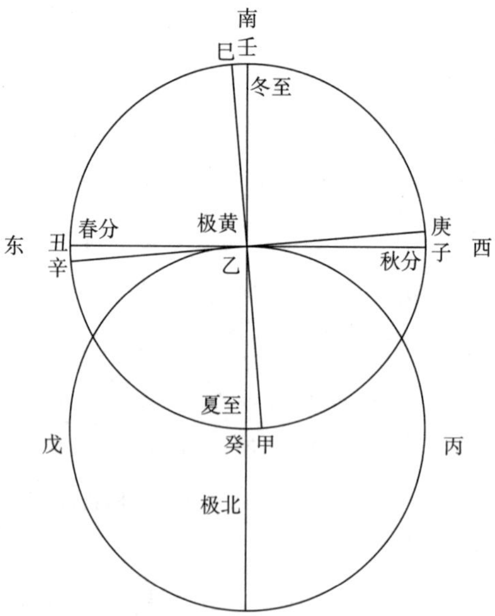


图 3-3　黄极绕北极斜转（公转）一周后诸星位置示意图

今试设两圈，其一圈不动象赤道，其一圈斜交左旋象黄道，于两圈交处作点识之象二分，此点本在黄道圈上随黄极而左旋，因斜交之故，反似随赤道圈左旋矣此即古今所以误谓赤道为左旋之道也。本随黄极左旋者，本体之正转也。似随赤道圈左旋者，斜转之势使之然也。然正转之行微迟，斜转之行微速，二者略不相应，而此点又不能恰常在赤道圈上，而有南北出入矣春分点渐离而北，秋分点渐离而南，自赤道圈视之或差而东北春分，或差而东南秋分；自黄道圈视之，总为差而东也。此点既离赤道圈，不可谓之分矣。然又有相交之点在此点之西，即岁差而西之象也。两交点时时不同，前点既离，后点又交，所以谓之差也。盖必正转一分，斜转亦一分，二者无纤毫之差，然后交点能常顺赤道圈而行。若正转稍不足，斜转稍有余，则交点即不能恰在赤道圈上矣。此自然之象，必精究物理而后得之也。

图 3-2 中，甲与北极同点，乙、丙、丁、戊乃黄极绕北极之圈，即与赤道平行的赤道距等圈，乙与黄极同点。巳、庚、甲、辛乃与黄道平行的黄道一距等圈，与赤道距等圈同度。设如黄极在北极之南，又设巳、甲、壬、癸、庚、辛、子、丑八星，甲星正在北极点，巳星在正南，癸星在甲星微右，壬星在巳星微右，庚星在正西，辛星在正东，子星在庚星微右，丑星在辛星微右。如此，黄极左旋绕北极一周回归到北极之南，而黄极（黄道轴）正转之圈左旋微迟反右便成图 3-3 之象，巳星尚在壬星微左，壬星在正南，甲星离北极点微左，癸星在北极点，子星在正西，丑星在正东，庚星在子星微左，辛星在丑星微左。癸甲、子庚、壬巳、丑辛为每周之差。差行右旋，故称“天差而东”，其实即黄极（黄道轴）绕北极正、斜转差的视觉外化所致。从图 3-2 和图 3-3，我们至少可以得到如下结论：

第一，黄道虽有退度，但从黄极而视，则不曾有动；而自北极而观，则每一周期不同。

第二，甲星离北极点微左，因此，古今纽星离北极逐渐远离。

第三，凡是黄道距等圈上的星都能过北极。一周后，黄道距等圈上之星过北极一周；半周后，周天之星距北极东西南北易位，唯在黄极点之星不动。

第四，黄道距等圈内之星，尽管东西南北易位，但仅在黄道距等圈内，其距北极之南北不会易位。

第五，一周后，黄道上的星过赤道一周；半周后，黄道上的星在赤道南者都到赤道北，反之亦然。黄极点上之星，距北极不动，即黄极无岁差。距黄极近者，距北极差少，反之亦然。距北极差最大者到大距倍度停止，远北极者运转渐近，近北极者运转渐远。

安清翘的上述结论，图文并显，通俗易懂，不仅正确，而且明了。

之所以说安清翘是独立于牛顿之外独立地发现了岁差的成因，是因为虽然安清翘晚于牛顿一个多世纪，也知道并在他处零星地提及哥白尼、开普勒和牛顿的名字，但他整个的天文历法探索包括岁差成因的发现和解释，都是在明清我国“标准”模型，即由第一次西学东渐时西方传教士传入的第谷（Tycho Brahe，1546~1601 年）“准地心说”——实即托勒密地心体系和哥白尼日心体系的一种折中——基础上完成的。哥白尼日心体系以及牛顿的万有引力理论传入中国，并为学人所接受，已然是安清翘死后二三十年之后 19 世纪五六十年代的事了。

### （二）王贞仪的岁差认识

王贞仪，字德聊，安徽天长人，寄居江宁（今江苏南京）。学者王锡琛（良医，曾撰《医方验钞》四卷）之女，是清代乃至我国历史上著名的女科学家，在数学、天文学等领域有一定的贡献，志在会通中西，曾指出“西历虽至密，亦未能言概准”；王贞仪也偶有谈及“絜矩”“句股之法，载诸《周髀》，而为测量家之所须有，絜矩之义焉。”著《西洋筹算增删》一卷、《重订策算证讹》一卷、《象数窥余》四卷、《术算简存》五卷及《筹算易知》一卷。王贞仪一生仅活了二十九岁，其著作也凋零殆尽。据传其著作有六十四卷之多，但今天只能在《金陵丛书》之《德风亭初集》[①]卷五、卷六和卷七中看到其关于天文历法的一些心得，如卷五《岁差日至辩疑》《盈缩高卑辩》《经星辩》《黄赤二道解》，卷六《地圆论》、《地球比九重天论》、《岁轮定

① 蒋氏慎修书屋民国五年（1916 年）排印本，哈佛燕京图书馆藏金陵丛书本。

于地心论》、《日月五星随天左旋论》（一、二、三），卷七《月食解》《勾股三角解》等。

王贞仪关于岁差的见解，主要集中在《德风亭初集》卷五《岁差日至辩疑》中。王贞仪开篇指出，天文历算最难知者有两端——岁差和里差：

> 天浑然物也，一气运旋，本无形迹之可求。虽其系于上者，有日月星辰之象可推验而究之。至高且远之故，人辄能坐而致之，其果何术哉？盖治历之家，其步有四：曰日，曰月，曰恒星，曰五星。其具有三：曰算数，曰图象，曰测验之器。此司天者之大略也。而其最不易知者，有二法：一曰岁差，一曰里差。岁差一法故所未知者，自晋虞喜，宋何承天、祖冲之，隋刘焯，唐僧一行等物递推而行之，其法亦不一，而所算之数亦不一。即如算一差也，或一百年始差一度者，或以五十年始差一度者，或以七十五年始差一度者，或以八十三年始差一度者，又皆未尝有一成之说。至元郭守敬始定为六十六年有八月差一度，回回、泰西二历法之差略相似。考之近历，则定以七十年度始一差，时以为准。按：历书岁差者，今年冬至日躔之星较之去年冬至之原星微差而东，故西法谓之恒星东移，其数极大抵不过六、七十年始差一度，此即所谓用中星以定时也。

这里，王贞仪回顾总结了中西关于岁差认知的历史，指出西方即古希腊托勒密所谓“恒星东移”的岁差成因说，即“今年冬至日躔之星较之去年冬至之原星微差而东”。接下来，王贞仪对“天渐差而西，岁渐差而东”的新说法进行了批评，并指斥“此大妄也”，旨在维护古法“天差而动”与西法“恒星东移”关于岁差的解释：

> 若古岁差之法，以日所躔二十四气节为岁，以恒星十二次为天。岁渐差而西，差西者日躔每岁西移不在原星处也；天渐差而东，差东者恒星每岁右徙过日躔而东也。而近时论历家多杂以术家之见解，或误考策科汇书，竟有作天渐差而西、岁渐差而东者，此大妄也！夫恒星之行度甚迟，其准必定于日躔。唯恒星东移是生岁差，

必以日度知之，而后得其行率焉。或谓天、岁二周，起于《太初历》，非也。考之天周、岁周之名，乃起于今之历家，而不起于《太初》，此因乎太阳之过宫而有是名。盖太阳以一中气，以节气共行三十度满十二气，则十二宫行一周，而其度则断不能足其所不足之度，虽微而积欠既久，所差亦遂多，故曰岁差。大抵天上之星辰分以十二宫，三百六十度是为天周。每岁太阳十二中气，共行三百六十度，微弱是为岁周。汉时误定其纪，至虞（喜）、何（承天）出而始正其讹谬。逮唐一行僧既作《大衍历》，始守岁差之法如是，分天自为天、岁自为岁。

王贞仪认可了“唯恒星东移是生岁差”之说，并解释了岁差现象：“盖太阳以一中气，以节气共行三十度满十二气，则十二宫行一周，而其度则断不能足其所不足之度，虽微而积欠既久，所差亦遂多，故曰岁差。”相当于回答了“How”等问题。然后，王贞仪又指出，岁差只能以夜半中星测之，而不能以圭表测之——圭表者，测太阳影长之变化：

若星纪之次常有定度，而冬至之日度渐移，是生岁差；若以冬至日躔星纪，岁岁相同，岁亦安得复有差哉？又有司天者‘以某甲子日合宿之度纪某年冬至并夏至之候分寸，布算不差，至来年以圭测之，始得所差岁许’云云，此极是影响语。盖圭所测者日景耳，日景极短即谓之冬至，千古之法如一者，而亦何得有差？况岁之有差，亦必于中星测之，岂用圭可测之者乎？

王贞仪还指出了东西岁差和南北岁差，并再次强调东西岁差乃“天渐差而东”，即西法“黄道不动，唯恒星东行”所致，于是又一次得出“恒星固必行而无疑”的结论：

……古言北极出地三十六度，而元史测大都北极之高四十度半余。以西测徵之，亦无分寸之移，并无有四十二度之数，故言岁差者知黄赤二道，古远而今近，此验之于日轮毂耳，日轮渐近地心皆有今昔之差，唯北极出地之度不少变焉。间尝稽西人测验，谓黄道之距渐远，此亦可名南北差。若东西岁差，则恒星东移是已。又有谓天一日一周自东而西，七曜之行有迟速皆自西而东，此中西法之大同，而西法则比恒星于七曜，此则古历之度也。考差法自虞喜以后，论恒星者又皆云不动，唯言黄道西移。余谓天渐差而东，所谓天者即恒星也；岁渐差而西，所谓岁者即黄道分至也。西法以黄道不动，唯恒星东行，则恒星固必行而无疑矣。

宣城梅氏所谓“去北极之度渐差而多也”，盖恒星必循黄道以行，实只东移，无所谓南北之行也。然自赤纬观之，则有南北之差，其横斜之势又有如是者也，此可以知其在冬至后者渐北、在夏至后者渐南之故矣。

这里，作为对一行和梅文鼎说法的赞同和发挥，王贞仪第三次强调“盖恒星必循黄道以行，实只东移”。紧接之后，王贞仪还有“古法岁差只在黄道之一线，今以论恒星东移，则普天星斗尽有古今之差。”“《新唐书·历志》有曰：‘冬至日躔退至井鬼之度，日长犹之夏至。’此说也非今法，此又因当日不明黄道、不解恒星东移之故也”等相同的说法。

### （三）二者认识高下比较

综上所述，王贞仪对岁差的认识还基于中法的“天差而东”和西法的“恒星东移”，主要是对前人特别是梅文鼎和江永的摘谬和补充，譬如对江永“黄极无极”的批评：

古歙江氏《算历》有云：“黄道无极。”此语正恐不然。古法岁差只在黄道之一线，今以论恒星东移则普天星斗尽有古今之差，而古道亦实有其极，唯黄道极乃终古不动。黄道之有极，乃浑天家因北极而推其有南极，即西法所立之黄道南北极是已。古人治历一主乎赤道，而从之以黄道。周天三百六十五度，皆从分于赤道。彼黄道之度虽有三百六十五第有经而无纬，故所分者只黄道之一线，初不据以分宫，虽或有过宫于黄道者，其实则仍分宫于赤道，此亦宣城梅氏之说也。然观西法，则又从黄道之两极，距黄道四面皆均者用分其宫度，使线上之纬度皆均，又逐度各作圆圈，渐次以小而会于黄道极至九十度，则成一小点矣。所以以恒星东移言之，则虽北辰亦有动移，唯黄道不动，盖恒星东移以黄道之极为枢也。

事实上，王贞仪多是以梅文鼎的观点为根据的，包括岁差乃“恒星东移”之说。王贞仪在《岁差日至辩疑》的结语处说得明白：

> 历算之学今虽多，而精妙考核者甚少。又或多出新意，不按一定之法。一则或视以为艰深而难之，一则或因以为隐秘而故密之，一则或目以为迂远而屏之。不知儒者固当通夫三才，而古之妇女且能知三星之在，农圃者流犹能按龙见之时。或曰：“天文之道，在所禁例，而不可以论。”然此非禁人之知其推求研测之法也，此禁夫私创臆造者之惑象而乱真也。贞仪幼侍先大父惺斋公，公细训以诸算法。既长，学历算，后复读家藏诸历学善本十余种，潜心稽究十余年不少倦。自大父既终，苦无师承，并无所问难质疑者之人，虽或有得而终不能精，尝自怅然。凡坊间所刻诸历算本，复乖舛不胜指屈，此因刻书之人本不求详善，至如诸汇书本益不足言其所以，必列历学一条，亦唯求备全其名目而已。余每览而烦之，暇日偶观历书中凡岁、里二差及论日至等类，除宣城梅定九、桐城方涪翁两先生所著历算等书而外，馀虽有善本，然不免讹舛者几半之，否则注解不明，否则议论非是，不得已，妄以闺中鄙浅之见，据所一得者辩其疑，以详其法，则证其得失，而著成一篇，其中半主梅氏之说为本，亦自知按于实际，终邻影响不免疑诟之聚，谨存俟通才俾指正之，则幸甚云。

由此可见，王贞仪是以幼年其父之历算启蒙、后以家藏之书独立习研所得，并无与之相与讨论者，“而著成一篇，其中半主梅氏之说为本。”这对于一位深居闺中内室的封建社会妇女而言，已是难能可贵之至，至少她指出了岁差“是怎样”（How）的问题。但公允地说，她所做的只是一些对前人著述的心得、摘谬和评述，还远没有对岁差成因即“何以是”（Why）的问题进行思考和探究，比起安清翘就要差之甚远了。

而安清翘却是从对梅文鼎、江永关于岁差成因的“恒星东移”的正统理论展开批判后开始立论的。在《推步惟是》卷二《岁差一》中，安清翘概述了梅文鼎所谓恒星东移有据的三大“论据”，王贞仪在其《岁差日至辩疑》中也列举并采纳了这些“论据”：

第一，唐代一行以铜浑仪测候二十八舍，其去极之度均与旧经有异。冬至者渐北，夏至后渐南。

第二，极星去不动之处以渐而远。

第三，二十八宿距度——赤道上距度古今六测不同。元代郭守敬也怀疑有动移。

安清翘依次对梅文鼎以上的三大“证据”予以反驳，认为恒星东行之说并无实据，同时给出了相反的论证，即黄道并非不动，而是东移的。

首先，西法的本、均轮体系认为，太阳最卑有岁行度，岁既周而最卑未周，即太阳最卑每年东行过冬至若干秒。既然黄道是太阳的周行轨迹，那么太阳最卑有东行过冬至之度，就与黄道不动之说自相矛盾。

其次，以西法所测的黄赤大距自远渐近来说，黄道距赤道纬度每年都有移动，那么黄道东西经度应当有移动，即黄道并非终古不动的。在《推步惟是》卷二《岁差二》中，安清翘更对西方“恒星东行”说予以了颠覆性的批驳：

> 夫黄道既为天与太阳所共之道，西法谓岁周即天周，则黄道亦千古不易；黄道既千古不易，而天实有差而东之度分不可解也，于是以黄道专属之日天而有恒星别为一天之说；恒星既别为一天，于是有恒星天与七曜同为一法之说；恒星天与七曜同为一法，则恒星天与七曜同为右旋又无解于恒星天之每日左旋也，于是天外有天，别立一天于恒星天之上而有宗动天之说；既立宗动天，又合恒星以下八重，而有九重天之说。异论种种，岐中生岐。究其致误之根，总由于谓岁周满周天也。其所以谓岁周满周天者，由于误以天差而东之度分并归之太阳行度，混天行与日躔为一也；其所以混天行与

日躔为一者，由于日有本天之说，以黄道专属之日混动天与太虚天为一也。

相比之下，王贞仪仍死守着梅文鼎所主的西方“恒星东移”这一错误的说法，于是，就不可能真正发现岁差的成因。

同时，安清翘虽然也与王贞仪一样认可了中国传统关于岁差“天差而东”的解释，但又清醒地指出了这一说法的缺陷，即缘于中法用的是赤道坐标，只测量赤道上的恒星，所以得到的是赤道岁差，故若云“天差而东”即就赤道来说，“则谬以千里矣”；另外，赤道岁差比黄道岁差小，这样得到的岁差周期势必比实际大，“若日躔不满太虚天，则断不能成岁。”[①]固然王贞仪也认识到不仅有东西岁差，而且存在着南北岁差，她说：“然自赤纬观之，则有南北之差，其横斜之势又有如是者也，此可以知其在冬至后者渐北、在夏至后者渐南之故矣。”但她并没有继续深入进行论述。相反，安清翘则要深入得多，认为对于黄道而言，中法“天差而东”是不易之论，“天差而东者，即恒星南北纬差之所由生也。”[②]使梅文鼎用来证明“恒星东移”之恒星距赤道有南北纬度差的说法不攻自破，恰如安清翘在《推步惟是》卷二中所云：“即古人天差而东之理，今反据以申西法而轻议古人，不亦傎乎？”

不过，与王贞仪相仿，安清翘也主西方的“黄道有极”之说。所以，安清翘关于岁差的认识比王贞仪要深刻、细致和具体得多，也更具有独立的批评精神，因此，成就也远比王贞仪大得多。

## 二、安清翘与王贞仪：日月五星左旋思想的比较

按视运动来说，日月五星究竟顺天左旋（自东而西）抑或自行右旋（自西而东），是困扰中国科学界、思想界长达 2000 年的宇宙模式问题。就日月五星左、右旋之争，继清代初期的王锡阐之后，受到东渐的西学尤其是多重天说的影响，17 世纪末持左旋论的梅文鼎与持右

① （清）安清翘《数学五书·推步惟是》卷二，清嘉庆年间刻本。
② （清）安清翘《数学五书·推步惟是》卷二，清嘉庆年间刻本。

旋论的黄百家等人又将这场论争升华到一个全新的境界[①]，以至于到了 18~19 世纪之交的安清翘和王贞仪等人还兴味不减地对之进行细致的讨论。

### （一）安清翘的日月五星左旋思想

安清翘在扬弃明末清初揭暄（字子宣，号韦纶，1613~1695 年）、游艺（子六，号岱峰，1614~1684 年）盆水、盘丸试验假设之后，尤其是在梅文鼎左旋说的基础上，取消了“天有重数”、日月五星丽于天或各有定轨之说，坚持“大气即天”“天为一体”及天无重数、恒星即天与惯性自动，由此回归了左旋说本初的意义。同时，安清翘还使用他用来说明岁差成因的天旋模式，解释了日月星辰日复一日东升西落的同时还伴有顺黄道东移的现象。

在安清翘眼中，日月五星在大气中，就像物体在水里，水虽然是一个没有上下分层的整体，然而浮在其中的物体却有高下、大小和轻重等差异，它们随水而流的时候就会有快慢的不同，这样，安清翘就解释了日月五星随黄道左旋而各有快慢的视运动。

安清翘的左旋说，就前提简单性、逻辑一致性，包括力学机制合理性等方面，均胜过以前包括梅文鼎等在内的左旋说，但他在论理、假设和实测上存在固有缺陷，一是他所应用的第谷地心体系本身的局限。二就是左旋说本身不如右旋说的先天不足。[②]

因为关于安清翘的左旋说，杨小明、黄勇已有过透彻的研究，这里仅举其核心思想，其余在与王贞仪的比较中再具体阐发。

### （二）王贞仪的日月五星左旋思想

在关于岁差和里差的讨论之后，王贞仪还连续写了三篇讨论日月五

---

① 杨小明：《黄百家与日月五星左、右旋之争》，《自然科学史研究》2002 年第 3 期，第 222~231 页；杨小明：《梅文鼎的日月五星左旋说及其弊端》，《自然科学史研究》2003 年第 4 期，第 351~360 页。

② 杨小明，黄勇：《日月五星左、右旋之争：安清翘的左旋会通》，《华侨大学学报》（哲学社会科学版）2006 年第 1 期，第 101~109 页。

星左、右旋之争的小文章，即《日月五星随天左旋论一》《日月五星随天左旋论二》《日月五星随天左旋论三》，收在《德风亭初集》卷六，每一篇基本都集中在一两个主题，故我们可以集中分析、比较和评述。

1. 右旋：日月五星列宿旋转之轮而非其实迹

王贞仪《日月五星随天左旋论一》开篇云：

> 天左旋，日月五星右转。此说合之中西历家同乎？曰：同。然则其说均是与？曰：否。天左旋是也，日月五星右转似是而实非也！常因左、右之旋而考之日循黄道之迹，黄道右旋斜络乎？赤道而南北者，寒暑之故也。其必随乎大气而左准赤道为出没者，昼夜之故也。虞夏书以衡写天即璇玑玉衡，逸文犹见《周髀》之本。至黄道极亦随大气而左旋，昼夜一周又过一度，是盖古之治考日月之行，以授时表中星以著候，不言五步之术以治历。至汉然后推测五步之迟疾、留退、见伏之距，定以左旋各为经纬，右旋者发敛之轨，左旋者昼夜之象，夫不知日入次二衡而暑甚，出次二衡而寒以渐甚。月入次二衡而减夏之暑、增冬之寒，出次二衡而反是，是左行顺气自然而旋，日月之盈缩积验于既往，其高下定而后左旋之规立，此以璇玑玉衡顺行之气测天与日月星辰之左旋也。夫黄道日星左旋之天周而古今推移右旋者，乃日月五星列宿旋转之轮而非其实迹。又因未知乎左旋为大气所运以成东出西没之象；又昧乎晋《天文志》左旋、右旋之说，于是取证《周髀》“蚁行磨上”一语，儒者往往以左旋于右为顺遂外七衡，而疑日月五星亦右旋矣，皆原于步算家与儒者各持一议，复执一“蚁行磨上”之语，故右旋之说乃牢不可破。夫即以行磨之语解之，不唯磨之上石左旋也，即仰石亦左之，所不动者唯磨心之枢木耳。磨石之中，试设一圈斜络之近上石。又设一圈，交于中圈，半在中圈而上，半络中圈而下，上者亦近磨石上侧，下者亦近磨石下侧，使蚁右行中圈之交。磨动则二圈分疾迟，疾者外圈，迟者中圈，蚁不能行乎疾圈也，必随斜而上，至上侧中圈而迟，绕以行以疾，观迟似有顺逆之旋。若磨石左旋一周，而中

圈亦左移分余，人见其迟，故以为右，其实非也。所谓随大气之运而与俱左，理则然也。

这里，王贞仪开篇即表明了态度："天左旋是也，日月五星右转似是而实非也！"然后，她引入了《周髀算经》中的"七衡六间"图，以及在历算家所主张的右旋说"蚁行磨上"的比喻中加上一斜络之圈，又在上石设一圈交于中圈，运转以说明"人见其迟，故以为右，其实非也"的左旋理论，或者是"黄道日星左旋之天周而古今推移右旋者，乃日月五星列宿旋转之轮而非其实迹。"

王贞仪接受并发挥了梅文鼎的左旋说，认为"天"及日月五星都随着大气每天自东向西的"左旋"，日月五星因不及天之运行而落后是一种表象，而非它们真的有"右行"的行为，于是，"随大气之运而与俱左，理则然也。"

2. "天有重数"，日月五星顺黄道而非赤道而行

王贞仪《日月五星随天左旋论二》开篇云：

仪以蚁行磨上之说解其理，以辩论乎日月五星右旋之非是。盖又徵于七曜而实之矣，七曜之东移又徵于天之重数而定之矣，何也？七曜东移不由赤道，而由黄道立长短之规。今占之南北交差四十有五度，故七曜每日不能距全度而无差，唯其有差是以见其平斜之势，而必由本天以带之。虽各自动于小轮，不能不斜交赤道之内外以行其东升西没之距，而制动之枢全在动天，恒星以内皆相附而行。七曜既各有定所，而其各动之天亦不能顺黄、赤二道斜交之处退转而行，于是相差而成动移以生逆度，周天恒星行度甚迟，而准于日。古法岁差在黄道之一线，随动天之西行是右旋，惟恒星其东移皆在黄道。其所以右向，原因天之左旋而成，凡以为七曜右旋者是以进顺为退逆矣。梅定九论左右之旋，亦云"天虽有层次，以居七曜而合之总成一浑体，故同为西行，是可以名之为左旋"。又曰"七曜之行皆循黄道而不由赤道，则其与动天异者，不徒有东西之相违，而且有南北之异向"云云。如是以论，梅氏虽以左与右为并

> 旋，毕竟以左旋为之宗。或曰："西人奈何亦以右旋测日月五星？"噫！西历虽至密，亦未能言概准，即其言左旋以为岁轮不相侵入而能自为左转，又有水、火、土、气通之成一球，向右旋转，而左旋之天不动；又以太阳中旋而地球旋转于外。若此等解说不一而足，有所可行，即有不可行；有所是，即有不是。岂可例观？乃《明史》载明太祖问群臣左旋、右旋之说，群臣皆以左旋对，盖用《书经集传》蔡氏之说也。太祖定之以右旋。所以为右旋者，乃以月之行实之耳。而后之历家遂为矩镬，殆亦可云耳食者矣！古人云："天形如卵白，地形如卵黄。"即此以论白与黄，既无离合，何分顺逆？世未有牵卵白而黄不随以转者，奈何天左旋而系乎天者？故逆之而右行哉！

这里，王贞仪也并无新意，基本上是以梅文鼎左旋说的"天有重数"，以及日月五星东移——"右旋"顺黄道而不是赤道而行（而天的左旋即东升西落是垂直于赤道平面，于是，日月五星的"右旋"运行是东西方向和南北方向运动的叠加）为依据的。[①]我们再看梅文鼎的说法：

> 天虽有层次以居七曜，而合之总一浑体，故同为西行也。同为西行矣，而仍有层次以生微差。层次之高下各殊，则所差之多寡亦异，故七曜各有东移之率也。然使七曜所差只在东西顺逆迟速之间，则槽丸、盆水之譬亦已足矣。无如七曜东移皆循黄道而不由赤道，则其与动天异行者，不徒有东西之相违，而且有南北之异向，以此推知七曜在各重之天，皆有定所，而其各天又皆顺黄道之势，以黄道为其腰围中广，而与赤道为斜交。[②]

还有，王贞仪对"以太阳中旋而地球旋转于外"即哥白尼的地动说也进行了批评。而此时即 1760 年，法国传教士蒋友仁（Michel

① 杨小明：《梅文鼎的日月五星左旋说及其弊端》，《自然科学史研究》2003 年第 4 期，第 351~360 页。

②（清）梅文鼎：《历学疑问》卷二，《四库全书》第 794 册，台北：商务印书馆，1983 年。

Benoist，1715~1774 年）在向乾隆帝进献《坤舆全图》时，已将哥白尼日心地动说明确地介绍了进来。考虑到又过了 30 多年，《坤舆全图》才以《地球图说》的名义正式出版，而阮元（字伯元，号云台，1764~1849 年）在为书作序时却说“不必喜其新而宗之”，而钱大昕则说行星绕日运行的椭圆轨道只是用来计算的一种方便的“假说”而已，并不是行星运行的真实轨道。哥白尼学说真正得到广泛传播和普遍接受，则要等到鸦片战争后的 1859 年，即李善兰（字竟芳，号秋纫，1810~1882 年）与英国传教士伟烈亚力（Alexander Wylie，1815~1887 年）合译《谈天》—— 英国天文学家赫歇尔（John Frederick William Herschel，1792~1871 年）的名著《天文学纲要》）之后。所以，我们不能苛责王贞仪。

不过，王贞仪对长久以来作为右旋说“力证”的明太祖朱元璋钦定右旋说的说法予以质疑是有道理的。我们看黄百家在其《明史·历志》卷一中的记载：

> 十年（即 1377 年—— 笔者注）三月丁未，帝与群臣论天与日月五星之行。翰林应奉傅藻、典籍黄麟、考功监丞郭传皆以蔡氏左旋之说对。帝曰：“天左旋，日月五星右旋也。二十八宿，经也，附天体而不动。日月五星纬乎天者也。朕自起兵以来，与善推步者仰观天象，二十有三年矣。尝夜指一宿为主，太阴初居是宿之西，尽一夜，则渐过而东矣。由此观之，则是右旋。此自来历家本论。尔等犹守蔡氏之说，岂格物致知之学乎？”

朱元璋“尝夜指一宿为主，太阴初居是宿之西，尽一夜，则渐过而东矣。由此观之，则是右旋”的论证根本不能成立，但慑于这是“金口玉言”，人们不敢也不便反驳罢了。正如王贞仪所正确指出的，“太祖定之以右旋。所以为右旋者，乃以月之行实之耳。而后之历家遂为矩辙，殆亦可云耳食者矣！”

3. 历算家右旋之说多以截法，而难于历法

对此，王贞仪在《日月五星随天左旋论三》中集中论述道：

> 历家测左、右之旋而讫无定论者，大抵所用者多以截法，而难于历法耳！历法者，以理为用，而必取夫实。截法者，借象为用，而多近于虚。仪尝于历家之谈七曜而知之。历家以行之最速者属月，最迟者则镇星镇星之说本未误，而均以辰星、太阳、荧惑、岁星皆右向而旋。天七曜之经天也，本顺天以运，而非背驰者也，故每日皆升于东、没于西。天有重数，则七曜亦层次，因层次而生微差，所以镇星之行虽至迟，亦唯绕地左旋一日而一周，积至于一岁之久，则不能不退移一宿，而终不能及乎天行之健。于历家者，多以平面之轮与斜转之势窥之，遂若无西移之率。又因见其积退，遂以为东行皆在黄赤之侧周，而决以右旋定之。夫天球之分轮有九重天之轮，亦有动与不动，是以七曜之左旋必有迟有速，其行之最速者近于动天也，其行之最迟者远于动天也。至于七曜之中，其行之迟而退度之有可见者莫如月。太阴一日之行常不及天十三度十九分之七。假以今夜月在角宿，来夜则至亢宿，其退距则十四度，以十度余积至二十有九百四十分日之四百九十七，而会日至十二而乃与天会，故历家见月、日、太白、荧惑、岁星之退而以为东行，则以右旋目之，不知日月五星之退非实退也，正其进也；是非逆也，正其顺行也。以不退而反为退，自必为左而为右，皆用截法之所误耳。夫必指日月五星左旋为确乎不易之说者，正非仪所敢臆度而漫证之也。自横渠张子始定之，而晦庵朱子阐发详明，其《语录》问："经星左旋，纬星与日月五星左旋，是否？"则曰："今历家是如此说。横渠说天左旋、日月星辰亦左旋。看来，横渠之说为不可易之论。"据此，而朱子亦主于左旋也。仪故曰："天左旋，日月星辰亦左旋。"盖观象者必取实学，历法必准理。左旋之象实体也，即历之顺理也，夫复何疑！

这里，王贞仪提出的新论点，是历算家多用便算截法从而得出日月五星右旋之说的，"故历家见月、日、太白、荧惑、岁星之退而以为东行，则以右旋目之，不知日月五星之退非实退也，正其进也；是非逆也，正其顺行也。以不退而反为退，自必为左而为右，皆用截法之所误耳。”这与前面她反复指出的日月五星列宿右旋之轮而非其实迹的思想是内在一致的，但并未增添新的有说服力的材料和内容。

## 三、安清翘与王贞仪左旋思想高下比较

首先，相比王贞仪左旋思想的第一条，安清翘对左旋说和右旋说各自的问题和长处看得分明，而不像王贞仪那样只看到右旋说的缺点，而无视左旋说的问题。

> 天左旋，日月五星右旋，术家之旧说也；天左旋，日月五星顺之少迟则反右旋，儒家之新说也。两家断断争辨不休，然则二者果不可一乎？曰：两家初说亦无甚异，其各持一议，皆后起之说也。术家初说谓天如磨、七曜如蚁，磨左旋而蚁右去，磨带蚁而左旋也；儒家初说谓天如大轮在外，七政如小轮在内，大轮转速，小轮转迟，而小轮反成右旋矣。术家以顺逆分左右，儒家以迟速分左右，两说立意虽不同，然所谓天者只一而已。既止一天，则左旋、右旋只在一天之上。术家主测量，七曜右旋皆出实测，不得以空言求胜也；儒家所言者理，天左旋而七曜右旋，是逆行也。逆行者，理之所无也。用术家实测以算躔离真度，而以儒家实理明其所以然之故，斯两家之说可合为一。①

安清翘的概括很有道理，历算家即所谓的“术家”以顺逆分左右，而儒家以迟速分左右；历算家以测量为准，日月五星右旋之数都出自实测。而儒家是以理取胜，即无右旋即逆行“理之所无”；历算家据实测来求日月五星运行的真实度数，而儒家之长处是以实理明其所以然之故。

其次，相比王贞仪左旋思想的第二条，我们再看一看安清翘的意见：

（1）对于梅文鼎“天有重数”的说法，安清翘也是同意的，但更有发扬。

---

① （清）安清翘：《推步惟是》卷一《左旋右旋一》，清嘉庆年间刻本。

> 夫七曜有高下而天实无重数可言，术家之说则曰天有重数也：左旋之宗动天为一重，右旋之天别有八重，恒星、七曜各有所丽之天，其各丽之天右旋迟速不同，而恒星、七曜因之。其天右旋，故恒星、七曜随之右旋也。不知天无逆宗动而右旋之理，且恒星亦当有高下之异，未必普天如一，是将有无数右旋之天，又有无数之极为之枢纽。何只八重已乎？此术家之误，因重数之说而误也。儒家之说亦曰天有重数也：在内之天其左旋迟，故七曜之在内者其左旋亦迟；在外之天其左旋速，故七曜之在外者其左旋亦速。不知七曜随天之行虽有迟速，而天则如一，不可以迟速言也。此儒家之误亦因重数而误也。[①]

以上安清翘关于“七曜有高下而天实无重数可言”“天则如一”的观点，是很有见地的。之前梅文鼎认为“天一而已，以言其浑沦之体”“天虽有层次以居七曜，而合之总一浑体，故同为西行也。”“若由其苍苍之无所至极以征其体势之高厚，则虽恒星同在一天而或亦有高下之殊”，然而安清翘“恒星亦当有高下之异，未必普天如一，是将有无数右旋之天，又有无数之极为之枢纽。何只八重已乎”的质疑，对西方九重天说的瓦解作用更强，分析也更深刻。

（2）而对于浮于“天为一体”中的日月五星运行迟速，安清翘的阐述则比梅文鼎和王贞仪要科学、具体和深入的多。

> 天只一动而已，左旋之天是也。七曜之左旋乃随天而行，七曜未尝动也，七曜之右转乃左旋不及之度，以七曜与天相较，似有动移，其实七曜仍未尝动也。如水之载舟，其舟顺水而行，乃水动非舟动也。其舟不如水之速，若以水速与舟迟相较，则舟为逆行，然舟亦未尝动也。譬水之载舟……七舟同行，其舟与舟相较，亦有迟速之不同。若以舟与水相较，则水为行速，舟皆为行迟也。知七曜之行为迟于所共丽之天，则知左旋为七曜随天之行，而右旋为不及天之退度，一而二、二而一者也。……盖在内之天其度小，故其气

① （清）安清翘：《推步惟是》卷一《左旋右旋四》，清嘉庆年间刻本。

慢；在外之天其度大，故其气紧；至最高之天，则其气愈紧，朱子所谓如硬壳相似者。恒星在最上一层，即与硬壳相似，恒星所以为天体也。使在内非慢，则其行当过于在外之天矣；在外非紧，则其行当不及在内之天矣。是虽紧慢有不同，而及其一周，则迟速如一。在内者度小而行迟，在外者度大而行速。合而观之，内外同周，无所谓迟速也。试置水于器，从而搅之，其在外者必紧，在内者必慢，然及其一周观之，外周则内亦周，内周则外亦周，无所谓迟速也。在内之天度小而气慢，故七曜之在内者其随天之行迟而退度速；在外之天度大而气紧，故七曜之在外者其随天之行速而退度迟；至恒星则为紧之至，恒星所以无退度也。此因气有紧慢，而随天之行有迟速，其退度遂与之相反，非天行有迟速也。①

这是安清翘关于以往日月五星左、右旋说的左旋会通。安清翘甚至考虑到，除“因高卑而迟速不同”外，日月五星的大小、轻重也会影响到它们各自右旋即退行的速度。

七曜左旋因高卑而迟速不同，然天行则一。譬七舟同行于水，舟有大小轻重，其行不一，因分迟速，其水之迟速则一也。若因舟行迟速遂分水之迟速，必惑于七曜各有一重天之谬说矣。②

（3）为说明日月五星在东西向视运动之外同时还存在南北向视运动的运动“叠加”现象，梅文鼎引入西方的“多重天说”，对先前的左旋说予以改造，提出北极是“宗动天”的枢纽，而黄极则是日月五星甚至恒星所处的“各重之天”的枢纽。但安清翘不太同意这种观点：

---

① （清）安清翘：《推步惟是》卷一《左旋右旋五》，清嘉庆年间刻本。

② （清）安清翘：《推步惟是》卷一《天行迟速》，清嘉庆年间刻本。若深究起来，本书前述安清翘关于日月五星浮于气中（一如物居水中）而之能高下有常，从经验直觉以迄近世科学理论观之，乃圆周运动之惯性使然。安清翘日月五星左旋乃随“高处气紧”但一体之天之行——或言日月五星实为“大气即天”的惯性掣动之论，以及“置水于器，从而搅之”的试验设譬，可以说已然蕴含了惯性平衡思想。这应该是对朱熹“天不陷，地不坠”的元气高速运动下的平衡思想的继承和发挥：“天运不息，昼夜辗转，故地榷在中间，使天有一息之停，则地须陷下。”（《朱子语类》卷一）“如弄碗珠底，只恁运转不住，故在空中不坠，少有息则坠矣。”（《朱子语类》卷六十八）

> 又宗动天以北极为枢，以赤道为道，乃正转也。宗动天既正转，而八重随之。然八重又有右旋之度，以黄极为极，以黄道为道。此右旋之极、右旋之道，即以宗动天之大气运之耶？抑八重又有右旋之大气运之耶？或八重右旋为退于宗动之度，不必有大气运之耶？若谓即宗动天之大气运之，则大气乃左旋必不能右旋也；若谓八重又有右旋之大气运之，则宗动之大气其左旋在恒星天外，此右旋之大气在恒星天内，内外两气不能不相连也，以相连之气而一左一右已不可通。况八重右旋又迟速不同，而同一极迟速不同，是不同一气矣。然又同一极，以一极而运八重不同之气，又不可通矣；若谓八重右旋为退于宗动之度不须气运，则宗动左旋宗北极，八重退天右旋亦当宗北极，何以八重右旋反同宗黄极耶？……总之，天只一极一动，有两极两动断不可通。[①]

安清翘以“天只一极一动”取代了梅文鼎的黄极、北极二极二动说，于是，形成了前述他用以解释岁差的独特的天行模式，即“动天之枢以东西正转而兼南北斜转”[②]（《推步惟是》卷一“天枢”）。由于本体正转是斜转带动所致，所以，正转就会略慢于带之而动的斜转，这就是岁差产生的原因。[③]这里，不仅能看出安清翘思想的逻辑一贯性和严密性，而且也能看出其思想在深度和高度上要远远超出梅文鼎，以及宗梅文鼎之说的王贞仪。

此外，王贞仪以张衡关于天地模型的蛋白与蛋黄做比喻，再一次强调：“古人云：‘天形如卵白，地形如卵黄。’即此以论白与黄，既无离合，何分顺逆？世未有牵卵白而黄不随以转者，奈何天左旋而系乎天者？故逆之而右行哉！”这也又一次应了安清翘对左旋说的评价：“儒家所言者理，天左旋而七曜右旋，是逆行也。逆行者，理之所无也。”

最后，相比王贞仪左旋思想的第三条，安清翘没有关于“截算”的

---

① （清）安清翘：《推步惟是》卷一《天行迟速》，清嘉庆年间刻本。

② （清）安清翘：《推步惟是》卷一《天行迟速》，清嘉庆年间刻本。

③ 杨小明，黄勇：《日月五星左、右旋之争：安清翘的左旋会通》，《华侨大学学报》（哲学社会科学版）2006 年第 1 期，第 101~109 页。

见解，但他突破了西方“九重天说”的框范，而不像王贞仪仍固守“九重天”的旧说。正如前述所引的，“恒星亦当有高下之异，未必普天如一，是将有无数右旋之天，又有无数之极为之枢纽。何只八重已乎？”

不过，针对右旋说是“便算截法”的批评，王贞仪之前 100 年的黄百家倒是有一番反批评，颇有道理。黄百家在其《天旋篇》开篇就说，他之所以专门作《天旋篇》，就是为了反驳包括朱熹“日行一日一夜，周三百六十五度，日行速，月行迟，历家只算所退之度，此乃便算截法，故云日月五星右行，其实非右行也”在内的左旋说法。[①]在《天旋篇》的结语处，黄百家颇有感触地说：

> 若夫顺天左旋之说，儒者身未尝登台，手不谙筹策，农圃之未习，不慊自居于不如，便欲以虚理肉吕掩盖专门。殊不知治历之事，至繁至奥，而专门之士乐用其长不惮烦也。彼郭氏之《授时》、西方之二历，出于宋儒之后者无论矣。第论《太初》、《三统》以来，如刘洪、刘焯、一行诸人，俱殚一生之精神心血于表竿算数之中……即而探之，真如渊海，彼岂苟且贪于便算者哉？且如各曜，果若西行，有目童稚，灼然共睹，何独于数千年专门治历之人，执窥筒，列仪器，晨夜匍匐，以仰观天象者，乃竟眯目于此，遗此玄珠于赤水哉？然则余敢直断，诸大儒七政顺天左旋之说实不谙历理之谈，非通论也！[②]

这里，自古以来的历算家们“即而探之，真如渊海，彼岂苟且贪于便算者哉”，恰是对朱熹和王贞仪对历算家以“便算截法”这种无理责难最好的反驳。

所以，由于左旋说的先天缺陷，尽管在论理上有其一定的优势，但它却始终难为历算家们所接受，一是难于数学化、应用化。二是无法合理解释诸如如果没有本天带行，日月五星何以能成与黄道相交的中围大

---

① 杨小明：《黄百家与日月五星左、右旋之争》，《自然科学史研究》2002 年第 3 期，第 222~231 页。

② （清）黄百家：《黄竹农家耳逆草·天旋篇》，清康熙四十四年（1705 年）刻本。

规？特别是日月视运动的周期性变化[①]等问题。[②]梅文鼎如此，王贞仪如此，安清翘的左旋说也难脱此藩篱。

在以上三篇小文章中，王贞仪事实上是在梅文鼎基础上对左旋说的辩护和对右旋说的责难，而安清翘却是在继承又批评梅文鼎基础上对左旋说予以发展和完善，并试图以之去会通和终结自西汉至清代在我国延续了两千年的日月五星左、右旋之争。但奇怪是的，郑文光、席泽宗两位前辈却误认为："清代女青年天文学家王贞仪（1768~1797 年）也曾著《五星随天左旋论》，批判儒家的左旋说。"并说"王锡阐和王贞仪都是十分重视理论和实践相结合的，这是我国宇宙理论上唯物主义传统的发扬"。[③]而事实上，王贞仪批判的并非"儒家的左旋说"，而恰恰是"术家的右旋说"，且是在坚决维护"儒家的左旋说"；同时，说王贞仪"十分重视理论和实践相结合"，但除了对"蚁行磨上"设譬有所发挥及"今占之南北交差四十有五度"之外，王贞仪的"理论与实践相结合"是什么呢？相反地，如前已引用过的，我们只看到：

> 夫必指日月五星左旋为确乎不易之说者，正非仪所敢臆度而漫证之也。自横渠张子始定之，而晦庵朱子阐发详明，其《语录》问："经星左旋，纬星与日月五星左旋，是否？"则曰："今历家是如此说。横渠说天左旋、日月星辰亦左旋。看来，横渠之说为不可易之论。"据此，而朱子亦主于左旋也。仪故曰："天左旋，日月星辰亦左旋。"盖观象者必取实学，历法必准理。左旋之象实体也，即历之顺理也，夫复何疑！

---

① 陈美东：《中国古代日月五星右旋说与左旋说之争》，《自然科学史研究》1997 年第 2 期，第 147~160 页。

② 左旋说把原为太阳周年视运动的黄道认作是太阳周日视运动的轨道，便难以说明像一年四季太阳出没方位和昼夜长短的变化、太阳南中天高度的升降及日月视运动之周期性变化诸现象。根据左旋说，冬天太阳应该升起在东南方向而落山在西北方向，夏天应该升起在东北方向而落山在西南方向。这显然与事实相悖；太阳、月亮如果是周日的视运动，那么，在一天里根本不可能觉察到其视运动有周期性的快慢变化。即令有快慢变化，也应该是以一天为循环，而不会是一年、一月。

③ 郑文光，席泽宗：《中国历史上的宇宙理论》，北京：人民出版社，1975 年，第 99~105 页。

这就是王贞仪的“与实践相结合”！相反，对“西人奈何亦以右旋测日月五星”的质疑，也如前已引用过的，王贞仪则似是而非地说：

> 西历虽至密，亦未能言概准，即其言左旋以为岁轮不相侵入而能自为左转，又有水、火、土、气通之成一球，向右旋转，而左旋之天不动；又以太阳中旋而地球旋转于外。若此等解说不一而足，有所可行，即有不可行；有所是，即有不是。岂可例观？

此处的“有所可行，即有不可行；有所是，即有不是。岂可例观”，更像是一种相对主义或双重标准。同样，对以实测为主的右旋说，王贞仪则直接指责道：“历法者，以理为用，而必取夫实。截法者，借象为用，而多近于虚。”可以说，王贞仪犯了左旋论者（但安清翘除外）共有的毛病，正如在她 100 年之前的黄百家在其《正惑诗》中再一次总结的那样：

> 日月丽乎天，乃能得久照。若果皆左旋，浮游无定道。日日换轨陆，寒暑何凭料？成象尽偏趋，大地亦翻倒。一切都非是，乾坤何由造？治历有前言，未可任臆凿。①

王贞仪较安清翘要小大约 10 岁，而寿命又短仅 29 岁，且是位女性，故能在天文历法和数学等自然科学领域取得一定的成绩殊为不易。但我们不能因为这些，就无视事实，对她的科学成就往高里拔。王贞仪在历史上的知名度相当高，评价也很高。譬如，清代著名学者钱大昕（字晓征，号竹汀，1728~1804 年）将她誉为“班昭之后，一人而已”。又如，南京藏书家朱诸在跋王贞仪《德风亭集》时称：“德卿于书，无所不窥，工诗古人辞，尤精天算，贯通中西。自古才女如谢道蕴、左芬之属能为诗矣，未闻其能也；曹大家续汉史矣，宋宣文传周官矣，未闻其通天算也。德卿以一人兼之，可不谓彤管之杓魁、青闺之收并乎？”桐城学派肖穆专作《女士德卿传》，颂扬王贞仪是“兼资文武，六艺旁通，博而能精”。

---

①《竹桥黄氏宗谱·诗文集》，浙江余姚梨洲文献馆藏。

然而，拿王贞仪与同时代的安清翘相比，我们发现王贞仪的天文历算水平仅停留在读书心得的层面，对前人特别是如梅文鼎等权威，更多的是消化、释读和发挥，谈不上批评和创新。比起安清翘来说，相差甚远。可以说，在历算水平上，安清翘是与王锡阐、梅文鼎和黄百家处于同一层次，即第一层次，而王贞仪则大致处在二三流之际。王贞仪也许正是因为女性的弱势地位，且多才多艺，而为一些名流学者所赏识和仰慕，因而名声响亮。而安清翘只是一名极为平凡普通的七品县令，且甘于寂寞和清贫，虽然后来有礼部尚书李宗昉为之《矩堂语录》作序，但安清翘还是不为人所知。

相比王贞仪，天文历算和音乐成就远为卓著、思想远为深刻的安清翘却险些被历史所遗忘，我们认为这是极不公正的，不是历史无情，而是安清翘甘居寂寞，朴实无华。所谓“荒野里也有灵性，空谷幽兰自芬芳”，安清翘即是一个最好的注脚。

# 第四章　十二平均律：从朱载堉到安清翘

音律学，即以数理方法研究发声体乐音由来及其与音高（频率）之间规律的科学。音律，既是指构成音阶的两个音，又是指选择音阶各音的构成规律。定律之法，指音乐实践中根据弦或管的长度与发音间关系以数理方法找出音阶中各音之法。

十二平均律，是当今世界音乐界普遍应用的一种律制，即所谓标准律制，是一种数理调音体系，它将八度精确划为 12 个半音，每半音的音程为 $\sqrt[12]{2}$。按音分计算，八度为 1200 音分，12 个半音间均为 100 音分。十二平均律，是一种人为的但能够随意旋宫转调的律制。

与历法一样，我国古代对音律也极重视，并与历法并称为律历，《二十四史》大部分都载有专门的律历志。早在《尚书·尧典》中即有“同律度量衡”的记载。我国古代最早的定律之法，是创于约公元前 7~3 世纪的“三分损益律”。

所谓“三分损益”，是将主音律的管（或弦）三等分，取其两份（全管长的 2/3，为损一），或增加一份（全管长的 4/3，为益一），依次来确定十二律的其余各律之长。具体地说，是将主音即起始音的弦长乘以 2/3（三分损一），得到次律；再将次律乘以 4/3（三分益一），又得次一律；再乘 2/3（三分损一），这样依次乘 12 次，便可完成一个八度音中十二个律的数值计算。由于三分损益律是乘以 2/3 或 4/3，而 2/3 即上生五度，4/3 即下生五度，故此，三分损益律即西方所谓的五度相生律，简称五度律。

三分损益律，是世界音律学史上的一项伟大创造，是中国古代应用最广泛、理论最完备的律制。但三分损益律是非平均律，所得 12 个音的音程差异不均。按照这一方法计算出来的清黄钟与黄钟的弦长之比不是减半，而是 0.4933，清黄钟的音分值比 1200 多 24 音分，这一高出的音分值称为古代音差。由于这一音差，就无法实现旋宫转调。为消除这一音差，我国古代从西汉京房（本姓李，字君明，推律自定京氏，前 77~前 37 年）开始，经钱乐之（424~453 年）、沈重、何承天、刘焯、王朴（字文伯，906~959 年）与蔡元定（字季通，学者称西山先生，1135~1198 年）等人前后 1500 年的不懈努力，到 16 世纪末才由明代朱载堉首倡十二平均律，消除了古代音差，彻底解决了旋宫转调问题，从而使律学发生了具有世界首创意义的根本性革命。

朱载堉（字伯勤，号句曲山人、九峰山人，1536~1611 年）是我国明代科学艺术天空的一颗巨星，也是著名的律学家、历学家、数学家、艺术家和科学家，是一位富有创造性的学者。朱载堉超越祖规，破除故习，勤学习，重实验，完成《乐律全书》《律吕正论》《律吕质疑辨惑》《嘉量算经》《律吕精义》《律历融通》《算学新说》《瑟谱》等。英国著名学者李约瑟盛赞朱载堉是“一位文艺复兴时代的人”[①]，“首先从数学上系统阐述平均律的荣誉应归之于中国”[②]。朱载堉最大的贡献是他创建的十二平均律，是音乐史上最早用等比级数的音律系统，今天被广泛应用于包括钢琴在内的世界各国的键盘乐器中，由此朱载堉被誉为“钢琴理论的鼻祖”。

十二平均律博大精深，既是中国古代计量科学、数学、音乐、声学综合运用量化的璀璨结晶，又是纵贯中国乐律学史并旁及天文历算

---

① 李约瑟：《中国科学技术史》第四卷第一分册，北京、上海：科学出版社、上海古籍出版社，2003 年，第 208 页。

② 李约瑟：《中国科学技术史》第四卷第一分册，北京、上海：科学出版社、上海古籍出版社，2003 年，第 215 页。

且密切联系音乐艺术实践的集大成者。朱载堉“十二平均律”的发明，蕴含着丰富的人文底蕴，既承载了深厚的科学精神，也栖居着浓厚的人文价值。

然而，关于十二平均律发明的价值、源流和一些具体内容，可惜当时朱载堉记载的并不详细，不可避免地引发了后人的不少争论。我们认为，必须结合朱载堉本人及他之后相对处在同一历史语境下的某些“知音”——如100年后的江永和200年后的安清翘，方能有望解开十二平均律这一中国古代“第五大发明”的若干疑团。

## 第一节　“十二平均律”：科学人文价值的栖居

三分损益律、纯律和平均律是我国古代音乐史上的三种主流律制，依照三分损益律与纯律的定律法得出的十二个音，音程大小不一，不能旋宫转调，都是不平均律。音乐艺术的发展，要求人们对音律加以调整和改造。中国古代乐律理论作为有机自然观的产物，与上至国家社稷大事、小到百姓日常生活都有着极大的相关性，给乐律理论罩上了非常浓重的神秘色彩，其精密及烦琐让人望之却步，因而后来能掌握其精髓的人越来越少。为了达到旋宫转调的愿望，对平均律的实践与理论探求，就一直成为历代律历学家心目中的奋斗目标。

### 一、“十二平均律”的精神承载

朱载堉本性“笃学”，为之潜心研究奠定了良好基础。在其考证并阐释律历合一思想的进程中，深得音数之理的玄妙，成功建立“十二平均律”的数学公式，概括出音律之间的规律性认识，使旋宫乐谱可以任意自由转调，成为世界上第一位创立“十二平均律”的数理和音准的科学家。十二平均律精确地规定八度的比例，并且把八度分成十二个半音，使任意相邻的两个半音都有相同的音程，是国际通行的标准音调。十二平均律的发明，揭开了音乐世界的新篇章。

朱载堉富于创新精神，他是破解乐律理论神秘色彩的精髓者中寥寥无几的最出色的一位。朱载堉不仅深谙经史、精通乐律，而且在天文历法、数学、计算学和物理学上都有建树，如此方能冲破中国古代乐律理论的重重迷雾，创制出“十二平均律”。朱载堉详细验证了《淮南子·天文训》中的结果，指出“非自古所未有，疑古有之，失其传也”平均律的定律思想。根据这一思想，“不拘隔八相生”，首创以五度及半音左旋、右旋的四种生律法。他提出了新的数理概念和计算法，创立了划时代的律学理论“新法密率”，即“十二平均律”，解答了千年来旋宫转调的律学难题。通过“相生四新法”的演算，可以看出朱载堉数理逻辑的精妙，给我国的律学理论开拓了广阔的天地。

“十二平均律”是朱载堉根据自己的实践总结出来的，反映了他研究的严谨、科学的态度和方法的创新。朱载堉“十二平均律”的发明，既是追求真理、勇于创新的结果，也是崇尚理性质疑、恪守严谨缜密的集中体现，承载着深厚的科学精神和博大的人文关怀。

### （一）立笃学之志

朱载堉自幼聪明过人，喜欢音律、数学，年少时就攻读《尚书·盘庚》等史书，“笃学有至性。”“无师授，辄能累黍定黄钟，演为象法、算经，审律制器，音协节和，妙有神鲜。”“少嗜音律，长而益得其趣，是以乐学之说，颇异于众。”“弱冠之时，读《性理大全》……《律吕新书》……等而悦之，口不绝诵，手不停披，研究既久，数学之旨颇得其要。”[①]一生崇尚学问，笃学不殆，潜心著书，是一位地道的中国古代学者。

朱载堉身为皇家贵族，作为明世子世孙，却并没有因自己的特殊身份而禄终其身。相反，却因自己的父亲在上书规谏时惹恼当朝皇帝而入

① 戴念祖：《朱载堉的生平和著作》，《中国科技史料》1987年第5期，第41~44页。

狱一案，朱载堉深受其牵连而世路坎坷。《明史·诸王列传》载：此时，年仅十五的朱载堉“痛父非罪见系，筑土室宫门外，席藁独处者十九年，厚烷还邸，始入宫”。父亲冤案平反后，他毅然放弃了承继王位的机会，迁居怀庆府（今河南沁阳），一生致力于乐律、历算之学的研究，务益著书，孜孜不倦，终于取得了世界级的伟大成就。

朱载堉不问政治，避离尘世，专心著述，《明史·诸王列传》载：“上历算岁差之法，及所著乐律书，考辨详确，识者称之。”朱载堉的研究成果很多，为后人留下了丰富的精神遗产。嘉靖二十九年（1560 年），著《瑟谱》；万历九年（1581 年），完成《律历融通》等书；万历十二年（1584 年），又完成《律学新说》，这是一部首创的、不朽的音乐乐律著作；万历二十三年（1585 年），著成《律历融通》、《圣寿万年历》和《万年历备考》等被称为《历学新说》的系列著作，并附“进历书奏疏”一文进献朝廷；万历二十四年（1596 年），又完成《律吕精义》一书（包括内篇和外篇），阐述他创造的新法密率，是音乐史上最早用等比级数音律系统阐明十二平均律的科学巨著；万历三十一年（1603 年），著成《算学新书》；万历三十四年（1606 年），完成《操缦古乐谱》等著作。此外，还有撰述年月不明的《乐学新说》《灵星小舞谱》《旋宫合乐谱》《六代小舞谱》《小舞乡乐谱》《二佾缀兆图》《嘉量算经》《圆方句股图解》《律吕质疑辨惑》等。上述著作，大部分都收在他的《乐律全书》中，汇集了乐学、律学、舞学、乐谱、舞谱等，是一部乐舞律历百科专著。

### （二）探律历之道

在中国，古人早就有“律历和谐之论，十二支同十二律相配一例”。历代都将历法与乐律结合在一起，乐律、历法、数学、天文的完美结合造就了中国古代辉煌的科技成就。中国古代的十二乐律，通常就与十二月历结合一起，称为“历律”，都以十二为进位，循环往复，以至无穷。朱载堉为了解决旋宫转调难题，探寻十二平均律，而将乐律附会于历法：

> 百事道法喻律之数，纪之以三，若每季三月之类；平之以六，若昼夜有六时之类；成于十二者，四季而成一岁，凡十有二月。昼夜而成一日，凡十有二时。天之大数，止于十二。[①]

朱载堉发明的“十二平均律”，是中国古代的一大科学成就，表现了非凡的聪明才智与冲破传统束缚的勇气，是在汇总前人成果的基础上，重新审察前人在律历研究领域中留下的重要资料，进行深入细致的科学判断，研究律历的渊源关系，集其大成并予以创造性的发展。

明代中叶以后，人们普遍把朝政腐败、内外交困与长年历法失修有关。历法失修以至社会动乱不安，人们纷纷要求修改历法。可是，由于明初就禁止私习天文，律历书籍也散失、遗失殆尽，曾经高度发达的律历之学至此几成绝学。再谈修历法时，却深感人才匮缺。一时间，偌大中国竟也找不到一个懂得历算之人，修改历法面临绝境。

作为皇家世子的朱载堉深明“天之历数在尔躬”的圣训，历数十年寒窗“辑名历五十家，倾心考证，时刻分秒期吻合于玑衡”。朱载堉剖析了多家律历之法为己所用，深得《授时历》《大统历》二历之意，“考古则气差三日，推今即时差九刻。”认为《授时历》“减分太峻，失之先天”，而《大统历》“不减，失之后天”。因此，朱载堉“和会两家，酌取中数，立为新率编撰成书”。考诸《大戴礼记》，认为历代圣人在修造历法时都“慎守日月之数，以察星辰之行次，序四时之顺逆，谓之历”。认为圣人治国，“律居阴而治阳，律历叠相治也，期间不容发。”认识到律历对于治国的重要性，十分推崇“帝王之治天下以律历为先，儒者之通天人至律历而止，历以数始，数自律生。律历既正，寒暑以节，岁功以成，民事以序，庶绩以凝，万事根本由兹立焉”。这是朱载堉“律历合一”思想的集中体现，深刻考证并阐述了他的律历学研究的指导思想。[②]朱载堉在《律学新说》及《律吕精义·内

---

① （明）朱载堉：《乐律全书》卷二十一，《四库全书·经部》，上海：上海古籍出版社，1987年。

② 唐继凯：《朱载堉〈进历书奏疏〉点注（上）》，《交响——西安音乐学院学报（季刊）》2004年第2期，第36~43页。

篇》中对《淮南子》律法的评价是：“《淮南子》此法不用三分损益，简易精妙，超胜诸法。”朱载堉认为《淮南子》律法找到了 500/749 这一可以通触于各律相求的公比——比率常数，所以“简易精妙”，并将《淮南子》律法与他自己所创的“新法密率”相提并论。他在《律学新说》卷二中提出了“今按上文纵黍尺，姑洗、蕤宾之间相去七黍（即七分），折中数，该三半其仲吕之数。……今改之，置六十分半为实，上生者……余数在半分已上收之，作八十一分为黄钟”的改正方案，这样也就解决了“往而不返”的问题。①万历二十三年（1595），朱载堉终于完成了《律历融通》《圣寿万年历》《万年历备考》等被称为《历学新说》的系列著作，并附“进历书奏疏”一文进献朝廷，尽可能详细地考证并阐释律历合一学说的思想渊源和文献传承。

### （三）通音数之理

律学是运用精确的数学方法对音乐中的音高关系进行探索求解的科学，研究音乐的乐学关系常常要通过梳理逻辑关系来表示。而律制的特点是运用数学方法进行逻辑运算，音高关系在这里表现为一个个精确的数值关系，不同律制所显示的数值关系不尽相同，讲求的是一种绝对的数值关系上的精确性。②律学是音级理论的基础，即音乐的基本表现形态是建立在律学严格的数理逻辑关系基础上的。③首先，任何乐音、音调乃至旋律的运用都表现为一定的数理逻辑关系。其次，数理逻辑关系又取决于某种生律法。再次，声律法又决定了音与音之间（音级之间）的对比关系。最终，这种关系又表现为一定的音阶与调式等的存在状态。因此，在分析和确定某种音阶和调式的时候，都要考查各音之间（音级之间）的数理逻辑关系。在音阶的实际应用中，通过音乐实践，对不同的音程关系产生运算要求，从而获得

---

① 郑荣达：《淮南律辨——评〈淮南子〉在历史中的作用》，《黄钟（武汉音乐学院学报）》1987 年第 1 期，第 29~35 页。

② 戴念祖：《朱载堉的生平和著作》，《中国科技史料》1987 年第 5 期，第 41~44 页。

③ 唐继凯：《朱载堉〈进历书奏疏〉点注（上）》，《交响——西安音乐学院学报（季刊）》2004 年第 2 期，第 36~43 页。

律制的理论认识。[①]

中国古代律学与数学联系紧密，而数学又是古代历算的基础，因此，自古就有“天算一家”之说。朱载堉之所以“能累黍定黄钟，演为象法、算经，审律制器，音协节和，妙有神解”，是因为深得数学的要旨。朱载堉自幼喜欢数学，弱冠之时，“口不绝诵，手不停披，研究既久，数学之旨颇得其要。”朱载堉非常推崇数学，他把数学看成是他创立新理论的“羽翼”。[②]朱载堉在律历的研究中，认识到数的重要性。其《圣寿万年历》卷首云：

> 天运无端，惟数可以测其机；天道至玄，因数可以见其妙。理由数显，数自理出，理数可相倚而不可相违，古之道也。

同时，朱载堉认为音乐必须倚重于数学。同样是其《圣寿万年历》卷首云：

> 夫术士知数而未达其理，故失之浅。先儒明理而复善其数，故得之深。数载六艺之中，乃学者常事耳。仲尼之徒通六艺者七十余人，未尝不以数学为儒者事，数非律所禁也。

朱载堉研究了数列等式，在世界上最早解答了已知等比数列中的首项、末项和项数，并找到了如何求解其他各项的方法；解决了九与十不同进位制之间的小数换算，其中有些演算方法一直沿用到今天。朱载堉是最早利用珠算进行开平方运算的人，首创多达 81 档 567 珠的大算盘，梁上标明档位，创开 12 次方、24 次方的方法，而且计算到 25 位的精确结果。另外，朱载堉提出了“异径管说”，还以此为据设计并制造出弦准和律管。……所有这些，都彰显了朱载堉精湛的珠算技术。

---

① 黄翔鹏：《新石器和青铜时代的已知音响资料和我国音阶发展史问题》，《音乐论丛》第三辑，北京：人民音乐出版社，1980 年，第 40 页。

② 段耀勇，刘鹏，周瑞琪：《中国传统数学与“十二平均率”的产生》，《赣南师范学院学报》2005 年第 6 期，第 22~24 页。

## 二、“十二平均律”的价值栖居

朱载堉发明的“十二平均律”用科学而简明的方法，精确地规定了音乐中八度的比例，把八度分成 12 个半音，使任意相邻的两个半音都有相同的音程，由此解决了音乐史上千年不解的“旋宫转调”问题，这一成就栖居着浓厚的人文价值。

### （一）凸显科学的真、善、美

科学是真、善、美三位一体的统一体，真、善、美既是科学的内在本性，也是科学家始终如一追求的目标。科学把追求真、善、美的统一作为自己的最高价值准则，这是科学精神的最高层次。朱载堉对律历研究的执着，“十二平均律”的发明，以及“十二平均律”在中西音乐发展中的应用，可以说是真、善、美三位一体在科学上的完美体现。

科学之真，在于一个科学命题或理论与其已经确立的相关命题或理论融会贯通，与自然秩序同构，行之有效地运用于实践中，并能接受特定社会文化的检验与批判。追求真理是科学的最高宗旨，科学的目标也就是追求真理。法国数学家彭加勒（Jules Henri Poincaré，1854~1912 年）在《科学的价值》一书中亮出了其鲜明的观点：“追求真理应该是我们活动的目标，这才是值得活动的惟一目的。”①朱载堉十二平均律理论的创立，是在“平均律”命题的发生和近千年来前人不断追求和探索的基础上，对传统律学进行重新认识、理解和总结，通过精密计算与科学实验而产生的。朱载堉认为三分损益法是“疏舛之法”，不能旋宫是因为计算不精确，而应该寻找到更精确的算法：“夫律吕之理，循环无端，而秒忽之数，归除不尽，此自然之理也。”②他将八度开二方，再开二方，又再开三方，得八度的十二分之一，所列的数字一直写到 25 位，其数据即为“十二平均律”。“新法所算之律，一切本诸自然之

① 彭加勒著，李醒民译：《科学的价值》，沈阳：辽宁教育出版社，2000 年，第 1 页。
②（明）朱载堉：《乐律全书》卷三，《四库全书·经部》，上海：上海古籍出版社，1987 年。

理”“盖十二律黄钟为始，应钟为终，终而复始，循环无端，此自然真理，犹贞后元生、坤尽复来也”。①

科学是探索宇宙的奥秘、揭开自然界的神奇和满足人类永无止境的好奇心的高尚事业的看法。科学如果剔除了功利主义的考虑，就会深受广大民众的喜爱、推崇和尊敬。科学是迷人的事业，能够使从事科学的男男女女全力以赴，能够用它的发现扩大和丰富人类的精神财富。②作为知识体系，科学之善是固有的，需要确立价值坐标的理想之魂，并把伦理作为指引方向。科学真理在发挥其作用之前，如果能接受善的理想的引导就自然而然地转为善了。朱载堉虽出身于皇家贵族，却能明辨封建统治者的丑陋和腐败，痛恨皇族内部的明争暗斗，“筑土室宫门外，席藁独处”，决意从事科学和艺术研究，科学之善也表现得淋漓尽致。他既具有不羡权贵、甘于淡泊的高尚品格和尊重科学、追求真理的献身精神，同时他也体现了鄙视黑暗势力的无畏勇气和崇尚自然、亲近民众的气质情操。

科学之美源远流长。古希腊哲学家柏拉图（Plato，前 427~前 347 年）将美归结为适度、相称、和谐、有序，而数学家彭加勒则把雅致、和谐、堆成、平衡、秩序、统一、简单性、对照、适应、奇异、思维经济等审美要素赋予科学之美。由此可以看出，比例是重要的美学要素。“十二等比分割率”，即“十二平均律”，是音乐领域中的神圣比例，它彻底解决了三分损益法的十二律不能完满解决旋宫转调这一千古难题。十二平均律是亘古不变的宇宙真理的旋律，是指导乐器创作和音乐实践的乐律理论，为创制音乐作品奠定了基础，为提高人类的精神生活竭尽全能。十二平均律的发明，揭开了音乐世界的新篇章。没有十二平均律，世界著名男高音帕瓦罗蒂（Luciano Pavarotti，1935~2007 年）演唱时由 C 大调到 G 大调就难以巧妙的过渡；没有十二平均律，许多键盘乐器也就无法实现调音；没有十二平均律，“西方音乐之父”巴赫（Johann Sebastian Bach，1685~1750 年）的第一首钢琴曲也许就不可能

① （明）朱载堉：《乐律全书》卷十二，《四库全书·经部》，上海：上海古籍出版社，1987 年。

② 李醒民：《科学：真善美三位一体的统一体》，《淮阴师范学院学报》（哲学社会科学版）2010 年第 4 期，第 449~463 页。

问世。

### （二）诠释科学与艺术的融汇

科学与艺术同源，科学的真善美与艺术水乳交融。哲学的传统形象是：一翼与科学相邻，一翼与艺术相邻。[①]这句话，很好地概括了今天人们对科学和艺术的一般观点。伴随着整个社会的进步和发展，科学与艺术的发展也是形影相随，艺术需要用科学的眼光来创作，而科学能指导艺术的发展，艺术为科学提供了服务。也就是说，艺术离不开科学，科学也少不了艺术。科学与艺术，是人类两大永恒的精神主体。美与真统一于人类实践，也就是说艺术与科学都产生于人类的实践活动，都是人类认识世界、改造世界的手段方法。

在追寻真、善、美的历史征程中，中华民族以自身独有的方式，诠释了对真、善、美的全部表达。自先秦以来，在与多学科及不同学术部门之间的历史发展过程中，中国乐律学史即与音乐文化史、自然科学史中的诸多问题交互关联，且与天文、历学、古算法、古乐种的宫调体系、旋宫方法、乐器制造工艺、记谱法、计量科学、古代声学等各学科互有关联地发展。律学是运用精确的数学方法对音乐中的音高关系进行探索求解，研究音乐的乐学逻辑关系常常要通过梳理逻辑关系来表示。[②]任何乐音、音调乃至旋律的运用都表现为一定的数理逻辑关系，而数理逻辑关系又取决于某种生律法。在分析和确定某种音阶和调式的时候，都要考查各音之间（音级之间）的数理逻辑关系。在音阶的实际应用中，通过音乐实践，对不同的音程关系产生运算要求，从而获得律制的理论认识。[③]

追寻科学史与艺术史的足迹，在那些影响时代的伟大的科学与艺术的融合中可见一斑。朱载堉是我国明代杰出的自然科学家、音乐艺术

① 季燕江：《艺术在左，科学在右？》，《科学新闻》2009年第13期，第38页。

② 杨善武：《调式辨别上的一个误区——律制决定论：从苦音宫调再谈调式辨别问题之二》，《交响——西安音乐学院学报（季刊）》2003年第3期，第20~26页。

③ 黄翔鹏：《新石器和青铜时代的已知音响资料与我国音阶发展史问题》，《音乐论丛》第三辑，北京：人民音乐出版社，1980年，第40页。

家，他的研究涉及了自然科学和社会科学的广泛领域，他的成就达到了明代自然科学和艺术科学的顶峰。科学家的冷静头脑与艺术家的入世激情，在朱载堉身上表现出完美的统一。追求宇宙与心灵的和谐完美，是朱载堉为之奋斗一生的终极目标，也是朱载堉科学和艺术成就的理性光芒。[①]朱载堉“十二平均律”的发明是前代乐律理论积极成果的集大成，也是我国古代科学技术和音乐思想完满统一的结晶。朱载堉把科学方法和艺术方法统一于同一创造过程，在科学研究中融合着广延的艺术情思，在艺术探索中交织着深沉的科学精神，其“十二平均律”的意蕴与价值深刻反映了我国古代科学与艺术高度的统一与融合。

朱载堉反复强调：“数真则音无不合矣。若音或有不合，是数之未真也。”这样，他推断出三分损益法生律衍多而无益，主要原因是“虽至百千万亿，往而不返，终不能合还元之数”。[②]

朱载堉认识到音与数的辩证关系，认为音要与数相吻合，但又不可偏执于一方，两者之间可以变通。因此，他提出应以算术定音律，运用等比数列的方法解决十二平均律的数学表达问题。为创建十二平均律，他首先找到了计算十二平均律的数学方法。

用数学公式可以表示为：$T_n/T_{n+1}=1.059\ 46$，式中，$T_n$ 表示八度中十二个半音的任一个音。[③]通过对十二平均律的理论构想及其形成发展的规律研究，可以发现朱载堉通过运用科学概念、判断和推理等基本的科学思维形式，研究律历发展过程中各阶段的矛盾运动和音高与弦长的内在联系。

### （三）彰显中西通融

十二平均律的发明，使十二律不能周而复始的难题得到了彻底解决。十二平均律的诞生，对世界音乐文化史的进程产生了深远的影响，

---

① 陈强，杜景丽：《朱载堉与“十二平均律”》，《中国教育报》2004 年 12 月 3 日，第 8 版。

② 吴鸿雅：《朱载堉新法密率的人文理解研究》，《自然辩证法通讯》2006 年第 2 期，第 86~91 页。

③ 王明美：《“三分损益十二律”的一组计算公式》，《安徽教育学院学报》（自然科学版）1998 年第 1 期，第 29~30 页。

现代的乐器制造都是用十二平均律来定音的。对于朱载堉所发明的“十二平均律”，李约瑟的结论是第一个使平均律数学公式化的荣誉应归之于中国。李约瑟甚至认为，它可能启迪了荷兰数学家和工程师斯特芬（Stevin，约 1548~约 1620 年）；而中国著名声学史家戴念祖认为它更有可能影响了法国数学家和哲学家默森（Marin Mersenne，1588~1648 年）。[①]默森是 1636 年发表的十二平均律，比起朱载堉要晚了 52 年。

有关朱载堉“十二平均律”的西传及是否对西方乐律产生过影响的问题，在学者中历来有两种截然相反的说法。一种是怀疑。例如，王湘《朱氏密律对西方乐律影响的可能性》一文认为，有充分的理由怀疑默森以及德国的维尔克迈斯特（Andreas Werkmeister，1645~1706 年）等人发表的十二平均律计算式，都是受了朱氏密律的影响[②]。杨传中《朱氏十二平均律及其西传》一文也认为，在没有找到确凿证据证明朱氏平均律于何年何月经何人西传至何国家，而臆断其西传可能，只是一厢情愿，朱氏平均律的西传或许本来就是无中生有。[③]而更多的是认为朱载堉的“十二平均律”确实西传，并对欧洲音乐产生了很大的影响。其中有：邓宏礼、杜新明在《朱载堉研究的几个问题》一文中认为，朱载堉的十二平均律律学理论，在当时要传到欧洲是十分容易的，因为那只不过是用一张纸或一句话就能表达 2 的开 12 次方。[④]刘兰在《朱载堉与十二平均律》一文中则更明确指出，朱载堉的伟大发明很有可能是通过明末的外国传教士和其他“敏而好学”的西洋来客传到了西洋。[⑤]戴念祖在《关于朱载堉十二平均律对西方的影响问题》一文中认为，传教士将朱载堉的理论介绍到欧洲，立刻就会得到欧洲学者的共鸣，在欧洲长期未能解决的平均律的数学方法问题也得到相应的解决，朱载堉的平均律

---

① 戴念祖：《关于朱载堉十二平均律对西方的影响问题》，《自然科学史研究》1985 年第 2 期，第 99~105 页。

② 王湘：《朱氏密律对西方乐律影响的可能性》，《沈阳音乐学院学报》1985 年第 3 期，第 9~11 页。

③ 杨传中：《朱氏十二平均律及其西传》，《淮南师范学院学报》2003 年第 2 期，第 27~29 页。

④ 邓宏礼，杜新明：《朱载堉研究的几个问题》，《焦作大学学报》2005 年第 1 期，第 27~28 页。

⑤ 刘兰：《朱载堉与十二平均律》，《音乐艺术（上海音乐学院学报）》1983 年第 3 期，第 93~97 页。

对西方产生过影响。[①]李约瑟更认为，“关于平均律的欧洲起源很难找到确切的根据，而在中国则关于这项发明的一切事实都很清楚。”“与中国思想曾有接触的旅行家，只要记住很少一点点，就能把这种思想传播给欧洲的数学家和音乐家。这样一位旅行家只需说：‘我知道中国人用平均律非常准确地给琴调音。他们只要将第一个音的弦长除以 $2^{1/12}$，就得到了第二个音的弦长，然后再除以 $2^{1/12}$ 就得到了第三个音的弦长，如此等等，直到得到完全八度的第十三个音的弦长。’传播这一重要思想，无需书本，只要一句话。”[②]“在 16 世纪初期，像利玛窦和熊三拔那样博学聪慧的欧洲人与中国学者谈论书籍时，几乎不可避免地会耳闻近年刊行的朱载堉的著作。因此，欧洲独立发明平均律一事是极可疑的。”[③]所以，李约瑟诚挚地说：“无论如何，平心而论，近三个世纪里欧洲的和近代的音乐完全可能受到中国的一篇数学杰作的强大影响，虽然传播的证据尚付阙如。”[④]

对于以上争论，当然是仁者见仁、智者见智，但是如果抛开此两难问题暂且不议，不正好说明音乐是民族的也是世界的吗？十二平均律是中西文化通融的明显例证，在世界音乐史上影响巨大。

十二平均律在欧洲音乐界引起了强烈反响，得到应有的重视和足够的应用，对西方音律理论的发展、西洋乐器的制造、器乐演奏理论和技巧的发展起到了极为显著的推动作用。1691 年，德国音乐家维尔克迈斯特最先提倡这种律制，当即受到音乐家们的欢迎。德国音乐家巴赫在应用和推广十二平均律方面功勋卓著，在他创作的二十四首《平均律钢琴曲集》中，每一音上都不偏不倚地应用十二个大调和十二个小调，用高超的艺术作品证明了十二平均律的科学性、合理性与实用性。随着十

---

① 戴念祖：《关于朱载堉十二平均律对西方的影响问题》，《自然科学史研究》1985 年第 2 期，第 99~105 页。

② 李约瑟：《中国科学技术史》第四卷第一分册，北京、上海：科学出版社、上海古籍出版社，2003 年，第 211 页。

③ 李约瑟：《中国科学技术史》第四卷第一分册，北京、上海：科学出版社、上海古籍出版社，2003 年，第 211 页。

④ 李约瑟：《中国科学技术史》第四卷第一分册，北京、上海：科学出版社、上海古籍出版社，2003 年，第 214~215 页。

二平均律盛行于世，出现了欧洲音乐的全盛时期。有了十二平均律，莫扎特（Leopold Mozart，1719~1787 年）、贝多芬（Ludwig van Beethoven，1770~1827 年）的钢琴作品畅通无阻；有了十二平均律，李斯特（Joseph Lister，1827~1912 年）和肖邦（Fryderyk Franciszek Chopin，1810~1849 年）等人也就有了用武之地，把钢琴音乐的艺术和技巧发展到更高水平；有了十二平均律，钢琴改革成功并被尊为“乐器之王”。

朱载堉是伟大的科学家和音乐家，他关于十二平均律的建树是以科学计算与艺术实践为基础的，是历史进步的结晶。他还是乐器制造家，以实事求是的态度进行研究，精心制作出世界上第一架定音乐器——弦准，把十二平均律的理论推广到音乐实践中。他还制作了三十六支铜制律管，每管表示一律，并对每律的选材、制作方法、吹奏要求都做了详细的说明，数据极其精密。“十二平均律”的运用推动了世界音乐艺术的发展，直到今天，“十二平均律”仍为世界各国广泛采用，不但是乐理理论的基础，而且在当今世界诸多乐器上普遍应用。世界上十有八九的乐器定音，都是在十二平均律的基础上完成的，它被今天的西方普遍认为是“标准调音”“标准的西方音律”。

## 第二节　江永：朱载堉的稀世知音

江永，字慎修，号慎斋，生于康熙二十年（1681 年），卒于乾隆二十七年（1762 年），安徽婺源（今属江西）人。江永是清代康乾年间著名的音韵学家、经学家、数学家和天文学家，在经史、天文、历算、声韵等领域多发前人所未发。清江藩（字子屏，号郑堂，晚号节甫，1761~1831 年）在其《国朝汉学师承记》中对江永评价道：“考其学行乃一代通儒。戴君为《行状》，称其学‘自汉经师康成（即郑玄——笔者注）后，罕其俦匹’，非溢美之词。”[①]梁启超在其影响深远的《中

① （清）江藩：《国朝汉学师承记》，北京：中华书局，1983 年，第 78 页。

国近三百年学术史》中则对江永音律学的成就评价说："初期汉学家之乐学的著作，最有名为江慎修之《律吕新论》二卷，《律吕阐微》十一卷。慎修长于算，故以算理解乐律，多能匡正宋明人之失。……戴东原亦有论乐律之篇，大致不出慎修见解。"①

## 一、江永的生平、著述与影响

江永在音律学方面的成就主要集中在《律吕新论》和《律吕阐微》两书中。《律吕新论》分上、下两卷，上卷首论蔡氏律书，次论五声，次论黄钟之宫，次论黄钟之长，次论黄钟之积，次论十二律，次论三分损益，次论二变声，次论变率；下卷首论琴，次论四清声，次论旋宫，次论乐调，次论造律，次论候气，次论律吕，余论其大旨，以琴音立说。《四库全书总目》载：

> 考古人皆以管定律，汉京房作准定数，由十二律生六十律，因而生三百六十律，此用弦求声之始。永之说殆源于是。然管音、弦音其生声取律，微有不合，故不免有所牵合。然其论黄钟之积、论宋儒算数之误、论律生于历诸条，皆能自出新意。盖律历皆由算积，故《汉书》并为一志。永深于算法，故于律度能推其微渺也。至于定黄钟之宫，则据蔡邕《月令章句》以校《吕氏春秋》之讹，并纠《汉志》删削之误，辨损益相生以为均匀截管，则不致往而不返，亦能发前人所未发，因亦可存一家之学者矣。

《律吕阐微》十卷，分别是卷之一"律尺"，卷之二"律率"，卷之三"律度""律体上"，卷之四"律体下""试律法"，卷之五"稽古"，卷之六"象数"，卷之七"旋宫"，卷之八"纳音""燕乐"，卷之九"审度""嘉量""平衡"，卷之十"余论"。本书是江永对朱载堉"十二平均律"的领悟、诠释和发挥之作。正如江永在《律吕阐

① （清）梁启超：《中国近三百年学术史》，北京：中国社会科学出版社，2008年，第363~364页。

微》序二中自序道：

> 昔闻明神宗时，郑王世子载堉有乐律书，屡求不可得。乾隆丁丑年已七十有七，与同志旧友讲业于古歙之灵山，属记载堉书，乃得之藏书之家。余读之，则悚然惊，跃然喜，不意律吕真理真数在“臬氏为量，内方尺而圜其外”一语，何以余之《新义》已给有方圆倍半之图，已详推周鬴汉斛之数，乃不能覃思及此？
>
> 愚一见即诧为奇书，盖愚于律学研思讨论者五六十年，疑而释、释而未融者已数四，于方圆幂积之理几达一间，犹逊载堉一筹，是以一见而屈服也。

由此可知，时已七十七的江永在获读了朱载堉《乐律全书》之后，猛然觉得他本人之前对前人乐律方面的疑惑都得到了解答，于是有感写了《律吕阐微》，这不仅是对之前其《律吕新论》的补充，而且也是对朱载堉《乐律全书》疏忽与不足的补充发挥，从而将我国古代的乐律学推向了一个新的高度。

## 二、江永对“三分损益法”的批评

“三分损益法”，又称“五度相生法”、“隔八相生法”（相隔八律）。司马迁（字子长，前145~？）《史记》“律书第三”对此解释道：

> 九九八十一以为宫。三分去一，五十四以为徵。三分益一，七十二以为商。三分去一，四十八以为羽。三分益一，六十四以为角。

以竹管定音。长度八十一，定为“宫”音高，次去三分之一，得五十四，定位“徵”；次增三分之一，得七十二，定位“商”；次去三分之一，得四十八，定位“羽”；次增三分之一，得六十四，定位“角”。由此可得五音——宫、商、角、徽、羽。

江永是在对“三分损益”深刻认识的基础上，进入到对朱载堉十二平均律的理解。江永对“三分损益”的认识，主要集中在《律吕新论》的“论三分损益上下相生之非”“古时未有三分损益之说”“论后人当破三分损益之说”等中。

首先，江永《律吕新论》“论三分损益”指出：

> 凡数之出于自然，如河图洛书、如先天八卦、如纳音五行、如揲著、如算家勾股乘除诸法，是诚非人之所能，为若夫声律之用三分损益，窃谓其出于人而非天也。

是说，“三分损益”乃出于人工，而非自然之数。在江永看来，“三分损益律”只能看作是一种近似于自然的律制，所以，三分损益法是有问题的，如仲吕不能反生黄钟。五声三分损益隔四相生，只能是近似而不是本然。古人看到近似，便立为成法，殊不知小有不合，法已不确了。对此，江永接着说：

> 其生至仲吕，不能返生黄钟，固已疑其法之非真矣。五声三分损益隔四相生亦得其近似，而非其本然。古人见其数之近似也，遂立为成法，不知小有不合，则法已非真。

此外，在《律吕新论》“论三分损益”中，江永还从与节气、琴徵等关系论述了三分损益乃近似之法。譬如，与琴徵不对应：

> 唯有宫生徵合三分损益之数，其余三声非太过、即不及，故三分损益近似而非真。徵之于宫也偶合三分损一耳，诸声不可以此为例。琴又有以十徵为角，三分益一复生宫，而无声循环矣！然就三分损益之法，自前生来，终不能使十徵为角也！

又如，与日岁不对应：

> 天以日为主，右行一日一度，积之一岁，而又三百六十五日四分日之几一。黄钟之半管积分，应之全管，则有圆分七百三十分有半分稍弱，适符两岁之期。

其次，江永论述了古时并无“三分损益”之说：

> 伶州鸠[①]曰："古之神瞽[②]，考中声而量之以制，度律均钟。"神瞽目废而耳聪，声之大小高下自能以耳齐之，非专求之度数也。即谓度数有成法，亦当先为简径，而后渐为烦曲。如今法递减，黄钟均匀截管，其法简易径捷，而三分损益一律分之。至于千万其数，极为迂曲烦难，安知古人造律不即如今日简径之法，至后人加以巧曲，始有管子以下诸说乎？

江永认为，"《管子》盖春秋战国间人撰，自此以前未有三分损益之说"，而且古人是将"三分损益"中的"三"理解为"天、地、人"，而对于三分损益的运用也就无从考究。江永并且指出，当时的三分损益之法简洁易行，而后来却越来越烦琐，以致计算和应用"迂曲烦难"。实际上，只有简单易行的造律方法才能便于乐律应用。

再次，江永指出"后人尝破三分损益之说"：

> 刘宋时，刘焯[③]、何承天尝增林钟以下分数，使至仲吕反生复得黄钟，谓三分损益者。其大略犹历言斗分四之一，此说最为有见，然以意增之，而涉于牵强，则亦难凭。
>
> 京房创为六十律之说，仲吕再生别名执始，转至四十八律，终于难事，殊为罕见。何承天、刘焯既房已失，增林钟已下十一律之分，使仲吕反生还得黄钟之实，又涉牵强。总之，拘于三分损益，其本已失，岂能齐其末？

在《律吕新论·论三分损益》中，江永通过对历史的回顾和反思，破除了对"三分损益"古说的迷信，填平了从"三分损益"到"十二平均"的思想鸿沟。对此，江永自己深有感触：

> 明郑世子谓长律下生短律，左弦隔八，短律上升长律。右旋隔六，以勾股术布之。周而复始，不用三分损益。其云左旋隔八、右旋隔六犹是旧法，如朝三暮四实无异也。勾股算数与此难通，亦牵

---

① 伶，形声，本义古乐官名。"问之伶州鸠"——《国语·周语》。

② 神瞽，古代乐官，盲人乐师，旧谓能知天道之人。

③ 此处江永言之有误，刘焯乃隋时人，非南朝刘宋时人。

强布算耳，岂出于自然乎？

以上言论，还只是江永对朱载堉乐律理论的初步了解，到江永 77 岁真正获读朱载堉《乐律全书》之时，便立即对朱载堉的“新法密率”产生了近乎崇拜之情。江永赞同朱载堉的律吕相生之说：左旋隔八，则右转隔六；右转隔八，则左转隔六。江永认为，要破除“三分损益”之法，就应该采取律与十二月相对应，随着月份的递减来生律，而不应以隔八相生来生十二律。这就开始将律学引入到十二平均律的康庄大道。

## 第三节　从江永和安清翘看朱载堉的思想源流

十二平均律，是中国古代一项具有世界意义的伟大发明，是世界音乐史上第一次使用等比级数的音律系统，是现代世界通用的律制。李约瑟赞誉道：“发明者的姓名较之发明的事实，仍属其次，而且朱载堉本人肯定是第一个给另一研究者以应得评价并最后一个争优先权的人。”① 然而，关于朱载堉“十二平均律”发明的思想渊源，迄今仍聚讼纷纭，言人言殊。甚至关于其以公比为基础的数学公式化的成就，也还存在着一定的争议。②本节从朱载堉之后的江永和安清翘出发，试图在与朱载堉共同的文化语境下对其“十二平均律”发明的若干基本问题进行反辉格式的发掘和探讨，以期抛砖引玉。

### 一、从“三分损益”到“十二平均”

“三分损益”，实际上是按照振动体的长度来进行计算的弦上求律

① （英）李约瑟：《中国科学技术史》第四卷第一分册，北京、上海：科学出版社、上海古籍出版社，2003 年，第 215 页。

② 黄勇，魏屹东：《安清翘〈乐律心得〉的律学方法与思想》，《山西大学学报》（哲学社会科学版）2009 年第 2 期，第 140~144 页。

法，既是生律的方法，也是定律的方法。以“三分损益”计算十二律，最早见于战国末成书的《吕氏春秋》。

> 黄钟生林钟，林钟生太蔟，太蔟生南吕，南吕生姑洗，姑洗生应钟，应钟生蕤宾，蕤宾生大吕，大吕生夷则，夷则生夹钟，夹钟生无射，无射生仲吕。三分所生，益之一分以上生。三分所生，去其一分以下生。黄钟、大吕、太蔟、夹钟、姑洗、仲吕、蕤宾为上，林钟、夷则、南吕、无射、应钟为下。

今设黄钟、大吕、太蔟、夹钟、姑洗、仲吕、蕤宾、林钟、夷则、南吕、无射、应钟十二律的弦长分别为 $L_1$、$L_2$、$L_3$、……$L_{12}$，那么，“上生”“下生”的规律：

$$L_n=\begin{cases}\frac{4}{3}L_{n+5},\ n=2,3,\cdots,7,(\text{上生})\\ \frac{2}{3}L_{n-7},\ n=8,9,\cdots,12,(\text{下生})\end{cases}$$

由此可知，用“三分损益”生出的十二律，其实是一种不平均律，所生音律仅是一种近似，当向下相生至第十二律吕时，便会出现“仲吕极不生”“黄钟不能还原”的现象，在本质上解决不了回归本律即“周而复始”地旋宫转调问题。有鉴于此，朱载堉在《律吕精义·内篇》卷一中就开宗明义指出：

> 律非难造之物，而造之难成，何也？推详其弊，盖有三失：王莽伪作，原非至善，而历代善之，以为定制，根本不正，其失一也；刘歆伪辞，全无可取，而历代取之，以为定说，考据不明，其失二也；三分损益，旧律疏舛，而历代守之，以为定法，算术不精，其失三也。

朱载堉认为黄钟往而不返是因为旧法计算有问题，而江永则进一步认为“三分损益”造律基础有问题。江永在《律吕新论》中指出，宫声八十一，徵声五十四，商声七十二，羽声四十八，角声六十四，都是根据“三分损益”计算而来的。“三分损益”之数，都应归除有尽。对于奇零的小数，半分之下是舍弃的，半分之上是纳入的，并没有确切的度数。而若用这种方法来制定律吕的长短，必将使得黄钟往而不返。

无论怎样，从朱载堉到江永，都是从对“三分损益”的扬弃之中上升而为对“十二平均律”的探索。从江永对“三分损益”缺陷较朱载堉更进一步的认识中，我们也能窥见当年朱载堉突破“三分损益”藩篱的心路历程之艰难。

## 二、方圆相函图与生律的比例认识

黄勇认为，“明代律学家朱载堉的十二平均律算法，实质上是中国传统的勾股算数方法，并没有清晰的公比概念，也没有建立起等比数列的通项公式。”①这句话，明显是值得商榷的，因为我们只需看看朱载堉关于十二平均律的计算方法。朱载堉《律吕精义·内篇》卷一明确记载：

> 度本起于黄钟之长，则黄钟之长即度法一尺。命平方一尺为黄钟之率。东西十寸为句，自乘得百寸为句幂；南北十寸为股，自乘得百寸为股幂；相并共得二百寸为弦幂。乃置弦幂为实，开平方法除之，得弦一尺四寸一分四厘二毫一丝三忽五微六纤二三七三零九五零四八八零一六八九为方之斜，即圆之径，亦即蕤宾倍律之率；以句十寸乘之，得平方积一百四十一寸四十二分一十三厘五十六毫二十三丝七十三忽零九五零四八八零一六八九为实，开平方法除之，得一尺一寸八分九厘二毫零七忽一微一纤五零零二七二一零六六七一七五，即南吕倍律之率；仍以句十寸乘之，又以股十寸乘之，得立方积一千一百八十九寸二百零七分一百一十五厘零零二毫七百二十一丝零六十六忽七一七五为实，开立方法除之，得一尺零五分九厘四毫六丝三忽零九纤四三五九二九五二六四五六一八二五，即应钟倍律之率。盖十二律，黄钟为始，应钟为终，终而复始，循

① 黄勇：《论安清翘与朱载堉律学计算法的实质》，《太原科技大学学报》（社会科学版）2009年第1期，第50~54页。

环无端，此自然真理，犹贞后元生、坤尽复来也。是故各律皆以黄钟正数十寸乘之为实，皆以应钟倍数十寸零五分九厘四毫六丝三忽零九纤四三五九二九五二六四五六一八二五为法除之，即得其次律也。安有往而不返之理哉?！

这一段话极为重要，是朱载堉思想的核心。以上“各律皆以黄钟正数十寸乘之为实，皆以应钟倍数十寸零五分九厘四毫六丝三忽零九纤四三五九二九五二六四五六一八二五为法除之，即得其次律也”，就是以应钟倍数 $2^{1/12}$ 依次去除，即以 $2^{1/12}$ 的倒数去乘，这毋庸置疑就是公比的概念和直接应用，而且这里也根本用不着求项数——因为明摆着就是13项（十二律）！

此外，朱载堉在其《律学新书》卷一中还说得极明白：

创立新法：置一尺为实，以密率除之，凡十二遍，所求律吕真数。

这里关于十二平均律的定义，与现代完全一致。现在的问题是，朱载堉是如何突破中国传统“三分损益”的藩篱从而发现等比的生律关系的？朱载堉之后仅百年的江永认为是受方圆相函图（源自《周礼·卓氏为量》“内方尺而圆其外”）的启发。江永《律吕阐微》卷五说得明白：

独朱载堉因《卓氏为量》有“内方尺而圆其外”之文，悟出天地以方圆相函，而自然之数出。其中皆以勾股、乘除、开方之法求之，由倍率而正律，由正律而半律，皆有真率、真数，疏密以渐而差，每一律与三分损益所得者微强而不甚相远。其相生也，可隔八，可相连，可左旋而顺，亦可右旋而逆。仲吕与黄钟，如母子之相随；应钟与黄钟，黄钟与大吕，如兄弟之相比、夫妇之相偶，皆一气相联，无丝毫之间断。因律管长短推出管体厚薄与空围大小、外周内周、外径内径、平幂积实，皆方圆相函，自然之真数。此数千年未泄之秘，载堉始发之。

自有律书以来，未有此图，天地之秘密泄于此图，观者毋易视也。按：载堉之说，非图不显，作此图以明之。方函圆、圆又函方，皆自然之理。即有一定之数，列线为律。外十二线为倍律，中十二线为正律，其半律亦有十二，在内线愈密不能圆，只圆其一律之疏密，自有差次，无忽密忽疏之病。律之长短，皆两斜线界定，非由三分损益。观此，则新旧二法真伪判然矣。

如前所引，江永在七十七岁时偶得朱载堉之书，从而初识方圆相函图时的激动心情，“悚然惊，跃然喜”“不意律吕真理、真数在‘卓氏为量，内方尺而圆其外’一语”，并进而深深自责道：“何以余之《新义》已给有方圆倍半之图，已详推周鬴汉斛之数，乃不能覃思及此？”江永所谓的“方圆相函图”示意如图 4-1。

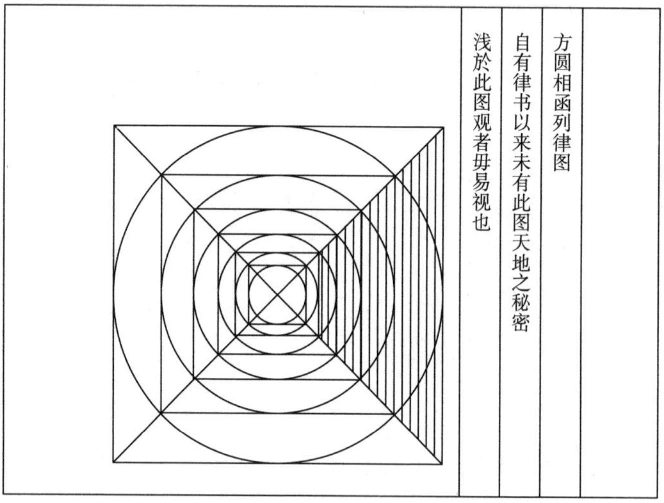


图 4-1　方圆相函图

图 4-1 中，设从外到内方圆内切外接所成之各正方形依次为方$_1$、方$_2$、方$_3$、方$_4$、方$_5$和方$_6$，所成之各圆依次为圆$_1$、圆$_2$、圆$_3$、圆$_4$和圆$_5$。

根据勾股定理有：

方$_1$边长=2，则方$_1$对角线之半=$2^{1/2}$

方$_2$对角线之半=圆$_1$半径=方$_1$边长之半=1，则方$_2$边长=（$2^{1/2}/2$）×2=$2^{1/2}$

方$_3$对角线之半=圆$_2$半径=方$_2$边长之半=$2^{1/2}/2$，则方$_3$边长=（$2^{1/2}/2$）×（$2^{1/2}/2$）×2=1

方$_4$对角线之半=圆$_3$半径=方$_3$边长之半=1/2，则方$_4$边长=（$2^{1/2}/2×1/2$）×2=$2^{1/2}/2$

方$_5$对角线之半=圆$_4$半径=方$_4$边长之半=$2^{1/2}/4$，则方$_5$边长=（$2^{1/2}/2$）×（$2^{1/2}/4$）×2=1/2

方$_6$对角线之半=圆$_5$半径=方$_5$边长之半=1/4，则方$_6$边长=（$2^{1/2}/2$）×（1/4）×2=$2^{1/2}/4$

由方圆相函所得的从外到内的各正方形之边长依次为 2、$2^{1/2}$、1、$2^{1/2}/2$、1/2、$2^{1/2}/4$……成为一个等比数列。通过其中任何一个比例中项（也是某一正方形的边长），就能实现其前后两个正方形边长的减半。应用至音律学，相当于相差一个八度的音程。换言之，在从外至内的三个正方形之间划分出 11 个平行的线段（包括且与代表比例中项的正方形的边平行），形成越来越短、越来越密即音调越来越高（音越高，差数越小）的 12 个半音，这样就能完美和谐地实现旋宫转调。朱载堉可能正是由此实现了从“三分损益”到等比生律的思想飞跃，从而成就了千古一大非凡成就。对此，朱载堉本人在其《律吕精义·内篇》卷一中也承认：

> 新法算律与方圆，皆用勾股术，其法本诸《周礼》“卓氏为量，内方尺而圆其外。”

然而，后人却多以为朱载堉是以饰词掩其真意，托古而已，如《四库全书》总纂官纪昀（字晓岚，1724~1805 年）等认为江永错误地解读了朱载堉的“立法之根”，认为朱载堉“乘除、开平方立方等术，皆连比例相求之理，而特以方圆、勾股之说隐其立法之根，故永有所不觉耳。”我们认为，此类观点值得讨论。原因如下：

第一，以勾股为基础的方圆相函，可以便捷地附会到中华文明之根——古史传说中的河图洛书上，而且也与“天圆地方”的传统宇宙观相一致。朱载堉创立和阐释一种挑战“三分损益”这一传统权威学说的道义基础和思想源头，也离不开经典的启示和力量，所以，他从方圆相函悟出等比生律当是自然和最可能的。

第二，作为朱载堉之后的第一位知音，江永距朱载堉不过百年左右，时代去之未远，应较之后人包括纪昀等人更能理解朱载堉。江永以“天地以方圆相函，而自然之数出。……仲吕与黄钟，如母子之相随；应钟与黄钟，黄钟与大吕，如兄弟之相比、夫妇之相偶，皆一气相联”对十二平均律合理性的辩护，则触到了中国传统文化的核心。

第三，根据方圆相函图，一个八度音程里的等比中项（蕤宾倍律），能用首项（黄钟倍律 2）和末项（黄钟正律 1）——即代表等比中项的正方形的边之外、内两个边之积开平方求之，即 $2^{1/2}$。同理，可以再用首项（黄钟倍律 2）与所求得之等比中项（蕤宾倍律 $2^{1/2}$）为新的首尾两项，进一步求得新的等比中项（夹钟倍律，即 $2^{3/4}$）；或者，再用所求得之等比中项（蕤宾倍律 $2^{1/2}$）与末项（黄钟正律 1）为新的首尾两项，进一步求得新的等比中项（南吕倍律，即 $2^{1/4}$）。事实上，朱载堉就是按照这一步骤向下（从蕤宾倍律与黄钟正律求南吕倍律）进行计算的。这样，就可以直接得到律吕（或弦长）顺序如下：1**4**7**10**13，其中“1”代表黄钟倍律，“4”代表夹钟倍律，“7”代表蕤宾倍律，“10”代表南吕倍律，“13”代表黄钟正律。

## 三、安清翘的等差变换与朱载堉的开立方

从方圆相函能自然求得蕤宾倍律、南吕倍律以至夹钟倍律，但继续深入就碰到问题了。如上所示，剩下的律吕与首尾两项组合就不再是三项而是四项。如此，朱载堉是如何处理的？其思想源流何在？对于这一问题，前人多是统而言之的。譬如，李约瑟认为：

> 为了得到其他弦的长度（可以第 11 和第 12 根弦作为例子），显然他清楚地知道，第 10 根弦的长度是 1 尺 $\times 2^{3/12}$，第 11 根弦的长度是 1 尺 $\times 2^{2/12}$，第 12 根弦的长度是 1 尺 $\times 2^{1/12}$；而 $2^{1/12}$ 是 $2^{3/12}$ 的立方根，所以要得到第 12 根弦的长度，他只要得出第 10 根弦

> 长的立方根再乘 1 尺。类似地，1 尺乘以第 9 根弦长的平方根则得到第 11 根弦的长度。其他未知弦长也可用同样的方法得到相似的结果。[①]

又如，黄国玺认为，早在汉代《周髀》中即涉及数列，汉代《九章》中就有数列问题与求解，“因而至明朱载堉，求解十二平均律等比数列已不是困难问题。……由南吕倍律开立方求得应钟倍律。”[②]

以上这些说法看似很合理，并无不妥，但却是辉格式的解释，是以今人眼光来看待的。不然，何以通律吕如江永者会对朱载堉开立方求应钟倍律即“生律要素”（公比）叹服不止，“按：南吕至应钟，隔无射一律，以立方积求立方根得之，理数甚奇！”事实上，安清翘早就给出了这一问题很好的参考答案。正如他在《乐律心得》（1819 年）开篇中指出的：

> 乐律之学，数学也。数学以连比例为第一义，十二律之相生即连比例之理也。明连比例之理，于乐律之要尽之矣！

安清翘深得朱载堉“十二平均律”之精髓，并有所发展。然后，他以大篇幅“先论加减连比例”（等差数列），得到“三率”（三项）、“四率”（四项）、“五率”（五项）……“十三率”（十三项）11 种情形下除首尾之外各项的求法，并举例进行说明。我们单看“四率”，设该等差级数各项分别为 $a_1$、$a_2$、$a_3$、$a_4$，按安清翘之法得：

$$a_2=\left[(4-2)a_1+a_4\right]/(4-1),$$

$$a_3=\left[(4-3)a_1+2a_4\right]/(4-1)。$$

当然，由“三率”之首尾之和半之求中项及此“四率”之法，可推广成各率的通项公式。事实上，安清翘就是这样做的，即对于等差级数 $a_1$、$a_2$、$a_3$、$\cdots a_k,\cdots a_n$，可得：

---

① 李约瑟：《中国科学技术史》第四卷第一分册，北京、上海：科学出版社、上海古籍出版社，2003 年，第 210 页。

② 黄国玺：《朱载堉十二平均律理论创建中的律学数学方法——纪念朱载堉诞生四百五十周年》，《四川音乐学院学报》1986 年第 4 期，第 7~11 页。

$a_2=\left[(n-2)a_1+a_n\right]/(n-1)$，

$a_3=\left[(n-3)a_1+2a_n\right]/(n-1)$，

$a_4=\left[(n-4)a_1+3a_n\right]/(n-1)$，

……

$a_k=\left[(n-k)a_1+(k-1)a_n\right]/(n-1)$，

……

$a_{n-1}=\left[a_1+(n-2)a_n\right]/(n-1)$。

接着，安清翘将上述等差级数分求各项的公式变换至等比级数分求各项的公式上，即“次论乘除开方连比例”：

> 前论加减连比例之理既明，至于入算，则用乘除开方等术。凡前言相加者，用乘也；相减者，用除也。凡言倍之者，自乘得平方也；三之者，再乘得立方也；四之者，三乘方也；……十一之者，十乘方也。凡言半之者，开平方也；取三分之一者，开立方也；取四分之一者，开三乘方也；……取十二分之一者，开十一乘方也。

取 $n=13$，即可从上述等差级数公式类推出“十二平均律”等比的各项：

> 黄钟　大吕　太簇　夹钟　姑洗　仲吕　蕤宾　林钟　夷则　南吕　无射　应钟　半黄
>
> $a_1$　$a_2$　$a_3$　$a_4$　$a_5$　$a_6$　$a_7$　$a_8$　$a_9$　$a_{10}$　$a_{11}$　$a_{12}$　$a_{13}$

以上数列，其实是朱载堉原来数列（黄钟倍律、大吕倍律、太簇倍律、夹钟倍律、姑洗倍律、仲吕倍律、蕤宾倍律、林钟倍律、夷则倍律、南吕倍律、无射倍律、应钟倍律、黄钟正律）“半之”后所得的数列。

于是有：

$a_2=\left[a_1^{(13-2)}a_{13}\right]^{1/(13-1)}=\left[a_1^{11}a_{13}\right]^{1/12}$，

$a_3=\left[a_1^{(13-3)}a_{13}^2\right]^{1/(13-1)}=\left[a_1^{10}a_{13}^2\right]^{1/12}$，

$$a_4 = \left[a_1^{(13-4)} a_{13}^3\right]^{1/(13-1)} = \left[a_1^9 a_{13}^3\right]^{1/12},$$

……

$$a_k = \left[a_1^{(13-k)} a_{13}^{(k-1)}\right]^{1/(13-1)} = \left[a_1^{(13-k)} a_{13}^{(k-1)}\right]^{1/12},$$

……

$$a_{12} = \left[a_1 a_{13}^{11}\right]^{1/(13-1)} = \left[a_1 a_{13}^{11}\right]^{1/12}。$$

取 $a_1 = 1$，$a_{13} = 1/2$，则有 $a_{12}$（应钟之律）$= 1/2^{1/12}$，即公比“密率”，如此，正是朱载堉“创立新法：置一尺为实，以密率除之，凡十二遍，所求律吕真数”之谓。

尽管有了这一通项公式，但安清翘仍然强调：“按表先用加减连比例以定位次，用乘除开方等术算之。”而且在实际运算中，安清翘并未完全拘泥于以上通项公式，而是以“三率”（1，7，13）、“四率”（1，5，9，13）、“五率”（1，4，7，10，13）、“七率”（1，3，5，7，9，11，13）和“十三率”（1，2，3，4，5，6，7，8，9，10，11，12，13）灵活处理，辗转推求，即从 7→（5，9）→（4，10）→（3，11）→（2，6，8，12），看来也只有“2”（大吕）、“6”（仲吕）、“8”（林钟）和“12”（应钟）非得用“十三率”求之。此外，安清翘将首尾两率求中间各率之法推广，可以中间各律求首尾两律，或彼此间互求。

由此可见，通过等差级数的公式是完全可以简单对应变换到等比级数的。既然安清翘可以做到，那么，仅仅 200 年前的朱载堉也应当能够做到。实际上，在《乐律心得》前一年已完成的《矩线原本》四卷中，安清翘就已得到了等比数列的通项公式。如前已引，《数学五书叙》开宗明义说道：

> 凡矩上两数求连比例之数，任以一数为第二率，自乘，以一数为首率，除之，即得第三率也；若求第四率，则任以一数为第二率，自乘、再乘，以一数为首率，自乘、除之，即得第四率也；求第五率以上，按各乘方位数加之。

以现代方法表示，等比数列 $a_1$、$a_2$、$a_3$、$a_4$…、$a_n$之公比为 $q$。按照安清翘的解释，可得通项公式：

$a_3 = a_2^2 / a_1 = a_2 (a_2 / a_1) = a_2 q$ ,

$a_4 = a_2^3 / a_1^2 = a_2 (a_2 / a_1)^2 = a_2 q^2$ ,

……

$a_n = a_2^{(n-1)} / a_1^{(n-2)} = a_2 (a_2 / a_1)^{(n-2)} = a_2 q^{(n-2)}$ 。

既然安清翘早已得出等比数列的通项公式，为何又在阐述“十二平均律”时回到从等差级数变换为等比级数的直观方法？很可能，他是在追寻和展开朱载堉创立“十二平均律”时的思想进路，回到上面开立方的问题上来。安清翘给出等差级数的“四率”求法公式：

$a_2 = [(4-2)a_1 + a_4]/(4-1)$ ,

$a_3 = [(4-3)a_1 + 2a_4]/(4-1)$ 。

将之对应地变换为等比级数的“四率”求法公式，即：

$a_2 = (a_1^2 a_4)^{1/3}$ ,

$a_3 = (a_1 a_4^2)^{1/3}$ 。

对应朱载堉“十二平均律”的求法，这里的 $a_1$ 即南吕倍律，是由黄钟倍律和黄钟正律为首尾两项开过两次平方（经蕤宾倍律）得到的值 $2^{1/4}$，$a_4$ 即黄钟正律 1，$a_2$ 即无射倍律，那么，$a_3$ 即应钟倍律等于 $2^{1/12}$。在发现了“四率”连比例，如江永所云“以立方积求立方根得之”的“理数甚奇”之妙后，安清翘更将之拓展到从黄钟和半黄求姑洗和夷则（1，5，9，13）上。

事实上，安清翘、朱载堉之前的京房、何承天和刘焯等人早已经在尝试以等差级数的方法来消解三分损益律留下的古代音差之谜团。

京房是追求平均律理想的先驱者。他首先对“周而复始，旋相为宫”进行了探索。为使黄钟起始律“回归本律”，京房以“三分损益”这一传统生律之法 11 次相生后继续生律，直到六十律①。这是八度内音律制减少始末律间律差的方法。之后的钱乐之、沈重更将京房的六十律衍生、细化至三百六十律。②

何承天为了解决京房“六十律”留下的一个“微小音差”，创造了

① 《后汉书·律历志》，北京：中华书局，1965 年。

② 《隋书·律历志》，北京：中华书局，1973 年。

新律制，将三分损益律的古代音差平均分成 12 份，然后把这平均值分摊累加到十二个律，使十二律在差部分形成一个等差数列。如此，在计算长度音律方面便实现了旋宫的效果，很接近十二平均律，最大相差不超过 9.1%个半音音程，而最小相差仅 0.5%个半音音程。就实际效果来说，已非寻常的听觉所能辨别。然而，这仍然不是真正的十二平均律。十二平均律是一种等比律，而何承天的新律只是在特定长度内的等差律。①

何承天之后，刘焯在历史上首次大胆打破了三分损益的传统，以系数 $3n/7$ 构成振动体长度的等差数列，尝试由此实现旋宫②。虽然这样做从实际上非但不能旋宫，甚至连十二律的音高也打乱了，但刘焯敢于违背三分损益的传统律制，提出用等差数列的方法来实现旋宫转调的理想。从等差级数到等比级数，这一实现平均律从“个人的一小步”到“人类的一大步”的跨越，可以说刘焯已奠定了基础。而他尝试的最终失败，反过来又成为后人特别是朱载堉扬弃十二等差律进而发现十二等比律的伟大先导。而其中的关键，正是安清翘反复强调从十二等差到十二等比简单的对应变换。这真正是电光石火，一通百通！

## 第四节　安清翘对“十二平均律”的其他贡献

安清翘不仅对朱载堉的“十二平均律”有深刻的理解，对其形成的思路进行了细致明白的阐释，而且对其价值予以了有力的辩护，给出了与现代一致的表述，对“十二平均律”的推广普及做出了自己的贡献。

### 一、对平均律合理性的辩护

作为向已有两千年传统的“三分损益”律的挑战，朱载堉一定会在

① 杨荫浏：《中国古代音乐史稿》上册，北京：人民音乐出版社，1981 年，第 165~166 页。

② 《隋书·律历志》，北京：中华书局，1973 年。

传统文化中寻求对其平均律合理性的辩护。如前引述的，“盖十二律黄钟为始，应钟为终，终而复始，循环无端，此自然真理，犹贞后元生、坤尽复来也。”在其《律吕阐微》卷二中，江永也以同样的语气对“三分损益”法不能实现旋宫转调进行了批评：

> 夫律吕，效法天地者也。天地之气，今岁节气既终，来岁节气既续，无丝毫之间断。独律吕往而不返，天地岂留其有憾乎？！

正是在此基础上，朱载堉将其推求“十二平均律”与一年十二个月及二至（蕤宾）、二分（夹钟、南吕）等对应起来，“‘太极生两仪，两仪生四象。’此之谓也。”“律与历一道也。”所以，朱载堉在其《乐律全书》卷一开篇就说：“新法不拘隔八相生，而相生有四法，或左旋，或右旋，皆循环无端也，以证三分损益往而不返之误。”对此，江永在其《律吕阐微》卷二中评价道：“……以上四法反复循环相生，可见十二律有一气连贯之妙！”在《乐律心得》卷一“先论加减连比例”中，安清翘则开篇就说：

> 自一生二、二生三以至于无穷，皆相连而生，此天地自然之数，即连比例之术所由立也。

看来，从江永到安清翘，他们是深刻领会到朱载堉“十二平均律”的精髓和妙处的。

## 二、“十二平均律”的现代表述

在《乐律心得》卷一“论十二律相生即算术连比例之理”中，安清翘强调：

> 用乘除、开方等术算之，自三率用开平方，至十三率用开十一乘方，依次列于后。

由此可知，真正完成从等比数列性质来推算“十二平均律”的是安清翘。只需知道黄钟、半黄，即可用这两个常数生全十二律，而无须预设和预求应钟之率。特别是，在相当于等比级数 $a_1$、$a_2$、$a_3$、…、$a_{11}$、$a_{12}$、$a_{13}$，既可以由首尾两项 $a_1,a_{13}$ 去求中间各项，也可以从中间任意两项或与首项、尾项结合去求其余包括首、尾各项，只要定好各项所在的位次就好，“按表先用加减连比例以定位次，用乘除开方等术算之。”正如安清翘在《乐律心得》卷一结语处明白指出的那样：

……以上皆以首末两律求中间各律。若以中间求首末，不过一反覆间耳。其余或以相连之两律求间位之律（任间几位），或以间位之两律（任间几位）求别位。相间之律（任间几位）皆以前术变通求之（如有黄钟、有大吕，求夹钟至应钟九律；或有黄钟、有太簇，求姑洗至应钟八律。其余变动不居，皆用前术求之）。

如此，“循环无端，相生不已，乐律于是无余韵矣。”这就表明，通过对由等差级数变换而来的等比级数的性质（连比例和比例四隅）的熟练掌握和反复运用，安清翘抓住了等比数列方法的关键，而朱载堉之法在本质上依然是诸律相生。尽管朱载堉突破了隔八相生的局限，但仅是所隔数目有所不同而已。进一步说，即使朱载堉应用了等比数列的性质和方法，也并未明示十二律就是一个成等比的数列。安清翘非常简单地说明了他的生律计算法：

凡连比例，皆以所知之两率求不知之一率。是故黄钟生各律，皆以黄钟与半黄为所知之首末两率也。

这说明安清翘掌握了等比数列的通项公式，完全抛弃了勾股算术方法，在数学思想上实现了从古代向近代的转变。尽管安清翘没有能够使用简单符号表示出他的计算，但是其运算过程与现在的方法是一致的。

## 三、黄钟之长非“死数”，而是单位值

在《乐律心得》卷一《黄钟之长》中，安清翘对历史上“黄钟之长”何以数字不一的原因进行了分析：

《史记·律书》黄钟长八寸十分一，始有分寸之名。盖即以算术之九九八十一作八寸一分，而为黄钟之长耳。

解释黄钟之义，迂就九寸之说，自汉儒为始耳。汉儒以前，《周礼》、《左传》、《国语》、《管子》、《吕览》之类，皆未尝以黄钟之长为九寸也，九寸之说自汉儒始。

意思是说，《史记·律书》以算术九九表而得黄钟之长，说明律制以黄钟为准的实质不外是为计算方便而人为设定的标准单位而已，并无特殊含义。①安清翘是从两方面论述其关于黄钟之长见解的：

第一，《史记》黄钟长八寸一分是由“九九八十一”而来，《礼记》黄钟长九寸同样是由“九”自乘而来。这些都不是由实验而得的尺寸，而是依靠算术得出的“虚率”，即：“黄钟之长乃算术假如之法，活数非死数也。”“《管子》等书所言九寸之说皆算法虚率，《史记》八寸一分与九寸之说皆算术而加以尺寸之名。”安清翘批评了班固（字孟坚，32~92 年）《汉书·律历志》“律度同一”之说，认为黄钟“乃算术比例之理”，与“黍度”无涉。这就颇与今天所谓的标准单位制（如取“1”）相似，这就超越了朱载堉，使律学研究走向了标准化、一般化的道路。

第二，在《乐律心得》卷一“黄钟之长”中，安清翘还发现：

黄钟不可以长短论。以长短论黄钟，二千余年讲乐者之一大惑也。古来诸家所言者律，其实所争者乃尺也，与律最相近而实不同。

这里，安清翘指出，两千余年“讲乐家迷而不悟”在于将“便算之法”“适用之术”等人为之法当作实际之物。那么，古人立“黄钟之长”的本意是什么呢？对此，安清翘指出：

尺何必十寸，寸何必十分，取其便于算而适于用也。衡何必十六两而斤，二十四铢而两，取其便于算而适于用也。测天之仪何以

① 黄勇，魏屹东：《安清翘〈乐律心得〉的律学方法与思想》，《山西大学学报》（哲学社会科学版）2009 年第 2 期，第 140~144 页。

必分整度，便于算而适于用也。黄钟之长何以必八十一分，便于算而适于用也。

在此基础上，安清翘提出“律”“度”之区别在于十二律之间遵从等比数列的关系，而尺寸之度却与之不同：

尺之分数乃平分之数，律之分数乃连比例，非平分之数。尺之比例乃线与线之比例，而律之比例乃体与体之比例。

这里，安清翘已认识到，将黄钟视为度量衡的起点，既是一种方便之法，同时也符合将“律”作为统率一切的传统，故他在《乐律心得》卷一中云：“夫数者，万事万物皆赖之，无论律历与度量权衡。其一以贯之者，数是也。黄钟者，数之一端耳。是以数起黄钟也，非黄钟起数也。”

## 四、从江永到安清翘的发展

《四库全书》总纂官纪昀等人既不同意江永方圆相函图为朱载堉“十二平均律”思想之源，又对江永为朱载堉以开立方得应钟倍律即“生律要素”的惊叹不以为然：

惟其于开平方得南吕之法知以四率比例解之，而开立方得应钟法则未能得其立法之根而畅言之。盖连比例四率之理，一率自乘，用四率再乘之，与二率自乘、再乘之数等……

我们认为，纪昀等人的说法只是“马后炮”而已。因为江永在《律吕阐微》卷二中即专列“积算旁通图”来复述朱载堉“以密率除之，凡十二遍”所求律吕真数的过程，说明江永对连比例四率之理是熟贯的，他惊叹朱载堉隔过无射而用开立方的方法求应钟倍律即“生律要素”（公比）是从思想源泉上说的。江永较之纪昀等人更接近朱载堉的时代，而且与纪昀等同时略晚的安清翘在已知等比级数通项算法的情况下，在阐述朱载堉“十二平均律”时，却从等差级数起步，对应变换到等比级数，从而推求“十二平均律”的各律。特别是“四率”等比级数，是从开平方突破到开立方的关键所在。有了这一突破，开更高次方就是“依葫芦画瓢”。我们认为，安清翘这样做不是随意的，或许有其原因，即解析和还原朱载堉思想方法的源流。安清翘是明清时期我国成就卓著的历算家，其“五分取一法”即 sin5$a$（sin3$a$ 同）的弧矢割圆求法，在清代数学家中也占有重要的席位；独立于牛顿之外发现了岁差现象的成因，在中国乃至世界天文学史上写下了浓墨重彩的一笔；对我国延续了 2000 年的宇宙理论（日月五星左旋还是右旋）之争，给出了自己的意见。所以，安清翘的主张是不能轻易忽略的。况且，相比等比级数，等差级数要简单得多，应用也要直观得多，我国古代对它的认识也要丰富得多，如何承天、刘焯等人就是应用等差数列试图解决“三分损益”法不能旋宫转调的缺陷。因此，由等差级数对应变换到等比级数，这一思路是极有可能的。

既然纪昀等人对江永“四率”的评价不无商榷之处，那么，他们对江永方圆相函图的意见自然也远非定论。

安清翘以他独特的数理哲学思想，建立起他对等比数列的基本认识。如前反复引用的，“元者始也，如物之有根（古法谓之元，西法谓之根）。一者数之始，由一而二而三，以至无穷，皆一之所生也，是故一为众数之根。元之所生，又复为元，而生生无穷矣；如一生二，二复为根，由二而四而六而八，以至无穷，皆二之所生也……此如物之有根，其根复生根，所生之根，又复生根，而生乃无已也。”①

这样的认识，是安清翘以通项公式表达等比数列的思想基础。安清翘所述即以首项 $a_1$ 表达其后所有项，这正是等比数列的通项公式。安清翘给出了求通项公式的方法，由于传统的原因，他只就公比为整数的情况进行了讨论。如前反复引用的，“凡矩上两数求连比例之数，任以一数为第二率，自乘，以一数为首率，除之，即得第三率也；若求第四率，则任以一数为第二率，自乘、再乘，以一数为首率，自乘、除之，

① （清）安清翘：《数学五书·矩线原本》卷一，清嘉庆年间刻本。

即得第四率也；求第五率以上，按各乘方位数加之。”[①]这一点，我们已经在前面反复讨论过了。这里只要说明，安清翘得到了等比数列的通项公式，与前人的方法已经有了本质的不同。

安清翘在主要论述了朱载堉“十二平均律”即算术连比例之理后，又以乐律断比例解释了十二律上下随意相生之用。然后，又将“十二平均律”应用到周径面幂空积比例、空积径围、隔八相生、七音二变、六十调八十四声及五音清浊之序中；最后，讨论了黄钟之宫、黄钟之长和度量权衡等，大抵以数学统领乐律之学，每多创见，是颇有乐律造诣的一代大家。

## 第五节　十二平均律的影响

朱载堉“十二平均律”的发明，使中西传统音乐中的十二律不能周而复始——旋宫转调、和谐重生的疑难得到彻底解决。

### 一、十二平均律在西方

今天的乐器制造，都是用十二平均律来定音准的。毫不夸张地说，十二平均律对世界音乐文化史的进程产生了革命性的影响。李约瑟就曾高度评价说：

> 朱载堉对人类的贡献是发现了以相等音程来调谐音阶的数学方法，这是一种十分重要的实用体系，而今天所有西方国家的大众却都以为它是理所当然的，甚至不知道它的存在。[②]

① （清）安清翘：《数学五书叙》卷一，清嘉庆年间刻本。

② 李约瑟：《中国科学技术史》第四卷第一分册，北京、上海：科学出版社、上海古籍出版社，2003 年，第 208 页。

尽管在李约瑟看来尚无从中国传至欧洲的证据，但置于世界科技史、音乐史、艺术史的宏大背景之下，目前不少中外学者认为，极有可能是明末清初西洋来华的传教士通过书信等形式将朱载堉的“十二平均律”传播到了欧洲，特别是莱布尼兹（Gottfried Wilhelm Leibniz，1646~1716 年）等人——传播的内容不仅仅是以周易阴阳八卦为代表的二进制。19 世纪德国大名鼎鼎的物理学家赫尔姆霍茨（Hermann von Helmholtz，1821~1894 年）在其名著《论音感》中也不无赞叹地说：

> 在中国人中，据说有一个王子叫载堉的，他在旧派音乐家的大反对中，倡导七声音阶。把八度分成 12 个半音以及变调的方法，也是这个有天才和技巧的国家发明的。[①]

李约瑟和赫尔姆霍茨的评价是中肯的。在朱载堉的伟大发明 52 年之后的 1636 年，法国著名数学家默森才在其所著的《谐声通论》中发表了与朱载堉“十二平均律”相似的理论。朱载堉“十二平均律”发明一个世纪之后的1722 年，德国大作曲家、音乐家巴赫才发表了《谐和音律曲集》，又名《十二平均律曲集》，即专为十二平均律的键盘乐器所著。巴赫的十二平均律曲谱，使用了全部 24 个大小调，富于冥想性，有时又令人激动不已，被信仰基督教的西方音乐家称为音乐艺术的“旧约全书”，由此可见十二平均律的发明在音乐文化史上的革命意义。朱载堉“十二平均律”发明 300 年之后的 1890 年，比利时音乐家马容（Victor-Charles Mahillon，1841~1924 年）沿着朱载堉指示的方法进行实验，也得到了与当年朱载堉完全相同的结论。由此，马容在一篇报告中佩服至极地说：

> 在管径大小这点上，中国的乐律比我们更进步了。王子载堉虽然没有解释他的学理，只把数字给了我们，我们不难推想而知，而且我们已照样制作了律管，实验所得的结果可以证明这学理的

① 转引自戴念祖：《朱载堉——明代的科学和艺术巨星》，北京：人民出版社，1986 年，第 5 页。

精确。[①]

对于将八度音等划分为十二等分且能旋宫转调的十二平均律来说，它的数学意义是：八度音分为十二等分，就是将之划分为十二个等比级数，其结果是以 2 的开 12 次方为公比的一组等比级数，如此，每个音的频率就是其前一个音的 1.059 463 倍，各相邻两律之间的振动数之比完全相等。经过一个十二次的周期，其结果便是八度音的频率加倍——即二倍音频，这就是周而复始、疏通无阻的旋宫转调，音乐的多声之美才能飞上前所未有的自由翱翔的天空。所以，十二平均律无愧于世界音乐史、科学史上划时代的重要发现。

十二平均律的律制涵盖了乐音的标准音高以及乐音的有关法则和规律。譬如，被誉为“乐器之王”的钢琴键盘上共有黑白键 88 个，就是根据十二平均律的原理制作而成的。对于巴赫的十二平均律钢琴曲，有人借对奥地利钢琴家古尔达（Friedrich Gulda，1930~2000 年）演奏时的憾人效果这样评价道：

> 古尔达的基本形象不是激情、浪漫的，而是清澄、透明、幻想的。他所弹出的音符，没有浑厚的立体感，而是具有一种透明感；没有微妙的、明暗变化的色彩，而是一种纯净的光辉；没有细腻的抒情，而是偏于富于空灵的幻想。

## 二、十二平均律在中国

由于历史和文化等原因，在中国直到今天是三分损益律、纯律和十二平均律同时并存、异律并用的。历史上，南朝宋齐时清商乐的平、清、瑟三调和隋唐九、十部乐的清乐中都是琴、笙与琵琶并用；五代周文矩《宫中图》卷中的琴阮合奏，琴上所用是纯律，签上所用当为三分损益律，而琵琶与阮是平均律。所以，我国自南北朝至隋唐五代都存在

① 转引自戴念祖：《朱载堉——明代的科学和艺术巨星》，北京：人民出版社，1986 年，第 6 页。

三律并用的传统。当今民间乐种中，不少乐器也有琴、笙、琵琶和阮等乐器一起合奏。固然在朱载堉之前中国是否就有了十二平均律的乐器如琵琶与阮等学界尚有争论，但三律并用无疑是中国传统音乐存在的一种特色和形式。

鸦片战争之后，随着西方坚船利炮的入侵，中国被迫开始了第二次西学东渐。随着钢琴等教会乐器的传入，十二平均律制也传回中国，于是引发了十二平均律在中国传统乐器上的改革尝试。

时代较之赫尔姆霍茨与马容早一个世纪的安清翘，同时又处于中西交流相对中断的特殊历史时期，而能对朱载堉"十二平均律"的意义及其精髓、本原有着极为透彻的理解和阐发，这是极难能可贵的；另外，安清翘的时代离鸦片战争已很近，尽管因为他的隐居和低调可能导致著述不为人知，但他在第二次西学东渐前夜而能对"十二平均律"有如此精深的造诣，这无疑是一个强烈的时代风向标。有如科学史上许多的发现、发明的优先权之争，十二平均律在最晚 19 世纪的中国已是呼之欲出的"待产婴儿"，经过西方钢琴十二平均律这一"助产士"的助产，其呱呱坠地便是自然而然之事。

关于十二平均律对中国传统音乐形式和乐器的影响，是一个很大而较新的课题。这里，我们仅举刘半农为例加以说明。

刘半农（原名寿彭，后名复，初字半侬，后改半农，晚号曲庵，1891~1934 年）是我国"五四"新文化运动的先驱，曾以一首《教我如何不想她》的著名情诗蜚声文坛。刘半农的两个胞弟刘天华、刘北茂都是二胡演奏大师，他本人也对音乐有很深的造诣。刘半农曾撰文说道：

> 惟有明朝末年朱载堉先生所发明的十二等律，却是一个一做就做到登峰造极地步的大发明，直到现在谁也不能推翻它、动摇它，他的发明至少可以比得上贝尔的电话和爱迪生的留声机。

自明代朱载堉发明"十二平均律"之后，有清一代也仅有江永和安清翘二人是其知音，但江永思想的价值长期未被发掘，安清翘的工作又不为人知，所以，国内外对朱载堉"十二平均律"价值的认识模糊不清。到了刘半农对朱载堉"十二平均律"的理论意义阐明之后，才恢复了历史的本来面目。从此之后，人们逐渐清楚地认识到，朱载堉的发明原来竟比欧洲早半个世纪以上，十二平均律完全可算得上是中国的“第五大发明”！在胞兄刘半农的影响下，我国现代民族音乐的开拓者、作曲家、演奏家和教育家刘天华（字寿椿，刘半农二弟，1895~1932 年）将琵琶的四相十品改革成为六相十八品半，这样琵琶就有了准确的音准并能演奏半音阶，使琵琶成为世界通用的音律十二平均律乐器，从而赋予古老的民族乐器以新的生命。刘天华珍视中国民族音乐传统，但却不赞成抱残守缺的“国粹主义”，认为要发展国乐，“必须一方面采取本国固有的精粹；另一方面容纳外来的潮流，从东西方的调和与合作之中，打出一条新路来。”而对中国传统乐器注入“出口转内销”的十二平均律的元素，正是刘天华从东西方的调和与合作之中打出的一条“新路”。所以，刘天华在中国近现代音乐史上具有无比崇高的地位。正如其兄刘半农所说，当时除刘天华之外，“中西兼擅，理艺并长，而又能会通其间者，当世盖无第二人。”

刘北茂（原名寿慈，刘半农三弟，1903~1981 年）是我国现代著名的二胡演奏家、作曲家和教育家，是刘半农、刘天华事业的忠实继承者和发展者，是我国现代音乐史上一位多产的作曲家，被誉为“民族音乐大师”。刘氏三兄弟与十二平均律结下了不解之缘，并为此做了很多的工作，对今天还有很大的影响。

# 结　语

安清翘的科学成就极其丰富，科学思想极为深刻，留给今天许多启迪。然而，就是这样一位无愧于中国古今杰出科学家、思想家的重要人物，却因为他本人甘于寂寞、退隐山林而几乎埋没于历史的风尘之中。即使前人的一些研究，加之本书的相对系统、深入的发掘和研究，也难免挂一漏万，甚至误解、错讹之处也不少。

尽管如此，一滴水而知大海味，我们通过有限资料的初步研究，已不能不对安清翘这样一位清廉官员、卓越的思想家和成就斐然的科学家肃然起敬。在此，我们想对安清翘的有关思想和方法做一些提示，以期对我们今天的文化创新建设有所裨益。

“献身甘作万矢的，著论求为百世师。”这是梁启超在戊戌变法失败后流亡海外期间写的《自砺二首》诗中的一句。这句话，用在安清翘身上也毫不过誉。

出而入仕，安清翘清正廉洁，为官一任，造福一方。离任之时，百姓拦阻于道，洒泪不忍离去；既归山中，又不求闻达，教书著述，终老林泉。安清翘幼而聪颖，刻苦用功，以程朱为要。但又不盲从，而是与当时乾嘉考据的实学风尚结合起来，做到理实交融，超越创新。“矩”的思想，就是安清翘独立于中国传统的“道”包括程朱的“理”之后的伟大创新。

安清翘"矩"的科学思想的一大特征，就是"惟是"。对此，他反复强调，并将其天文历算研究的核心著作以《推步惟是》之名命之。正如其《推步惟是》序言所云：

> 推步之学测量难而论说易，以测量须实算而论说多空谈也。然亦有辨如逐声掠影无得于心谓之空谈，则不若就实象究明实理，据已然之迹而探所以然之故，则论说之难与测量等。西法测量胜古法，而论说亦有得有失。韩子曰"文无难易，惟其是尔。"余谓："数无中西，惟其是尔。"乃即两家之书折衷，取是不存中西之见。

正是这种"惟是"的态度，使安清翘能对中西之法不存偏见，客观公正。由此，他对中西宇宙理论和历法计算等各自的优缺点及其源流关系看得明白，并进而在历史上第一次对康熙钦定、梅文鼎主张的"西学中源说"大胆提出质疑并进行系统辨析，认为"西法不必出自中土"；同时，他又不盲从前人，不迷信权威，大胆怀疑，敢于创新。他最重要的科学贡献——独立于牛顿之外关于岁差现象成因的正确解释，就是对梅文鼎在"西学中源说"框架下改造的古希腊托勒密"恒星东移"说予以分析、批判基础上结出的硕果。也正是"惟是"的态度，使安清翘能够时时关照着事实和中西天文观测的实际，而不完全是纯理论的论辩。譬如，虽然他主张日月五星左旋的宇宙理论，但他却能看到并吸收历算家"主测量，七曜右旋皆出实测，不得以空言求胜"的优点，力图与"儒家实理明其所以然之故"的优点结合起来，以实现其会通左、右旋之争的主旨。同样，对于中学和西学，就像看待中国传统的左、右旋之争一样，安清翘也客观地指出了两者各自的优缺点，"西法之密，中土无以加。""西法测量胜古法，而论说亦有得有失。"但中法之长在于简练，"余以为测量须精，而布算贵简。西洋之测量精矣，至布算则当用中法者。"在安清翘看来，西人之测量精则精矣，却过于烦琐，相反中法却比西法简便。所以安清翘主张，用中法之简便而取西法之精密。在此基础上，安清翘提出了他会通中西、创越创新的主张和抱负：

天无中西之异。言天者不必存中西之见，遵西法而轻诋古人者，妄也；守中法而不知兼收西法之长者，拘也。

“惟是”的态度，反映在具体科学研究的方法上，是安清翘善于从根上做起，寻根溯源，而不是人云亦云，跟着权威和时髦跑。相较之下，我国清代也是历史上名气比安清翘大得多的女科学家王贞仪固然有一定的批判和独立精神，但她的研究却多不能从根上来，大半是基于梅文鼎的看法包括对西学的见解，这或许在很大程度上局限了她在科学上的水平、成就和创造性。我们看到，安清翘治学，钟情于原始问题，喜欢从根上做起。譬如，“矩”科学思想的源流；从等差级数到等比级数的变换对“十二平均律”——特别是朱载堉开 2 的三次方及求“十二平均律”的各律的理解；关于中法、西法和回法三者关系的认识，以及对“西学中源说”反驳的论证；对岁差成因理解的“根”——恒星东移说的批评；日月五星左、右旋之争的左旋会通的基础等。正如安清翘《矩线原本叙》中的概括：

朱子小学一书为作圣之基，六艺在所略，然晚年辑义、礼、经、传通解，欲取《说文解字序说》与《九章》《算经》为书数篇，列入学礼。盖以备古人小学之遗，特其书未就耳。今体朱子之意，综括数学枢要，为《矩线原本》两篇。首言九九比例，乃人视为浅近不足学者，次言句股测量，又人视为深远不能学者，不知深远即在浅近中，古者小学与大学原非两事也。

安清翘“矩”的科学思想的另一大特征，就是数学化。如《矩堂语录》载：

朱子云：“数者，理之分界限处。”此语最精直，是“矩”字注解。

矩只是个界限，如尺上之星，所谓分数是也。物有本末，事有终始，推之上下、前后、左右、厚薄、轻重、长短之类，各有自然当然之分，莫非矩也。

由是，安清翘改造和发展了程朱理学，以“矩”取代“理”，并赋予“格物”以“絜矩”的定量化新义，甚至成为一种新的方法论准则，正如他在《数学五书叙》中所言：

> 儒者之学务穷于理，然言理必兼言数。非理则数近于艺，非数则理近于虚。

安清翘非常重视数学在生产、生活中的重要性，并将之作为他科学尤其是天文历法和乐律学研究的前提和支撑。安清翘花在数学上的功夫最多，所写的著述也最宏富，而且大部分看上去是科普、启蒙之作，但这正说明了安清翘所坚持的数学的基础性地位，也是他从根上做起的思想和方法的鲜明表现和具体实践。

《数学五书》，是安清翘的主要科学著述，由《矩线原本》《一线表用》《推步惟是》《学算存略》《乐律心得》五书组成。虽以“数学”名之，但却明白地包括了天文历法和乐律学内容。譬如，《推步惟是》主要是一本天文历算的专著，而《乐律心得》同样顾名思义是一部关于乐律学的专著。此外，在《数学五书》中的《矩线原本》、《一线表用》和《学算存略》及《数学五书》之外的著作中，也包含着大量丰富的天文历法等内容，其所举“设如”也多与生产、生活实际应用包括中西古今历法有着密切、具体的关联，特别是《数学指南》在历算“入门”之后，专门列上“上往考古”三例，之后就是“历代帝王年表”，这无疑是其“惟是”思想和方法的又一例而已。所以，前人评述说，这是“以数学统领全书”、多发“古人之未发”，并堪与顾炎武《音乐五书》相媲美。

同时，即使是大篇幅看似浅显的介绍性数学著述，其中亦有深意存焉。譬如，安清翘关于开高次方及相应的高次带纵方程的数值解，就是为了其天文历法计算所用；而安清翘大篇幅反复对比例算法的解释和演算，特别是连比例、比例四隅和从等差级数到等比级数的方法变换，就是为了探寻朱载堉“十二平均律”创造和自由运用的数学源泉，以实现“循环无端，相生不已，乐律于是无余韵矣”千年治律的目标。这则无疑是其从根上来思想和方法的又一例而已，“不知深远即在浅近中，古者小学与大学原非两事也。”

无独有偶，当代华裔大科学家杨振宁先生也将之成功的秘诀归于理论的“美”与对实验（实际）关照两者的结合，以及从原始问题做起的方法。基于“大学问要从根上来”的眼光和智慧，杨振宁没有盲目地跟着当时物理学研究的时尚潮流走，而是与米尔斯（Robert L. Mills，1927~1999年）一道寻到了麦克斯韦（James Clerk Maxwell，1831~1879年）经典电磁学方程这个总根，于是，豁然开朗，提纲挈领，“世纪理论”——杨—米尔斯规范场訇然出焉。

最后，需要指出，安清翘“数无中西，惟其是尔”的思想，对今天我们如何在传统和现代、西方和本土之间寻求一种有机和必要的文化张力，以构建21世纪社会主义创新文化，实现文化自信与民族文化的振兴，是有着不过时的启迪意义。如同“学而不思则罔，思而不学则殆”，我们今天在研究安清翘之余，应该认真思考如何在避免妄自菲薄的全盘西化的“妄”和拒斥妄自尊大的食古不化的“拘”之间寻求突破，而这一“突破”是400年前明末徐光启、李之藻等启蒙思想家留给我们中华民族的大课题，即“会通中西，以求超胜”！

# 参考文献

## 一、古籍

[1] （清）安清翘：《数学五书》，清嘉庆年间刻本。
[2] （清）安清翘：《数学指南》，1921 年石印本。
[3] （清）安清翘：《周易比例》，1921 年石印本。
[4] （清）安清翘：《矩堂语录》，1921 年石印本。
[5] （清）安清翘：《宽夫先生文集》，1921 年石印本。
[6] 《垣曲安氏三先生誊稿》，1921 年石印本。
[7] （宋）朱熹：《四书章句集注》，北京：中华书局，1983 年。
[8] （宋）黎靖德编，王星贤点校，《朱子语类》，北京：中华书局，1994 年。
[9] （清）张伯行编订：《朱子文集》，上海：商务印书馆，1937 年。
[10] （清）李光地等编：《渊鉴斋御纂朱子全书》，清康熙五十三年（1714 年）刻本。
[11] （明）朱载堉：《律吕精义》，《文渊阁四库全书》卷二一三，台北：商务印书馆，1982 年。
[12] （清）方以智：《浮山文集后编》，中国社会科学院社会历史研究所

清史研究室编：《清史资料》第六辑，北京：中华书局，1985 年。
[13]（清）方以智：《物理小识》，宁静堂清光绪十年（1884 年）刻本。
[14]（清）王锡阐：《历说》，（清）凌淦：《松陵文录》卷一，清同治十三年（1874 年）刊本。
[15]（清）王夫之：《思问录 · 外篇》，北京：中华书局，1983 年。
[16]（清）梅文鼎：《梅氏丛书辑要》，清乾隆年承学堂刊本。
[17]（清）梅文鼎：《勿庵历算书记》，《四库全书》第 795 册，台北：商务印书馆，1983 年。
[18] 沈善洪主编：《黄宗羲全集》，杭州：浙江古籍出版社，1986~1995 年。
[19]（清）黄百家：《黄竹农家耳逆草》，清康熙四十四年（1705 年）刻本。
[20]（清）黄百家：《明史 · 历志》，中国科学院图书馆藏手抄本。
[21]《竹桥黄氏宗谱 · 卷十四 · 诗文集》，浙江余姚梨洲文献馆藏。
[22]（清）江永：《律吕阐微》，《文渊阁四库全书》卷二二〇，台北：商务印书馆，1982 年。
[23]（清）江永：《数学》第 1328~1329 册，北京：中华书局，1985 年丛书集成初编本。

## 二、中文著作

[1] 康有为：《康南海自编年谱》，北京：中华书局，1992 年。
[2] 梁启超：《饮冰室合集》，上海：中华书局，1936 年。
[3] 梁启超：《先秦政治思想史》，北京：东方出版社，1996 年。
[4] 梁启超：《清代学术概论》，上海：上海古籍出版社，2005 年。
[5] 梁启超：《中国近三百年学术史》，北京：中国书店，1985 年。
[6] 李俨：《中算史论丛》，上海：商务印书馆，1935 年。
[7] 李俨：《中国算学史》，上海：上海书店，1984 年。
[8] 钱宝琮：《中国数学史》，北京：科学出版社，1981 年。
[9] 陈遵妫：《中国天文学史》，上海：上海人民出版社，1984 年。

[10] （英）李约瑟：《中国科学技术史》第二卷，北京、上海：科学出版社、上海古籍出版社，1990 年。
[11] （英）李约瑟：《中国科学技术史》第四卷第一分册，北京、上海：科学出版社、上海古籍出版社，2003 年。
[12] 杨小明：《清代浙东派学与科学》，北京：中国文联出版社，2001 年。
[13] 杨小明，高策：《明清科技史料丛考》，北京：中国社会科学出版社，2008 年。
[14] 崔振华，李东生：《中国古代历法》，北京：新华出版社，1992 年。
[15] 北京师范大学国学研究所：《武王克商之年研究》，北京：北京师范大学出版社，1997 年。
[16] 郭金彬，孔国平：《中国传统数学思想史》，北京：科学出版社，2004 年。
[17] 北京大学哲学系外国哲学史教研室编译：《西方哲学原著选读》，北京：商务印书馆，1981 年。
[18] 朱伯崑：《易学哲学史》，北京：华夏出版社，1995 年。
[19] 阎国忠：《古希腊罗马美学》，北京：北京大学出版社，1983 年。
[20] 北京大学哲学系：《古希腊罗马哲学》，北京：商务印书馆，1984 年。
[21] 赵敦华：《西方哲学简史》，北京：北京大学出版社，2001 年。
[22] 郑文光，席泽宗：《中国历史上的宇宙理论》，北京：人民出版社，1975 年。
[23] 彭加勒著，李醒民译：《科学的价值》，沈阳：辽宁教育出版社，2000 年。
[24] 安德天、安思和总编：《马村安氏族谱》，香港：天马出版有限公司，2008 年。
[25] 戴念祖：《朱载堉——明代的科学和艺术巨星》，北京：人民出版社，1986 年。
[26] 江晓原，纽卫星：《回天——武王伐纣与天文历史年代学》，上海：上海人民出版社，2000 年。
[27] 杨荫浏：《中国古代音乐史稿年》，北京：人民音乐出版社，1981 年。
[28] 袁振国：《当代教育学》，北京：教育科学出版社，1999 年。

## 三、中文论文


[1] 何妙福：《岁差在中国的发现及其分析》，中国天文学史整理研究小组编：《科技史文集（一）》，上海：上海科学技术出版社，1978 年。

[2] 杨小明，李树雪：《安清翘关于岁差的认识》，《中国科技史杂志》2005 年第 3 期。

[3] 杨小明，《黄百家与日月五星左、右旋之争》，《自然科学史研究》2002 年第 3 期。

[4] 杨小明：《梅文鼎的日月五星左旋说及其弊端》，《自然科学史研究》2003 年第 4 期。

[5] 杨小明，黄勇：《日月五星左、右旋之争：安清翘的左旋会通》，《华侨大学学报》（哲学社会科学版）2006 年第 1 期。

[6] 杨小明，黄勇：《从〈明史〉历志看西学对清初中国科学的影响——以黄宗羲、黄百家父子的比较为例的研究》，《华侨大学学报》（哲学社会科学版）2005 年第 2 期。

[7] 杨小明，高策：《山西古代数学史述要》，《科学技术与辩证法》2001 年第 3 期。

[8] 李志超：《机发论——有为的科学观》，《自然科学史研究》1990 年第 1 期。

[9] 江晓原：《试论清代“西学中源”说》，《自然科学史研究》1988 年第 2 期。

[10] 韩琦：《明清之际“礼失求野”论之源与流》，《自然科学史研究》2007 年第 3 期。

[11] 李勇，吴守贤：《仲康日食古代推算结果的复原》，《自然科学史研究》1999 年第 3 期。

[12] 王广超，《明清之际中国天文学关于岁差理论之争议与解释》，《自然科学史研究》2009 年第 1 期。

[13] 陈美东：《中国古代日月五星右旋说与左旋说之争》，《自然科学

史研究》1997 年第 2 期。

[14] 戴念祖：《朱载堉的生平和著作》，《中国科技史料》1987 年第 5 期。

[15] 唐继凯：《朱载堉〈进历书奏疏〉点注（上）》，《交响—— 西安音乐学院学报（季刊）》2004 年第 2 期。

[16] 郑荣达：《淮南律辨—— 评〈淮南子〉在历史中的作用》，《黄钟（武汉音乐学院学报）》1987 年第 1 期。

[17] 黄翔鹏：《新石器和青铜时代的已知音响资料和我国音阶发展史问题》，《音乐论丛》第三辑，北京：人民音乐出版社，1980 年。

[18] 杨善武：《调式辨别上的一个误区—— 律制决定论—— 从苦音宫调再谈调式辨别问题之二》，《交响—— 西安音乐学院学报（季刊）》2003 年第 3 期。

[19] 吴鸿雅：《朱载堉新法密率的人文理解研究》，《自然辩证法通讯》2006 年第 2 期。

[20] 戴念祖：《关于朱载堉十二平均律对西方的影响问题》，《自然科学史研究》1985 年第 2 期。

[21] 王湘：《朱氏密律对西方乐律影响的可能性》，《沈阳音乐学院学报》1985 年第 3 期。

[22] 刘兰：《朱载堉与十二平均律》，《音乐艺术（上海音乐学院学报）》1983 年第 3 期。

[23] 邓宏礼，杜新明：《朱载堉研究的几个问题》，《焦作大学学报》2005 年第 1 期。

[24] 黄勇，魏屹东：《安清翘〈乐律心得〉的律学方法与思想》，《山西大学学报》（哲学社会科学版）2009 年第 2 期。

[25] 黄勇：《论安清翘与朱载堉律学计算法的实质》，《太原科技大学学报》（社会科学版）2009 年第 1 期。

[26] 黄国玺：《朱载堉十二平均律理论创建中的律学数学方法—— 纪念朱载堉诞生四百五十周年》，《四川音乐学院学报》1986 年第 4 期。